# A TÖRTÉNELEM KORONÁJA

## AZ

## EGYETEMES

# BÉKE

## KÖZELGŐ

## DICSŐSÉGES

# KORSZAKA

𝔖𝔦𝔠𝔲𝔱 𝔦𝔫 𝔠𝔞𝔢𝔩𝔬, 𝔢𝔱 𝔦𝔫 𝔗𝔢𝔯𝔯𝔞

Daniel O'Connor

Ez a könyv a béke közelgő és példátlanul dicsőséges aranykoráról szól, amely hamarosan az egész világot érinti (és hogyan segíthetsz abban, hogy ez gyorsan eljöjjön). A példányok megvásárolhatók a www.DSDOConnor.com oldalon, ahol Daniel többi könyve is elérhető.

(Eredetileg angolul a Szent Kereszt felmagasztalásának ünnepén jelent meg 2019. szeptember 14-én.)

ISBN: 978-1-957168-04-3

†‡†

Szerző: Daniel O'Connor

Fordította: Takács Mónika

Szerkesztette és lektorálta: Lukóczki Anna, Kiss Tamás
[kiss.tamas@yahoo.com]

# Részletes tartalom

RÉSZLETES TARTALOM     3
I) A TÖRTÉNELMÜNK TÖRTÉNETE     5
II) A TE TÖRTÉNETED: EGY NAP A KORSZAK POLGÁRÁNAK ÉLETÉBŐL     9
1. FEJEZET: MIÉRT KELLENE EZT ELHINNEM?     18
Már mindenki tudja, hogy ez igaz     18
Az egyházatyák tudták ezt     21
A modern kor pápái ragaszkodtak ehhez     23
A próféciák konszenzusa ígéri ezt     27
Ezt egy tökéletesen megbízható forrás előre megjósolta     42
    Luisa beteljesült próféciái     48
2. FEJEZET: MIT TEGYEK, HOGY SIETTESSEM A KORSZAK ELJÖTTÉT?     60
Gondoljuk át az élet értelmét!     60
Fogadd az ajándékot, Az Életszentség Koronáját!     63
    Kövesd az első három előkészítő lépést!     63
    Vágyakozz és kérd az Ajándékot!     64
    Növekedj az erényekben!     71
Hirdesd a Királyságot!     84
    Legyen folytonos a könyörgésed!     88
    Műveld a földet!     91
Növekedj a tudásban!     93
Imádkozd „A mi Urunk Jézus Krisztus szenvedésének 24 óráját"!     94
Hallgass Mennyei Édesanyádra!     100
Minden cselekedetedet az Isteni Akaratban végezd!     102
Végezd a Köröket!     105
3. FEJEZET: MIÉRT KELL ELJÖNNIE A KORSZAKNAK?     111
A 2000 év gondosan előkészítette az utat az Ajándékhoz     114
A négy nagy Paradigma: meghívások az Ajándékhoz     117
    Megistenülés: az alap     118
    A misztikus házasság: a fejlődés     121
    Az akaratok egységesítése: a betekintés     123
    Szűz Mária Szeplőtlen Szívének való önfelajánlás: a katalizátor     126
Az Ajándék a 20. századi misztikában     131
    Szent Fausztina: Az 'Én' Élő Ostyává való átlényegülése (transconsecration)     132
    Boldog Conchita: a Misztikus Megtestesülés; sokkal több, mint lelki házasság     134
    Boldog Dina Bélanger: a mennyei kiválasztottak állapotában élni már a földön     136
    Szentháromságról nevezett Szent Erzsébet: a Szentháromság személyes birtoklása     137
4. FEJEZET: MIKOR JÖN EL A KORSZAK?     140
A történelem története új köntösben     141
    Az eredeti dicsőség és a bűnbeesés     141
    A Megváltásig     145
    A Megváltás és az Egyház     147
    A próféták sokasága a modern korban     151
    A Koronázás ideje     153

FÜGGELÉK          159

**Segítség az Isteni Akaratban való Élethez**          159

**A katolikusok aggodalmainak megválaszolása**          160

Ez nem csak egy magánkinyilatkoztatás, amit, ha akarok, figyelmen kívül hagyhatok?          161

Nem voltak Luisa írásai a Tiltott könyvek jegyzékén (Index)?          163

Luisa kinyilatkoztatásai még nincsenek jóváhagyva, ugye?          164

Nem lehet, hogy ez is egy mesterséges fejlemény, amelynek állításai egyszerűen túlságosan rendkívüliek?          166

Nem túl nagyszerű és túl könnyű ez az életszentség? Mi a helyzet Szent Józseffel?          171

Ez nem a millenarizmus eretneksége?          174

Lehetséges, hogy ez a monotheletizmus vagy a kvietizmus eretneksége?          177

Miért beszélünk 6000 évről? Mi van az evolúcióval és a geológiával?          178

VÉGJEGYZETEK          180

**Utószó a kételkedők számára**          152

# I) A történelmünk története

Egyszer volt, hol nem volt, a kezdetekben nem volt semmi - semmi más csak Isten. Az önmagában végtelenül tökéletes és boldog Isten pusztán szeretetből (mivel végtelenül tökéletes, ezért nincs szüksége semmire és nem tud hátsó szándékkal cselekedni), úgy határozott, hogy teremt egy világot. Azonnal megtöltötte azt olyan lényekkel, amelyek megdicsőítették (természetükhöz tartozó szépségükben) az Ő egyes tulajdonságait. Az Ő teljes szeretetét ez a világ, amelyet annyira szeretett, még nem tudta befogadni. Látva, hogy egy valami még hiányzik belőle - és nem foglalkozva azzal a gyakran hallott tanáccsal, hogy az "első a biztonság" -, úgy döntött, hogy Magához hasonló teremtményeket hoz létre, és így megteremtette az embert. A saját Képére és Hasonlatosságára teremtette meg az embert, értelemmel, emlékezettel és akarattal, akik veleszületett képességeik következtében eldönthették, hogy szeretik-e Atyjukat és Teremtőjüket, vagy fellázadnak ellene.

A többi már történelem. De a történelem, ahogyan azt már sokszor helyesen mondták, az Isten története. Ezt a történetet maga Isten meséli el nekünk, és ezt az Ő gondviselő szeretete irányítja. Ő alkotta meg a csillagok pályáját, a növények növekedését, az állatok ösztöneit. Úgy gyakorolja Gondviselő uralmát, mint ahogyan az író tintával leírja egy lapra a betűk íveit. De a Történelem Szerzőjeként Ő egészen különös, bensőséges módon van jelen a legnagyobb alkotásai, az emberek között. Velünk az Ő feladata végtelenül nehezebb; és amint azt terve beteljesedésének kezdetén látni fogjuk, végtelenül szebb is. Mert azzal, hogy az Ő képmására teremtett minket, megadta nekünk azt a képességet (és *szükségletet*), hogy az Ő életét a saját életünkként birtokoljuk.

De mi *nem* birtokoljuk az Ő életét, mint a sajátunkat. Mert bármilyen a vallásod vagy az ideológiai meggyőződésed - ha máshol nem is, a szíved mélyén nagyon is jól tudod -, hogy a világ egyszerűen nem olyan, amilyennek lennie kellene, és bizony a saját életed sem olyan, amilyennek lennie kellene.

Szerencsére ez a látszólag szomorú állapot mégsem olyan szomorú, mert Isten, a Történelem szerzője nincs hiányában annak a bölcsességnek, amelyet a legnagyobb emberi szerzők is birtokolnak. És minden ilyen emberi szerző tudja, hogy a legnagyobb történetekhez öt alapvető alkotóelemre van szükség. *Egyszer volt, hol nem volt...*

**1. Az expozíció**: Meghatározzuk a helyszínt: bemutatjuk, *hogyan kellene a dolgoknak lenniük.*

**2. A növekvő bonyodalom:** Az ellenfél belép, a konfliktus elkezdődik, a dolgok rendje összekuszálódik ahhoz képest, *ahogyan lennie kellene*, és a problémák egyre súlyosabbá válnak.

**3. A tetőpont:** A fordulat megtörténik, a fő esemény bekövetkezik, és a főhős *elindul* a végső győzelem útján.

**4. A sorsfordulat**: A konfliktus kezd megoldódni. Sok az erőfeszítés - sok a diadal, de a kudarc is -, egyszerre dicsőséges és fájdalmas, és bár a folyamat elkezdődött, még nem állt helyre teljesen az, *ahogyan a dolgoknak lennie kellene.*

**5. A végkifejlet/megoldás:** A konfliktus megoldódik. A bevezetőben bemutatott környezet nemcsak helyreáll, de a főszereplő még boldogabb, mint a bevezetőben volt.

És aztán következik a ***boldogan éltek, amíg meg nem haltak.***

Gondoljunk csak bele, milyen gyönyörűen mutatja be J. R. R. Tolkien *A Gyűrűk Ura* című regénye ennek a drámai szerkezetnek a szimmetriáját. A mű a Megye zöld és békés földjén kezdődik, majd a nagy kalandok, a hatalmas próba, a gonosz ellenfél legyőzése után visszatér ide, és elkezdődnek a Béke Napjai. Hasonló Alexander Dumas *Monte Cristo grófja* című műve is, amely a jegyesek, Edmond Dantès és Mercédès boldog életével kezdődik, aztán a hatalmas megpróbáltatások után visszatér ebbe a boldogságba. A történet utolsó szavai is arra emlékeztetnek bennünket, hogy "*minden emberi bölcsesség két szóban foglalható össze: 'Várj és remélj'*". Ennél találóbb figyelmeztetés nem is lehetne, hiszen e könyv olvasása alatt is nyilvánvalóvá válik majd, hogy Isten, mint a Legnagyobb Szerző, nem mulasztja el, hogy az Ő saját története is tartalmazzon lényeges szakaszokat és szimmetriát, mint minden jó történet. Nos, abban a történetben, amely a történelem, Isten már végigvezetett minket az első négy szakaszon:

**1. Az expozíció:** Az Édenkertben Isten feltárja előttünk az Ő eredeti tervét: minden jó, minden szép, minden tökéletes. Az oroszlán fogai nem a hús széttépését szolgálják, hanem Isten erejének dicsőítését. Az ember olyan dicsőséges lényként él, hogy ez még az angyalokat is megdöbbenti. Az egész föld arra rendeltetett, hogy tele legyen emberekkel, akik tökéletes békében és harmóniában élnek egymással és az egész teremtéssel, mindenki hosszú és boldog életet élhet, amíg el nem jön a saját ideje, hogy fájdalommentesen távozzon az igaz, *örök* hazába: a Mennyországba.

**2. A növekvő bonyodalom:** Az ember bukásával kezdődően, amikor Ádám elbukott Isten egyszerű szeretetpróbáján, megjelent az bűn, a halál, a szenvedés és a rútság. A világ egyre romlottabbá vált; egy ponton még egy világméretű özönvízzel is meg kellett tisztítani a világot. De Istennek megvolt az Ő választott népe, és e népen belül egy maradék, amely soha nem felejtette el, hogy Isten megígérte nekik a Megváltót. Ezek a hűséges izraeliták biztos reménnyel és hittel, mindig komolyan imádkoztak a Messiás eljöveteléért, aki majd megmenti az emberiséget.

**3. A tetőpont:** Amikor elérkezett az idők teljessége, Isten olyan teremtményt kegyeskedett teremteni, amely semmi korábban létezőhöz nem hasonlítható: *Az Asszonyt,* akit 4000 évvel korábban megígért, akinek a magva eltapossa majd a kígyó fejét (Ter 3,15). Ez az asszony megfordítva Ádám engedetlenségét, Istennek *Fiat*tal (*Legyen...*) válaszolt, amikor megkérdezte őt, hogy lenne-e az Ő anyja. Kilenc hónappal később a jászolban fekvő Világmindenség Teremtőjét a királyok és a pásztorok egyaránt imádták. Ő Jézus Krisztus, aki Egyházat alapított, önként odaadta életét a mi üdvösségünkért és megszentelésünkért, és feltámadt a halálból, hogy örökre eltörölje a kételkedést, és felment a Mennybe.

**4. A sorsfordulat:** Jézus Krisztus evangéliumát 2000 éve fáradhatatlanul hirdetik és élik egyre növekvő számban a nemzetek. A szentek ez idő alatt - gyakran tökéletesen - élték meg ezt az Evangéliumot, és megtöltötték a földet az Ő Szeretetével és a Mennyországot pedig benépesítették az őket követőkkel.

De bármilyen nagyszerű és dicsőséges is volt az Egyház és a szentek számos diadala, csak egy makacsul vak ember érvelhet amellett, hogy Isten Országa (Királysága)[1] a földön most is olyan mértékben uralkodik, ahogy azt Isten szeretné, és ahogyan azt Isten a következőképpen megígérte az Ő imájában: *"Jöjjön el a Te Országod, legyen meg a Te akaratod, amint a mennyben, úgy a földön is".* (Mt 6,10) Egyes keresztények ma azt feltételezik, hogy csak ennek a negyedik szakasznak a megvalósulása az,

---

[1] *A magyarban használt Isten országa kifejezés angol megfelelője a 'Kingdom of God', amely Isten Királyságát jelenti, így az ország és királyság szavakat szinonimaként használjuk. (szerk.)*

amit a földön valaha látni fogunk, és hogy csak a Mennyben remélhetjük, hogy megtapasztalhatjuk a dicsőséges végkifejletet/megoldást. De nem ezt mondta Urunk Jézus, nem ezt tanítja az Egyház (lásd a függelékeket), nem ezt hitte majdnem minden egyházatya, és nem ezt üzeni Isten a mai Egyháznak az Ő kiválasztott - és hiteles - prófétáinak egybehangzó véleménye által (mindezeket rövidesen látni fogjuk az első fejezetben). A Mennyország a történetünknek a *boldogan éltek, amíg meg nem haltak* részét képezi. A Mennyország nem az ember és nem a világ történelmén *belül* van. A Mennyország ennek a történetnek a *célja*, és ennek a lapjain túl létezik. Ahhoz, hogy Történelmünk Története teljes legyen, mint minden történetnek, úgy ebben az esetben is a történetnek a *saját* lapjain belül kell tartalmaznia a végkifejletet.

5. **A végkifejlet/megoldás:** Te, kedves olvasó, abban a kegyelemben részesültél, hogy a Történet legizgalmasabb részébe születettél bele, mert a végkifejlet most íródik a szemed előtt. *Ez a beteljesülés.* Ez a legnagyszerűbb ima legnagyobb kérésének beteljesedése, amely valaha elhangzott emberi ajkakról: az egyetlen ima, amelyet maga Jézus Krisztus tanított nekünk imádkozni, és amelyben megígérte, hogy az Atya akarata úgy fog uralkodni a földön, ahogyan a Mennyben is. De tovább kell olvasnod ahhoz, hogy megtudd, miben áll ez a beteljesülés, és hogyan biztosíthatod ennek gyors eljövetelét.

✝✝✝

# II) A te történeted: Egy nap a Korszak polgárának életéből

Ha lenne egy kristálygömböm, ezer darabra törném. Mert amivel rendelkezem – a megbízható próféciákból szerzett tudás olyan eseményekről, amelyek hamarosan garantáltan bekövetkeznek a földön -, az végtelenül jobb. És bár a következőkben leírtak egy része az én saját, megalapozott eszmefuttatásom, a többségük közvetlenül ezekből a próféciákból származik. Nézzünk hát végig egy napot az új Korszak emberének az életéből, amelynek - Isten engedelmével - hamarosan te is részese leszel. (Figyelmeztetnem kell téged: én filozófus és mérnök vagyok. Egyáltalán nem vagyok képes kitalált dolgokról írni. Bármilyen jót is eredményeznek a következőkben leírtak, az csak annak köszönhető, hogy a tartalom *nem* kitaláció.)

Egy új nap hajnalán, amikor először kinyitod a szemedet, nem az lesz az első nyugtalan gondolatod, hogy mit kell aznap elvégezned, nem érzel fizikai fájdalmat, sem a vágyat, hogy tovább aludj és elpusztítsd az ébresztőórádat, hanem az életöröm és a hála elsöprő érzése árad szét benned. Bár ez is csak egy "átlagos" nap, mégis olyan könnyedén és izgatottan kelsz fel az ágyból, mint egy gyermek karácsony reggelén, és otthonod ajtajához sétálsz, (amelyet nyitva hagytál, mert előző este nem volt okod becsukni - még kevésbé bezárni), megpillantod a felkelő Napot, és dicsőíted Istent, Aki azt teremtette. Bár egykor nagyon "gyakorlatias" ember voltál, és nem foglalkoztál a misztikával, most te is (mindenki mással együtt) erős ösztönzést érzel arra, hogy örvendezz a teremtett világ dolgai által elfátyolozott Istenségnek olyannyira, hogy hozzád képest Assisi Szent Ferenc unalmasnak tűnik. A korábbi időkből bárki szívesen rááldozta volna az egész vagyonát, csakhogy egyszer szemtanúja lehessen egy ilyen napfelkeltének. Ami miatt egykor nem vetted a fáradságot, hogy felkelj, az most minden nap olyan látvánnyal tárul eléd, hogy hatása csak egy klasszikus mestermű crescendójához hasonlítható, mert ez a felkelő Nap, amely diadalmasan emelkedik ki a látóhatár fölé, a városotok keleti völgyében új szépséget kölcsönöz mindannak, amit megvilágít. Ez az élmény mindenki számára a Végső Eljövetelnek a mindennapos, elbűvölő előzetesét jelenti.

Mint a Korszak előtt, a nagymamád most is az otthonodban él veled, a feleségeddel és a gyermekeiddel együtt. Száztíz éves, de most ő is olyan könnyedséggel és örömmel kel fel, hogy elkezdje a napját, mint te magad percekkel korábban; korábbi Alzheimer-kórja és ízületi gyulladása nyomtalanul eltűntek. Feleséged és gyermekeid is hasonlóképpen kelnek fel, és mindannyian együtt folytatjátok az Istenhez szóló hálaadó imátokat egy újabb örömteli, szép, harmonikus és békés napért, melyet az Ő Akaratában és az Ő Királyságában élhettek a földön. Amikor a családoddal imádkozol, olyan boldogságot érzel, hogy a régi időkből való legkedvesebb emléked még csak meg sem közelíti ezt a boldogságot. És a leghalványabb nyoma sincs (és nem is lesz soha) azoknak a dolgoknak - a viszálykodás, a gyerekek veszekedése, az otthonod lakóinak korábbi bűnös szokásai -, amelyek egykor megfosztották az otthonotokat ettől a boldogságtól; és eltűntek a mentális, az érzelmi és a fizikai betegségek nyomai is. A régi korszakban mindezek a szomorú dolgok gyakran megtörték az otthonotok békéjét, azonban most már ezek csak emlékek. Bár múltbeli létezésük emléke nem tűnt el az elmétekből, nem maradt meg semmi abból az elhúzódó fájdalomból, a meg nem bocsájtásból vagy a haragnak a kínzó kísértéséből, amelyet az emlékek hajdanán előidéztek. A Korszak kezdetén ugyanis Isten csodálatos módon nemcsak az emberek akaratát és értelmét gyógyította meg attól, amit a bűnbeesés miatt örököltek, hanem az emlékeiket is.

A családoddal eltöltött rendkívül örömteli percek után szeretnéd a napod hátralévő részét egy még nagyszerűbb imaformával folytatni, ezért elsétálsz a legközelebbi templomba, hogy részt vegyél a szentmisén. A sétád során sehol sem találkozol azokkal a borzalmas látványokkal és hangokkal, amelyekkel egykor telve voltak az utcák. Senki sem bömbölteti a szörnyű zenét az autóban, miközben elhajt melletted, mivel most egyáltalán nem hajt el melletted senki; nem hallatszódik ki vita a házakból, miközben elhaladsz azok mellett, amelyekben ezek az incidensek egykor állandóak voltak; és nem haladnak el melletted fülsüketítő, füstöt okádó szemétszállító teherautók sem. Ráadásul egy olyan területen sétálsz keresztül, amely egykor egy nagy ipari park szomszédságában lévő "gettó" volt: egy olyan terület, ahol megszakítás nélkül hatalmas káosz, zaj, bűnözés és mocsok uralkodott. Most azonban az egyetlen hang, amit hallani lehet, az a házakból kihallatszó ima és szeretetteljes beszélgetés, valamint hallod a madarak csicsergését is, amely harmonikusan összefonódik egy halk és titokzatos zenével, amely úgy elvarázsol téged, ahogyan azt a régmúlt idők egyetlen zenekara sem tudta megtenni (ennek a zenének az eredetét később fogjuk leírni). Ez az egykori gettó, amely egykor omladozó betonelemek, ablakokat borító hullámlemez, rétegelt lemez, rothadó régi házak, émelyítő szagok és szeméttel teli utcák ocsmány keveréke volt, ma inkább hasonlít egy gyönyörű tájképre egy mesekönyvből, amelynek megfestése minden művész vágyálma. A Korszak kezdetén nagyon kevés időbe telt az átalakulás, mert az egykor ismeretlen növények új családja úgy terjedt el az egész világon, ahogyan egyetlen invazív növényfaj sem tudott volna. Ezek az elbűvölő szépségű és illatos növények gyorsan beborították az összes műanyagot, fémlemezt, aszfaltot, betont és az ezekhez hasonló dolgokat, és a gyökereikkel (napok alatt) átalakították ezeket kővé vagy földdé, valamint olyan lenyűgöző virágokkal borították be ezeket, hogy a Korszak előtt egyetlen földi kertész sem remélhette volna, hogy így ékesítheti a saját kertjét.

Ez a reggeli séta azonban csak ízelítőt ad a Mennyországból, és hamarosan eljutsz oda, ami több, mint egy ízelítő. Hiszen bármilyen dicsőséges is e Korszak, akkor is folytonosan vágyakozol az Égi Szülőhazára, a Mennyországra. Ez a vágyakozás, amely már messze nem az a fájdalmas vágy, ami a Korszak előtt volt, most tiszta öröm és izgalom: olyan, mint a repülőtéren várakozó nyaralóké és nem, mint az elszegényedett emberek vágyakozása, akik vágynak egy utazásra, de elképzelni sem tudják, milyen is lehet az. Sajnos, szavakkal nem tudom kifejezni azt az élményt, amit a templom falain belül tapasztalsz majd a mennyei Liturgián, amely a Mennyet összeköti a földdel. Mert bár a világ a Korszak alatt valóban dicsőséges lesz, csak a ma ismert szavainkkal tudunk beszélni róla. Azonban a Mennyország még ennél is dicsőségesebb, és leírása meghaladja az emberi nyelv képességeit. Így a Korszak alatti Szentmisét talán csak részben lehet körülírni, és csak annyit mondhatok, hogy ha a Korszak előtt a szentmisén résztvevők többsége rendszeresen az órájára pillantott, remélve, hogy hamarosan vége lesz; a Korszak alatt a szentmisén való részvétel mindenki számára ugyanolyan élmény lesz, mint amit a nagy misztikusok mindig is leírtak: A szentmise szent misztériumai alig lesznek elfátyolozva, és a Szentségeket nem a betegek kapják gyógyszerként, hanem az egészségesek kapják táplálékként. Következésképpen ma már azok sem vágynak a kábítószerfogyasztás hamis és romlott álmisztikájára - amely annyira sújtotta a világot -, akiket a régi korszakban reménytelen szenvedélybetegeknek írtak le. Mert a valódi misztikus élmények már a normát jelentik, nem pedig a kivételt, és senki sem megy ki a szentmiséről anélkül, hogy meg ne tapasztalta volna magának a Mennyországnak az elragadó tisztaságát.

A miséről egy másik útvonalon indulsz haza, és egy nem kevésbé szépséges tájon haladsz át. Ez az út tele van emberekkel; te is a piacra tartasz. Nincsenek nagyáruházak és bevásárlóközpontok, mert ezekre nincs szükség. Mindent, amire bárkinek szüksége van, sőt, amit csak akar, a családok maguk állítják elő, és a saját standjukra viszik a piactéren. A piacon tett egyszerű sétádhoz képest a Korszak előtti napok legvidámabb családi összejövetele is egy meglehetősen sivár eseménynek tűnik, mert most minden egyes ember - legyen az családtag, barát vagy éppen vadidegen - csak tökéletes, sőt túláradó szeretetet érez mindenki más iránt. Ez a szeretet mindenki számára természetes és magától értetődő; csak ki kell lépni a házból ahhoz, hogy áldott közösségi életben legyen részed másokkal. Tudod, ezekben az időkben mindenki ugyanazt hiszi: az Igazságot. Mindenki ugyanazt akarja: a Jót. Mindenki ugyanazokat a dolgokat szereti: a Szépet. Az egyéniségek és a preferenciák nem tűntek el; sőt, jobban virágoznak, mint valaha. De most ezek a különbségek tökéletes harmóniában vannak, és annyira különböznek a régi korszak "sokféleségének" diszharmonikus hangzavarától, mint amennyire Mozart szimfóniáinak egymást követő hangjai különböznek egy heavy metal zenekar harsány üvöltésétől. Azonban annak ellenére, hogy az ottani emberekkel a találkozás öröme messze felülmúlja mindazt, amit a régi időkben tapasztaltál, nyoma sincs a féktelenségnek, a kicsapongásnak, a flörtölésnek, a szédelgésnek vagy bármiféle túlzásnak. Van ugyan jó és egészséges humor, sőt, szívből jövő nevetés is, de minden a nyugalom és béke alapjára épül, amely soha nem szakad meg, és soha nem lehet hallani ironikus vagy pikáns megjegyzéseket, mivel a felebarát méltóságának nyilvánvaló tudata lehetetlenné teszi az ilyen magatartást.

Miután letetted otthon, amire szükséged volt a piacról, és miután csordultig teltél és túl is csordultál Isten és a felebarátod szeretetétől, elindulsz a munkába nagy hálával mindazért, amit kaptál. A Béke Korszaka előtt biztonsági őrként dolgoztál, miközben az orvosi egyetemre jártál abban a reményben, hogy onkológus leszel, de már egyik szakmára sincs szükség. Így most művész, építész, hajóépítő és felfedező vagy. A számtalan ajándék, amellyel Isten ingyen megajándékozta a föld lakóit a Korszak eljövetelekor, egyáltalán nem teszi megterhelővé a szakmák ezen kombinációját; a beléd öntött tudás azonnal olyan szellemi magasságokba emelt téged, amelyet a régi korszakban egyetlen tudós sem ért el, és Isten minden szükséges tehetséget megad neked ahhoz, hogy olyan műalkotásokat alkoss, amelyek messze felülmúlják Da Vinci bármely mesterművét. Azért lettél felfedező, mert a Korszakot előidéző Nagy Felforduláskor a világ radikális átalakuláson ment keresztül, és a föld 126 milliárd hektárját eddig elképzelhetetlen természeti csodák lepték el. A ma ismert hét természeti csoda már nem létezik azon az új listán, amely már most több száz bejegyzést tartalmaz, és még csak éppen elkezdték dokumentálni ezeket. Ezért felfedezőkre van szükség, akik most először veszik szemügyre azokat az új szépségeket, amelyekkel Isten megtöltötte a földet. Továbbá művészekre van szükség, akik arra törekednek, hogy megörökítsék azt, amit csak emberi szemek képesek megragadni; olyan szemek, amelyek ellentétben az elmúlt idők kameráival nemcsak a teremtett dolgok lélegzetelállító külső szépségét képesek meglátni, hanem Isten dicsőségét is, amely átragyog rajtuk. Ezt a felfedezést természetesen nagymértékben elősegítik a jó hajók, és a közeli kikötőben örömmel járulsz te is hozzá a saját erőfeszítéseiddel ehhez a feladathoz.

A régi időkben nem voltál különösebben erős és kézügyességed sem volt, de most már könnyedén fel tudod emelni és meg tudod faragni még a legnagyobb fagerendákat is, amelyekből a hajótest épül. Anélkül, hogy számtalan órát kellene az edzőteremben töltened (ma már amúgy sem létezik ilyen) vagy vég nélkül megszállottan diétáznod kellene, az emberi test most már természetes módon arra mutat hajlamot, hogy olyan legyen, amire rendeltetett: kiemelkedő szépségű, hatalmas erejű és tökéletes egészségű. Ebben a kikötőben nincsenek zajos elektromos szerszámok, mert ez szintén egy régi szükséglet volt, amely a Korszak eljöttével eltűnt. Egy egyszerű kézifűrész, amely élességben még egy sebész pengéjét is felülmúlja, mindig tökéletesen éles marad, és használatával könnyedén, másodpercek alatt át tudsz vágni egy nagy gerendát. Minden állat a rendelkezésedre áll, készen arra, hogy a saját, Istentől kapott képességeinek megfelelően megtegye, amit csak tud, mert most már minden állat úgy viselkedik minden emberrel, ahogyan a régi korszakban egy tökéletesen idomított kutya viselkedett a gazdájával.

Hátralépve és elégedetten szemlélve az elkészült munkádat, amely csak a töredékét vette igénybe annak az időnek, amelyet egy hasonló projekt - a technológia használatával is - igénybe vett volna a régi időkben, eszedbe jut, hogy mennyire élvezted a munka közbeni erőfeszítést. Bár objektíven nézve eléggé megerőltető volt, a képességeid mégis alkalmassá tesznek erre, így olyan természetessé vált, mint amilyen a cipőd bekötése is volt mindig. Ha valaki a régi időkből bepillantást nyerhetne a munkálkodásodba, elcsodálkozna, és ugyanazt mondaná, amit egy olimpiai tornász megfigyelése után is mondana: "olyan könnyűnek tűnnek ezek a hihetetlen feladatok!".

Vacsorára hazaérve a tányérodon nincs hús; sem emberi, sem állati vért nem ontanak szándékosan a Korszak alatt. Ez azonban senkinek sem okoz csalódást, mert a saját kertetekben termő gyümölcsök, zöldségek, diófélék és gabonafélék hihetetlen bőségben teremnek (és még télen is virulnak a mostani lakhelyeden, ahol a tél egykor elég zord volt, de ma már csak egy pulóvert kell viselned). Ezek a növények olyan tápértékkel rendelkeznek és olyan ízletesek, amihez képest a leggondosabban elkészített marhaszelet elfogyasztása is önsanyargatásnak tűnik. Annak ellenére, hogy az íze olyan kiváló, hogy a régi időkben háborúkat vívtak volna érte, a legcsekélyebb vágyat sem érzed arra, hogy miután kellőképpen jóllaktál, tovább folytasd az evést, ugyanis a testi vágyak, amelyek már nem olyan kísértések, mint egykor voltak, most *mindig* engedelmeskednek a józan észnek (és nem harcolnak ellene), és megnemesítik az ember arra való képességet, hogy megfeleljen ennek.

A vacsora közben a családtagjaiddal folytatott beszélgetések, a nevetés és a jó történetek egyre jobban eltöltenek téged szeretettel Isten és minden műve iránt. Ez az örökös töltekezés valóban visszatérő téma az életedben (bár soha nem sikerül teljesen felfognod); mindig úgy érzed, hogy csordultig telve vagy Isten szeretetével és túl is csordulsz attól, mégis valahogy minden egyes új tapasztalat egyre jobban növeli ezt az érzést. E nagyszerű ajándékon elmélkedve most észreveszed, hogy a Nap már elkezdett lenyugodni annak az új hegyvonulatnak a csúcsai fölött, amelyet lélegzetelállító tisztasággal figyelhetsz meg az ebédlő ablakából. Mint a folyékony arany áradata, úgy zúdulnak be a fénysugarak az ablakodon, miután a kerted bőséges növényvilágával való kölcsönhatásuk révén még lenyűgözőbb színt öltenek. Ez a fény soha nem égeti meg a bőrt, és nem vakítja el a szemet, mert az emberi test már tökéletesen hozzászokott. Ahogyan a Nap befejezi az aznapi útját és finoman a látóhatár alá ereszkedik, a csillagok hamarosan olyan szépséggel kezdenek ragyogni, amelyet még a régi korszak távcsővel készített, mesterségesen színezett képei sem tudtak megmutatni. Most, hogy ez a szépség teljes egészében megmutatkozik, tisztán hallani kezded azt, ami korábban, a nap folyamán halvány volt; most viszont erőteljes és teljesen elbűvölő: a szférák égi zenéjét, egy olyan hangot, amelyről még a régi korszak ókori görög filozófusai is felismerték, hogy valóban létezik, és ez most mindenki számára hallható. Kórusban csatlakozva ehhez, mindannyian eléneklitek az esti imát, és annak ellenére, hogy egyikőtöknek sincs zenei képzettsége (a régi időben az emberek összerezzentek, amikor énekelni próbáltál), úgy énekeltek, hogy Palestrina legtökéletesebb többszólamú darabja is úgy hangzana, mint egy általános iskolai zenekar első próbája.

Mivel másnap reggel, jóval hajnal előtt el kell indulnotok a most elkészült hajótok első útjára, egy időre szeretetteljes búcsút veszel a családodtól. A régi korszaktól eltérően ezt a búcsút nem övezi bánat. A régi időkben a búcsúzásokat mindenféle kételyek és félelmek árnyékolták be: "*Látom-e őket újra? Mi van, ha én vagy ők rossz irányba változunk a következő találkozásunkig? Miről maradok le? Hogyan fogjuk elviselni ezt az egymástól távol töltött időt?*" Annak érdekében, hogy legyőzzük az elválás és a búcsú szomorúságából adódó aggodalmainkat, óhatatlanul egy megterhelő digitális levelezés vette kezdetét, amely nem hozott igazi jót egyik fél számára sem a későbbiekben. De most már a leghalványabb kétséged sincs afelől, hogy újra látni fogod őket; sem értelmi, sem érzelmi kétséged nincsen - és ha hiányoznak majd neked az utad során, az ahhoz lesz hasonlítható, ahogyan a Korszak előtt "hiányzott" a feleséged, amikor éppen az asztal ellenkező végén ültetek vacsora közben, vagy amikor különböző emberekkel beszélgettetek egy vidám társasági összejövetelen. Az Isteni Akaratban való folyamatos egység, amit most mindenki érezhetően megtapasztal, lehetővé teszi azt, hogy az 5000 kilométeres távolságot alig érezd többnek, mint az öt méter távolságot, és az öt hónapos távollétet alig érezd többnek, mint öt percet. De, amit igazán türelmetlenül vársz, az a szeretteiddel való találkozás a Mennyben: egy olyan találkozás, amely végtelenül felülmúlja még annak a találkozásnak a szépségét is, amelyet a Korszak alatt élsz át velük. Egyáltalán nem félsz attól, hogy bárki a szeretteid közül ne jutna el a Mennyei Hazába: biztos vagy benne, hogy ott látni fogod őket, és ezt a bizonyosságot a csontjaidban érzed, ezért a többi ember "hiánya" is sokkal másabb, mint a Korszak előtt volt, éppen ezért senkinek sincs kedve ahhoz, hogy időt töltsön digitálisan kommunikálva azokkal, akik nincsenek jelen. A közlekedési eszközök is haszontalanná váltak. Már nincs meg az az eszeveszett vágy, hogy egyszerűen csak megérkezzünk számos célállomásra: az utazás kalandja visszaszerezte az őt megillető helyet, mint minden egyes utazás elsődleges oka. Nem is beszélve arról, hogy az autó önmagában felesleges lenne; bármely igásló (rengeteg ilyen ló él mindenütt szabadon és békésen) ma már kétszer olyan gyors és erős, mint azok, amelyeket a régi korszakban a leggondosabban tenyésztettek és idomítottak, ráadásul újra tökéletesen engedelmeskednek az embereknek.

Az utazásaid leírása szándékosan lett kihagyva; ezek olyan pompás kalandok, melyeket írásaikban talán csak J. R. R. Tolkien vagy C. S. Lewis tudtak volna minimálisan megközelíteni. A régi korban majdnem elhitted volna, ha valaki azt állítja, hogy egy bűn, hiba és csúfság nélküli világ egy unalmas világ lenne. Most az ekkora ostobaságok puszta gondolata is már káromkodásnak számít. A Korszak előtt, amikor az internetnek köszönhetően még "egy kattintásra volt a világ", valóban rendszeresen őrülten unatkoztál: üresen bámultál egy képernyőt, és nem tudtad, mit kezdj magaddal. Most az unalom olyan idegen számodra, mint az ifjú házasoknak a várva várt nászút. Az epikus kalandok, a merész hódítások, a magával ragadó élmények, az új felfedezések, az új barátságok és az új ismeretek most már mindig azonnal elérhetőek számodra. Mi több, a Korszak minden polgára türelmetlenül várja, hogy betöltse a saját szerepét abban a Nagy Végső Csatában, amelyről mindannyian tudják, hogy közvetlenül az idők vége előtt fog lezajlani (ami, amennyire tudható, akár már a következő nap is bekövetkezhet, de akár a következő évszázadban is lehet), amikor Góg és Magóg révén rövid időre elszabadul a pokol minden ereje, és az ezt követő Összecsapás a fantasztikus hollywoodi kasszasikerek összes csatájával összehasonlítva is csak egy olcsó szappanoperának tűnik.

Az utazásból visszatérve elsőként fedezed fel, hogy a nagyanyád meghalt. Bár a lelke valóban a Mennyországba távozott, a testétől való elválása egy olyan esemény volt, amely annyira különbözik a Korszak előtti haláltól, mint ahogy a meleg fürdőbe való könnyed belemerülés különbözik a jeges tóba való fejesugrástól. A halálát úgy lehetne pontosabban leírni, mint a lélek egyszerű átmenetét az örök otthonba; annak a következményeként, hogy abban a pillanatban sikeresen befejezte mindazt, amiért Isten a földre helyezte. A beteljesülés e pillanatában a lelke olyannyira tele volt szeretettel és vággyal a Teremtőjével való még mélyebb egyesülés iránt, hogy a testhez fűződő köteléke már nem volt elég erős ahhoz, hogy ellenálljon a szeretet e vonzásának, és ugyanez a test készségesen és harc nélkül elengedte életének princípiumát. Az ő teste - a Korszak során elhunytakéval együtt - tökéletesen friss marad a sírjában, éppúgy, ahogyan a lélek távozásának pillanatában volt, és tökéletes szépségében várja a Feltámadás Napját és az Egyetemes Ítéletet az Idő Végén.

A nagymamád szent halála szavakkal leírhatatlan vágyat ébreszt benned, miközben újra a lenyugvó Napra nézel, amint az a látóhatár alá süllyed, és még inkább eláraszt az öröm és az izgalom, hogy mikor jön el a te időd, hogy szeretteiddel együtt szemtől szembe lássátok Teremtőtöket az örökkévalóságban.

†‡†

# 1. fejezet: Miért kellene ezt elhinnem?

Az előző oldalakon meglehetősen meghökkentő igazságokat fejtettem ki, és néhány olvasóban most bizonyára nem kis kételkedés ébredt fel. Térjünk tehát rá annak vizsgálatára, miért nemcsak észszerű, hanem *racionálisan szükséges* is száműzni ezt a kételkedést.

## Már mindenki tudja, hogy ez igaz

A XX. század elején az Úr Jézus a következő próféciát adta egy Luisa nevű nőnek (később bővebben fogok szólni erről a hihetetlen személyről):

> **Az egész világ a feje tetejére állt, és mindenki a változást, a békét, az új dolgokat várja.** (...) A népek elszegényedtek, élve kifosztják őket, és miközben várakoznak belefáradva a szomorú, sötét és véres jelen korszakba, amely körülveszi őket, várják és remélik a béke és a fény új korszakát. **A világ pontosan ugyanott tart, mint mielőtt Én a földre jöttem. Mindenki egy nagy eseményt, egy új korszakot várt, ami valóban be is következett. Most is ugyanez a helyzet; mivel a nagy esemény, az új korszak közeleg, amelyben Isten Akarata úgy fog teljesülni a földön, ahogyan a Mennyben - mindenki a jelenlegi korszakba belefáradva ezt az új korszakot várja** anélkül, hogy tudnák, miről szól ez az új dolog, ez a változás, ahogyan akkor sem tudták, amikor Én a földre jöttem. Ez a várakozás biztos jele annak, hogy közel van az óra. (1923. július 14.)

Az a néhány évtized, amely ezen szavak leírása óta eltelt, még nyilvánvalóbbá tette, hogy ezek a szavak mennyire igazak. Úgy tűnik, mindenki felismeri - vallásokon, nemzeteken, kultúrákon, sőt még a szekuláris tereken is átívelően -, hogy a világ valamilyen nagy fordulópont előtt áll. Napról napra egyre több olyan cikk jelenik meg, amelyben a világ nagy elméi elismerik, hogy egy korszak vége közeleg. A jelen korszak végének közelgő eljövetele az élet minden területén megmutatkozik: a politikában, a technológiában, a kultúrában, a klímatudományban, a gazdaságban, a geológiai tudományokban, a pénzügyekben és a nemzetközi kapcsolatokban, hogy csak néhányat említsek.

A legtöbb olvasó számára nincs szükség a részletekre, de talán néhány rövid részlet bemutatása szükséges azok számára, akik úgy tesznek, mintha minden "rendben menne", vagy azok számára, akik a strucchoz hasonlóan inkább a homokba dugják a fejüket. A nemzetközi kapcsolatok alapján (különösen Oroszország, Kína, Irán, Észak-Korea és Venezuela tekintetében) úgy tűnik, hogy a harmadik világháború pillanatokon belül bekövetkezhet. A tudósok azt állítják, hogy a világ lényegében már most is halálra van ítélve a modern ember pazarlásának és a kizsákmányolásnak köszönhetően. A világméretű adósság- és költekezési válság közelgő összeomlást jelez, amely milliárdokat fog elszegényíteni. A terrorizmus elleni minden látszólagos győzelem hamarosan eltörpül az újabb erőszakos cselekedetek mellett. A földrengések, az erdőtüzek, az aszályok, a vészhelyzetek és a viharok egyre súlyosabbak és gyakoribbak. Csak az elmúlt évtizedekben a saját anyjuk méhében megölt gyermekek - valódi, hús-vér, fájdalmat érző, dobogó szívű gyermekek - száma már messze meghaladja a történelem összes többi népirtásában meghalt emberek számát. A család, ami nélkül a társadalomnak nincs értelme, olyannyira szétesőben van, hogy a gyermekek többsége ma már felbomlott családokban nevelkedik. Azok a tömeges lövöldözések, amelyek legrosszabb esetben régebben évtizedenként egyszer fordultak elő, ma már hetente, ha nem naponta fordulnak elő. Az, amivé a technológia vált, egyre inkább aláássa emberi mivoltunkat, és az elkövetkező napokban még több ilyet ígér. Az öngyilkosság történelmileg példátlan, társadalomromboló szintet ért el, miközben a nyugati nemzetek születési rátája olyan alacsonyra zuhant, hogy a populáció korfájának eltorzítása által minden emberi számítás szerinti lehetőségét tönkretette annak, hogy a következő évtizedekben virágzó társadalmat építhessünk. Miközben egyes nemzetek soha nem látott mértékű élelmiszeráradatba fulladnak, amely hatására az elhízás járványszerűen terjed, addig más nemzetek olyan nyomorúságos szegénységben és éhínségben élnek, hogy ott gyermekek milliói halnak éhen, és halnak meg könnyen kezelhető betegségekben is, miközben azok a cégek, amelyek szabadalmaztatják a gyógymódot jelentő gyógyszereket, dollármilliárdokat költenek új kozmetikai krémek kifejlesztésére. Ezt a listát természetesen még hosszan lehetne folytatni. De egyszóval: mindenki - kivéve talán az elit legelitebb tagjait, akik a tömegek nyomorát a saját pénzügyi hasznukra használják fel – beleunt és belefáradt abba, amivé a világ vált. **Mindenki tudja, hogy a dolgok nem mehetnek így tovább. Mindenki tudja, hogy hatalmas változások jönnek.**

De lehet, hogy valaki tiltakozik ez ellen: "Várjunk csak, ezek a pusztulás korszakát jelzik, nem pedig a békének a korszakát!" És valóban, egy rövid ideig tartó szükséges - még ha példátlan és világméretű - társadalmi megrázkódtatást is jeleznek. Azonban éppoly biztosan, mint ahogyan a nappal követi az éjszakát, úgy a vihar után is mindig kitisztul az ég. Ismét Tolkien bölcsességére támaszkodva mondhatjuk, hogy: *"Még a sötétségnek is el kell múlnia, új nap virrad majd fel! És ha egyszer kisüt a nap, annál tisztábban fog ragyogni."* Senki sem várja azt, hogy háza napról napra szebb lesz, miközben a régi falakat bontják, hogy újakat építsenek. Meg kell azonban várnunk a következő bekezdéseket, hogy mélyebben megértsük, miért is van az, hogy a közelgő vészterhes idők után bizonyosan a Béke Korszaka következik. Ugyanis csak azoknak van reményük arra, hogy meglássák a jelenlegi szenvedés és a zűrzavar értelmét, akik olvasták a megbízható próféciákat, amelyeket mindeddig csak kevesen ismertek (ezen a sajnálatos helyzeten szeretnék változtatni ezzel a könyvvel), és csak nekik van fogalmuk arról, hogy mi következik. Mindazonáltal az egyetemes várakozás is biztos jele az eljövendő átalakulásnak, és senki sem tagadhatja, hogy ez a várakozás ma már érezhetően robbanásig feszült.

Amikor az ember rájön, hogy valami már egy egyetemes emberi megérzés, akkor csak két lehetőség van: vagy elutasítja, és ezzel önelégülten bizonygatja a saját szellemi felsőbbrendűségét szinte mindenki mással szemben, vagy egyszerűen elismeri, hogy ez az egyetemes megérzés helyes. Még ha gyakran hibák is keverednek ezekbe a megérzésekbe (és valóban keverednek), az isteni kinyilatkoztatás helyes nézete nem azt állítja, hogy a kegyelem *felülírja* a természetet, hanem azt, hogy a kegyelem *tökéletesíti* a természetet. Így, ezen alapigazság azt tanítja, hogy az ilyen megérzéseket nem szabad teljesen elvetni pusztán azért, mert némi hiba keveredett beléjük, hanem ehelyett azt tanítja, hogy azokat az isteni kinyilatkoztatások igazságával összhangban kell helyesbíteni és finomítani. Vegyük például a "New Age" mozgalmat, ami bár sajnálatos módon problémás elemeket tartalmaz, mégis legalább az egyik alapvető megérzése, amelyről a nevét is kapta, teljesen helyes: a Béke Új Kora virrad a világra, amely mindent meg fog változtatni. Még a Vatikán is kiadott egy dokumentumot, amelyben jóváhagyja a New Age mozgalom "őszinte vágyakozását".[i] Az Egyház távolról sem ítéli el azt az alapfeltevést, amely sokakat e mozgalomhoz vezet, hanem dicséri annak egyes szempontjait.

**A New Age mozgalom azonban csak egy a sok terület közül, amelyben a Korra való várakozást látjuk.** Ezen mozgalmak között keresztény vagy kvázi-keresztény példákat is találunk, ilyen például a mormonizmus, az evangélikus keresztény millenarizmus, a Krisztus Második Megjelenésében Hívők Egyesült Társasága (shakerek) és a Jehova tanúi, akik mindannyian meg vannak győződve a Kor közelgő hajnaláról. Ezt mutatják a további nem keresztény példák is, mint például az iszlám Mahdi-várás, a messiási zsidóság újjáéledése, a hindu Mahapurusha-várás és a buddhista Maitréja-várás. Mindannyian megegyeznek a Kor eljöttének alapvető megérzésében. Mint egy New York állambeli főiskola filozófia- és teológiaprofesszora, akinek protestáns, katolikus, hindu, muszlim, szikh, buddhista, zoroasztriánus, agnosztikus, ateista és mindenféle hallgatói vannak, megbízom az ő vallomásukban. Gyakran spontán módon megosztották velem, hogy az ő vallási vagy ideológiai nézeteikkel összhangban erősen hisznek abban, hogy gyorsan közeledünk egy korszak végéhez és egy új kor hajnalához. Valóban, mindenki tudja, hogy ez közeledik. Nézzünk meg néhány személyiséget, akik ezt a legerőteljesebben hirdették. Kezdjük azokkal, akik erről már évezredekkel korábban szóltak.

## Az egyházatyák tudták ezt

Azokat nevezzük egyházatyáknak, akik a korai egyház nagy és termékeny teológusai, szentjei, doktorai, misztikusai és filozófusai voltak. Közülük sokan elég közel éltek Urunk Jézus Krisztus korához, és még hozzájuthattak az Ő isteni szavairól szóló hiteles és közvetlen szóbeli beszámolókhoz. Őket minden keresztény a mai napig joggal tiszteli a Hit leghitelesebb tanítóiként. Ők szinte egyhangúan vallják, hogy a föld végső évezrede, amelyet általában a Krisztus utáni harmadiknak tartottak, Isten Országának eljövetelét fogja magában foglalni. Az alábbiakban csak egy aprócska töredékét vesszük szemügyre a témával kapcsolatos tanításaik gazdagságának közvetlen idézetekkel a saját írásaikból:

**Szent Jusztinusz vértanú**: „**Nekem pedig, és mindazoknak, akik mindenben helyesen gondolkodó keresztények, az a meggyőződésünk**, hogy a testnek lesz *egy* feltámadása[ii], és ezer esztendeig az újjáépült, díszes és tágas Jeruzsálemben leszünk; Izaiás, Ezekiel meg más próféták is így tartották. (...) Egy közénk tartozó férfi, név szerint János, egyike Krisztus apostolainak, a neki adott kinyilatkoztatásban megjövendölte, hogy Jeruzsálemben mi, a Krisztusban hívők ezer esztendőt töltünk el, [iii] és csak ennek eljövetelével következik be az egyetemes, szó szerint az örök, és mindenkire kiterjedő feltámadás és ítélet." (*Párbeszéd Trifónnal*. 80-81.)

**Tertulliánusz**: „**Egy királyságot ígérnek nekünk a földön**, bár a menny előtt, csak más létállapotban; amennyiben ez a feltámadás után ezer évig az Isten által épített Jeruzsálem városában lesz (...)" (*Markion ellen*. 3. könyv. 25. fejezet).

**Szent Iréneusz**: „Az előre megmondott áldás ezért kétségtelenül a királyság idejéhez tartozik, amikor a halálból feltámadt igazak viselik az uralmat; amikor a teremtés is megújul (helyreáll) és felszabadul, teremni fog mindenféle ételeket bőséggel az ég harmatából és a föld termékenységéből táplálkozva: ahogy azok a vének, akik látták **Jánost, az úr tanítványát, arról beszélnek, hogy hallották tőle**, hogyan tanított az Úr ezekről az időkről, mondva: (...) és minden állat [csak] a föld termésével fog táplálkozni; békesség és harmónia lesz közöttük [azokban a napokban], és tökéletesen alávetik magukat az embernek." (*Az eretnekek ellen*. V. könyv. 33. fejezet. 3. pont)

**Lactantius:** „A ragadozó állatok nem táplálkoznak majd vérrel, a madarak pedig nem zsákmányolnak; **hanem minden békés és nyugodt lesz. Az oroszlánok és a borjak együtt állnak majd a jászolnál,** a farkas nem ragadja el a bárányokat. (...) Ezek azok a dolgok, amelyekről a próféták úgy beszélnek, mint amelyek a jövőben fognak megtörténni: **De nem tartottam szükségesnek, hogy bemutassam a tanúságtételeiket és a szavaikat, mivel ez egy vég nélküli feladat lenne;** és a könyvem határai sem fogadnának be ilyen sokféle témát, mivel oly sokan beszélnek hasonló dolgokról; és ugyanakkor nehogy fáradtságot okozzon az olvasóknak, ha összegyűjtött és mindenkitől átvett dolgokat halmoznék fel." (*Isteni tanítások*. 7. könyv. 25. fejezet)

Miután Lactantius már számos forrást idézett, amelyek az eljövendő Béke Korszakáról vallott nézeteit bizonyítják, értelmetlennek tartotta a további felsorolást. A feladat olyan nagy terjedelmű lenne - mivel ugyanazokat a próféciákat oly sokan állították, és így ezek olyan egyértelműen megcáfolhatatlanok -, hogy írásai "vég nélküliek" lennének. Én is ezzel a megjegyzéssel zárom ezt a részt, és arra buzdítom a további részletek iránt érdeklődőket, hogy olvassák el Mark Mallett műveit, valamint „*Az életszentség koronája*" című könyvnek a 351-483. oldalait. Bár minden kereszténynek kötelessége elhinni az egyházatyák egyhangú egyetértését a Hit bármely dolgában (vö. I. Vatikáni Zsinat, 3.

ülésszak, 2. §), az egyházatyák között mégis voltak nézeteltérések a Korszak természetét illetően, ezért most az igazság egy másik hiteles forrásához fordulunk: az egyházi Tanítóhivatalhoz.

## A modern kor pápái ragaszkodtak ehhez

A pápai Tanítóhivatal a 20. századot megelőzően, valamint az egész 20. század folyamán és azt követően is **erőteljesen hirdette, hogy az Egyház közeledik a** *végső összecsapáshoz* **és az azt követő nagy győzelemhez.** Ezek a pápák ragaszkodtak ahhoz, hogy a végleges békeidők nemcsak eljöhetnek, hanem *valóban* el is fognak jönni, és hogy ezek nem pusztán *egyfajta* békét fognak jelenteni, hanem éppen annak az Országnak *a* békéjét, amelyért Krisztus a Mennyből a földre jött, hogy azt végtére megalapítsa. Először is nézzük meg XIII. Leó tanítását, aki híres misztikus látomásában láthatta a sátán 20. századi uralmát (amire válaszként elrendelte a Szent Mihály arkangyal imát), valamint a rémuralmat követő békés időket is előre megjövendölte.

> **XIII. Leó pápa:** Végre lehetséges lesz, hogy sok sebünk begyógyuljon, (...) **hogy a béke ragyogása megújuljon, a kardok és a fegyverek kihulljanak a kezünkből, amikor minden ember elismeri Krisztus uralmát** és készségesen engedelmeskedik az Ő szavának... (*Annum Sacrum* 11. §)

Annak érdekében, hogy az olvasó ne feltételezze, hogy ezek a szavak pusztán valamilyen korabeli erőszakos konfliktus megszűnésére utalnak, Leó pápa ugyanezt a bekezdést azzal zárja, hogy erre a megújulásra úgy utal, mint a *Szent Pál által leírt valóságra*, aki így ír: "minden nyelv hirdesse az Atyaisten dicsőségére, hogy Jézus Krisztus az Úr". (Fil 2,11) De a közvetlenül XIII. Leó pápát követő Szent X. Piusz pápa volt az, aki valóban megalapozta a következő évtizedek színterét. Az Assisi Szent Ferenc ünnepén (akinek az életében az édeni rend helyreállításának kezdeteit láthatjuk) kiadott „*E Supremi*" című első enciklikájában (kifejezve az egész pontifikátusának alapját, melynek mottója: "*Mindent helyreállítani Krisztusban*") így tanít:

> **Szent X. Piusz pápa:** Amikor minden városban és faluban hűségesen betartják az Úr törvényét, (...) akkor bizonyára nem lesz többé szükségünk arra, hogy tovább fáradozzunk azon, hogy **minden helyreálljon Krisztusban**. És ez nem csak az örökkévaló jólét elérését szolgálja, hanem nagymértékben hozzájárul majd az evilági jóléthez és az emberiség javát is szolgálja. (...) Amikor a [jámborság] erős és

virágzó lesz, akkor 'a nép' valóban 'a béke teljességében fog élni', (...) hogy Isten, "aki gazdag az irgalomban", jóságosan siettesse az emberiségnek e helyreállítását a mi Urunk Jézus Krisztusban (...) (14. §.)

Figyeljük meg, hogy nem azt tanítja, hogy minden "helyreállhat" Krisztusban, hanem azt, hogy *helyre fog állni*; nem azt, hogy "néhány" ember lesz megújítva, hanem azt, hogy az egész *emberiség*. Ez a helyreállítás nem lehet más, mint egy olyan dicsőséges Korszakra való utalás, amely messze meghalad bármit, amit a világ a bűnbeesés óta látott. Szent X. Piusz pápa ugyanebben a dokumentumban (5. §) azt hangsúlyozza, hogy maga az Antikrisztus talán már a világban van. Ezáltal világossá válik, hogy Szent X. Piusz kitart amellett, hogy a Béke dicsőséges Korszaka, amelyet itt tanítóhivatalánál fogva megjövendöl, **nem pusztán a nyugalom rövid időszaka a Jelenések könyvében leírt kozmikus felfordulások** *előtt*, **hanem sokkal inkább egy helyreállításról szól (a földön és az idő keretein belül), amely az Antikrisztus legyőzése** *után következik* **magának Krisztusnak a** *kegyelemben* **való eljövetele által.** Ezt az eljövendő dicsőséges Korszakról szóló kiáltványt két évtizeddel később XI. Piusz folytatta a „*Quas Primas*" enciklikában, amely Krisztus Király ünnepének elrendelése alkalmából íródott, és ezt a reményteli várakozást az első világháború borzalmai sem tompították. XI. Piusz pápa a következőket írja az enciklikában:

**XI. Piusz pápa**: Pedig, ha az emberek a magán- és a közéletben elismerik Krisztus királyi tekintélyét, hihetetlen előnyök áramlanak a polgári társadalomra: a valódi szabadság, a fegyelem és a higgadtság, a megértés és a béke. (...) Ha tehát Krisztus országa, amely jog szerint az egész emberiséget felöleli, a valóságban is mindenkit magához vonna, **miért kételkednénk** *abban* **a békében, amelyet a Békesség fejedelme akart elhozni a földre eljövetelével,** (*Quas Primas 19. §*) [Ahogy az Úr Jézus tanította:] 'És meghallják majd a hangomat, és egy nyáj lesz és egy pásztor.' Isten (...) **teljesítse be az Ő próféciáját azáltal, hogy a jövőnek ezt a vigasztaló látomását jelenvaló valósággá változtatja.** (*Ubi Arcano Dei Consilio*)

Nos, ezek a próféciák nem értek véget a II. világháború befejeződésével vagy a berlini fal leomlásával; és nem indokolt úgy tenni, mintha ezek az események beteljesítették volna azt a "békét", amelyről a bekövetkezésük előtt adott próféciák beszéltek. Távolról sincs így, ugyanis ugyanazokat a próféciákat hirdette Szent XXIII. János pápa, Szent VI. Pál pápa, és még bátrabban Szent II. János Pál pápa is, aki 2005-ben bekövetkezett haláláig soha nem hagyott fel azzal a meggyőződésével és tanításával, hogy a harmadik évezredben fog ez az új dicsőséges Korszak felvirradni. Fiatal bíboros korában hirdette, hogy az Egyház a végső összecsapás előtt áll, de később ugyanígy hirdette azt is, hogy az Egyházra az összecsapás után fényes győzelem vár.

**Szent II. János Pál pápa** (Wojtyla bíborosként): Most az emberiség legnagyobb történelmi összecsapása előtt állunk. (…) Az Egyház és az ellenegyház, az evangélium és az ellen-evangélium **végső összecsapásával állunk szemben**. (*Utolsó beszéd az Egyesült Államokból való távozás előtt*, 1978. november 9.) Az önök és az én imáim által enyhíthetjük ezt a nyomorúságot, de elhárítani már nem lehet. (...) **Ennek a századnak a könnyei előkészítették a talajt az emberi szellem új tavaszának.** (Általános kihallgatás. 2001. január 24.) A **megpróbáltatásokon és a szenvedéseken keresztül történő megtisztulás után egy új korszak hajnala következik.** (Általános kihallgatás. 2003. szeptember 10.)

Habár, ahogy az 1978-as tanításából láthatjuk (amelyet soha nem vont vissza vagy "tisztázott"), Szent II. János Pál pápa meg volt győződve arról, hogy *a* végső összecsapás közeleg, és abban is biztos volt, hogy egy új tavasz következik. És mi volt a lényege Szent II. János Pál pápa tavaszról alkotott elképzelésének? Az, hogy ez *Isten Országának földi megvalósulásából fog állni.* Hiszen a következőt is tanította (és erre a 3. fejezetben még visszatérünk): "**Ez a mi nagy reménységünk és kérésünk: "Jöjjön el a Te országod" - a béke, az igazságosság és a nyugalom országa, amely helyreállítja a teremtés eredeti harmóniáját.**". (Általános kihallgatás. 2002. november 6.) Szent II. János Pál pápa elmondta azt is, hogy a harmadik évezredben elérkező új korszak az Isteni Akaratban való Élet „új és isteni" életszentségének következménye lesz, amelyről ugyanebben a fejezetben később még beszélni fogunk. A rogacionista ('imádkozó') atyákhoz intézett hivatalos beszédében ugyanis így szólt:

Isten maga gondoskodott arról, hogy megvalósuljon az az "új és isteni" életszentség, amellyel a Szentlélek a harmadik évezred hajnalán gazdagítani kívánja a keresztényeket, hogy "Krisztus legyen a világ szíve".

Ratzinger bíboros (a későbbi XVI. Benedek pápa) megerősítette Szent II. János Pál pápa azon nézetét, hogy a harmadik évezred biztosan a kereszténység és a keresztények újraegyesítésének tavasza lesz.[iv] A pápáknak ez a tanítása az eljövendő Korszakról azonban nem csupán egy lábjegyzet a történelemkönyvek számára. Amikor e szavakat írom, a jelenleg hatalmon lévő pápa lelkes vágya is ugyanez. Ferenc pápa odáig ment, hogy azt tanítja, hogy Izajás könyvének az egyetemes békéről szóló próféciái, amelyeket egyesek úgy értelmeztek, hogy azok csakis a Mennyországra vonatkozhatnak, valójában a *földön megélt időre* vonatkoznak:

> **Ferenc pápa**: Engedjétek meg, hogy megismételjem, amit a próféta mond, figyeljetek jól: "Ők meg ekevassá kovácsolják kardjukat, és lándzsájukat szőlőmetsző késsé; nemzet nem emel kardot nemzet ellen, és nem tanul többé hadviselést." De mikor fog ez bekövetkezni? **Milyen szép nap lesz az, amikor a fegyvereket darabokra szedik, hogy azokat munkaeszközzé alakítsák át!** Micsoda gyönyörű nap lesz az! És ez lehetséges! Higgyünk a reményben, a béke reményében, és ez lehetséges lesz! (Úrangyala beszéd. 2013. december 1.)

A pápaságának ötödik évfordulóján kiadott, *Mi Atyánk - Gondolatok az Úr imádságáról* című könyvében Ferenc pápa világossá teszi, hogy ez a béke, amelyet nemcsak remél, hanem jól tudja, hogy el *fog* jönni a földre, nem más, mint Isten Királyságának eljövetele:

> Isten országa itt van, *és* [kiemelés az eredetiben] Isten országa el fog jönni. (...) Isten országa most érkezik el, de ugyanakkor még nem jött el teljesen. Az Úr Jézus testet öltött: így az Isten országa már eljött. (...) De ugyanakkor arra is szükség van, hogy itt vessünk horgonyt és kapaszkodjunk a kötélbe, mert az Ország érkezése folyamatban van...

***

Kedves olvasó, ha katolikus vagy és befejezted ennek a résznek az olvasását akkor tudod, hogy az Úr Jézusnak az ígéreteivel összhangban (különösen a Máté 16,18-ban) nincs okunk kételkedni egy olyan tanítás hitelességében, amelyet több mint egy évszázadon keresztül több pápa Tanítóhivatala megismételt. Ha pedig nem katolikus vagy, akkor kétségtelenül tisztában vagy azzal, hogy a földön kevés az olyan ember, ha van egyáltalán, aki a Szentírás, a próféciák és az idők jeleinek ismeretében vetekedhet a római egyház pápáival. Következésképpen, ha ezek az emberek meg vannak győződve arról, hogy a béke egy dicsőséges Korszaka közeledik, akkor ez egyszerűen azért van, mert *a béke dicsőséges Korszaka közeledik*. **Azonban nemcsak egyszerű emberek szavaira hagyatkozhatunk a Korszak biztos eljövetelének reménye tekintetében, legyenek azok bár szentek, tanultak és tekintélyesek. Reménykedve várjuk a Korszakot, mert maga a Mennyország is szüntelenül kinyilatkoztatásokkal árasztja el a világot (különösen az elmúlt 100 évben), amelyek ígéretet tesznek a Korszakról, és arra kérnek, hogy törekedjünk sürgetni annak eljövetelét.**

## A próféciák konszenzusa ígéri ezt

**Ahogyan közeledett az idő, hogy az Ige Szűz Mária méhében testté legyen, úgy a próféciák is egyre hevesebbé és egyre pontosabbá váltak** (ezt a dinamikát a 4. fejezetben fogjuk mélyebben megvizsgálni). Hasonlóképpen most is az egész világot elárasztják az Ég által adott próféciák, különösen a múlt században, amelyek előre jelzik a jelenlegi szomorú korszak - nagy és példátlan fenyítésekkel - közelgő végét és egy új korszak eljövetelét (amely szintén példátlan, de a dicsőség tekintetében). Habár ilyen próféciák az egész egyháztörténelem során léteztek, mostani vizsgálódásunkat az új Korszakra vonatkozó egyik leghíresebb modernkori ígérettel kezdjük, amely Fatimában hangzott el, majd időrendi sorrendben haladunk tovább, habár csak egy kis töredékét fogjuk lefedni a megbízható magánkinyilatkoztatások hatalmas gazdagságának, amelyek pontosan ugyanazt ígérik. (Megjegyzés: A következő próféciákra vonatkozó további részletek és idézetek „Az életszentség koronája" 406-450. oldalain találhatók.)

**Fatima:** Három hónappal a legelképesztőbb csoda előtt, amelyet a Földön valaha láttak azóta, hogy Mózes kivezette Izrael népét Egyiptomból a Vörös-tengeren át (70 000 fős tömeg előtt táncolt a Nap az égen, amit még az akkori világi újságok is megörökítettek), a Szűzanya Fatimában megígérte, hogy "A Szentatya nekem fogja szentelni Oroszországot, és az ennek következtében megtér, **és a világnak megadatik a béke korszaka.**" De mivel néhányan igyekeznek megcáfolni, hogy ez a biztos prófécia egy eljövendő, földi, történelmi Béke Korszakára vonatkozik, hagyatkozzunk inkább azoknak a tanításaira, akiknek a nézeteiben érdemes megbízni ebben a témában. Ciappi bíboros öt pápa ideje alatt volt a Pápai Ház teológusa, és maga Szent II. János Pál pápa mondta a bíboros temetési homíliáját, melyben utalt "[Ciappi] bíboros tiszta gondolkodására, tanításának megbízhatóságára és az Apostoli Székhez való vitathatatlan hűségére, valamint arra, hogy *képes volt az idők jeleit Isten nézőpontja szerint értelmezni...*" ᵛ Ciappi bíboros Fatimával kapcsolatos nézeteit a fent említettek alapján egyértelműen mérvadónak tekinthetjük, ugyanis a következőket írta: "...**Fatimában egy csodát ígértek. És ez a csoda a béke korszaka lesz, amely eddig még soha nem adatott meg a világnak...**"ᵛⁱ Hasonlóképpen ír John Haffert *A nagy esemény* című könyvében, aki a fatimai üzenet egyik legelismertebb és legeredményesebb népszerűsítője a világon:

> A világ megtérése biztosan bekövetkezik. A világ az Övé lesz a mi megtérésünk és az Ő beavatkozása által. (…) A Győzelem egy olyan erőteljes és egyetemes megtérési esemény lesz, hogy mindenki kénytelen lesz dicsérni Istent a csodálatos tettekért, amelyeket az Ő teremtményében, Szűz Máriában végbe vitt. (...) **Ez egy olyan nagyszabású történelmi esemény lesz, amelyben a dicsőség minden korábbi pillanata csak árnyéknak fog tűnni (…)** (48-49.)

2016-ban monszinyor Arthur Calkins, a misztikus teológia és a magánkinyilatkoztatások szakértője azt írta, hogy a Szeplőtelen Szív győzelme, amelyet a Szűzanya Fatimában megígért, *"feltétlenül biztos"*, és "**(...) a béke új korszakát és Krisztus uralmának elterjedését fogja bevezetni, [és] talán sokkal közelebb van, mint azt bármelyikünk is gondolná.**"

    **Isteni Irgalmasság (Szent Fausztina nővér):** Szent Fausztina, akinek kinyilatkoztatásai nemcsak az Egyház legfőbb jóváhagyását, hanem annak kifejezett ajánlását is elnyerték, ezt írta a naplójában: "A sátán haragja ellenére **Az Isteni Irgalmasság győzedelmeskedni fog az egész világon,** és minden lélek imádni fogja." (1789. §) Ezekben a sorokban Fausztina egy olyan időt jövendöl meg itt *a földön,* amikor a Hit győzedelmeskedik minden élő lelkében. Ennek a "győzelemnek" egyetlen másik lehetséges értelmezése, amelyről Fausztina ír, az az Utolsó Ítélet, ami az idők végén következik be, de erről soha nem úgy beszélünk, hogy az *Irgalmasság* győzelme, hanem inkább, mint az egyetemes és végleges *Igazságszolgáltatás.* Korábban Fausztina azt írta, hogy az "Egyház győzelméért" imádkozott (§240), és azt kívánta, hogy ez a győzelem „siettetve" legyen. (§1581) Nem írta volna ezeket, ha nem hinné, hogy egy ilyen győzelem lehetséges és ez az Isten akarata szerint való.

**Boldog Conchita:** 1862-ben, a Szeplőtelen Fogantatás ünnepén született, feleség és kilenc gyermek édesanyja, akit 2019 májusában avattak boldoggá. Számos, a Korszakkal kapcsolatos próféciája között találhatóak az Úr Jézus következő, hozzá intézett szavai:

Az egész világ forduljon segítségért a Szentlélekhez, hiszen elérkezett az Ő uralkodásának napja. A világnak ez az utolsó szakasza egészen különleges módon az Övé, hogy Őt tiszteljék és magasztalják. Az Egyház hirdesse Őt, a lelkek szeressék Őt, az egész világ ajánlja fel magát Neki, **és el fog jönni a béke egy erkölcsi és lelki megújulással együtt, amely nagyobb, mint a világot gyötrő gonoszság. (...) El fog jönni, elküldöm Őt újra, tisztán megnyilvánulva az Ő hatásai által, amely megdöbbenti majd a világot,** és az Egyházat az életszentségre ösztönzi. (…) Papjaim által akarok visszatérni a világba. **Meg akarom újítani a lelkek világát** azáltal, hogy papjaimban láthatóvá teszem magam.[vii]

**Isten szolgája, Cora Evans:** Egy amerikai világi nő, anya és misztikus, aki kinyilatkoztatásokat kapott az Úr Jézustól Krisztus misztikus Emberségéről. Boldoggá avatási ügye megkezdődött. Urunk Jézus a következőt mondta neki:

Ezt az ajándékot általad adom, hogy jobban megalapozzam a szeretet Országát a lelkekben. Azt kívánom, hogy minden lélek megtudja, hogy valóságos, élő és ugyanaz vagyok ma is, mint a Feltámadásom után. **Az, hogy a lelkekben lévő királyságomat jobban megismerik, egy újabb lépés az aranykor felé**; arany, mert a megszentelő kegyelemben lévő lelkek az aranyló, déli Nap fényéhez hasonlítanak. Ebben az arany királyságban személyesen fogok lakozni [a lelkekben – szerk.], ha meghívnak. (*Golden Detachment of the Soul*)

**A Világegyetem Királynője:** Ezekben a jelenésekben, amelyek 1937-ben kezdődtek a németországi Heedében, négy lánynak jelent meg Szűz Mária, és fontos üzeneteket adott át nekik. Ezeket nemcsak jóváhagyta az Egyház, hanem az Egyház szerint "a komolyság és a hitelesség tagadhatatlan bizonyítékait" is tartalmazzák. Később, 1945-ben az Úr Jézus is megjelent nekik a saját üzeneteivel, felszólítva őket Édesanyja korábbi üzeneteinek engedelmes betartására, és hozzátette a következőt:

Jövök! Az ajtóban állok! Az Én szeretetem már a világ teremtése előtt eltervezte ezt a cselekedetemet. (...) A világ sűrű sötétségben fekszik. Ez a nemzedék megérdemelné, hogy eltöröljék; de Én meg akarom mutatni az Irgalmasságomat. (...) Én magam jövök, és kinyilvánítom az akaratomat. (...) A dolgok, amelyek majd jönnek, messze felülmúlják mindazt, ami eddig történt. Az Istenanya, az Én Anyám és az Angyalok részt vesznek majd benne. A pokol mostanra már biztos a győzelmében, de Én ezt el fogom venni. (...) **Eljövök, és velem együtt eljön a béke. Felépítem a Királyságomat** a kiválasztottak kis csoportjából. Ez a Királyság hirtelen fog eljönni, hamarabb, mint azt az ember gondolná. Fényemet felragyogtatom majd, ami egyeseknek áldás lesz, másoknak pedig sötétség. Az emberiség fel fogja ismerni szeretetemet és hatalmamat.

**Amerika Nagyasszonya:** Ez a jól ismert Mária-jelenés számos egyházi jóváhagyással rendelkezik (többek között Leibold érsek jóváhagyásával és Raymond Burke bíboros határozott támogatásával). A Boldogságos Szűz Mária látogatásaiból áll, amelyeket 1956-ban az Indiana államban élő rendi nővérnél, Mary Ephremnél (akire gyakran keresztnevén - Mildred Mary Neuzil – is hivatkoznak) tett. A Szűzanya ezt mondta neki:

Maradni fog egy káosztól érintetlen maradék, akik, miután hűségesen követtek Engem és terjesztették figyelmeztetéseimet, odaadó és szent életükkel fokozatosan újra benépesítik a földet. Ezek a lelkek a Szentlélek erejében és fényében fogják megújítani a földet, és ezek a hűséges gyermekeim az Én védelmem és a szent angyalok védelme alatt lesznek, **és a legcsodálatosabb módon részesülnek majd az Isteni Szentháromság életéből...**

**Minden Népek Nagyasszonya (Ida Peerdeman):** Ezekben a jóváhagyott jelenésekben egy hollandiai Amszterdamban élő asszonynak, Ida Peerdemannak a Szűzanya a 20. század közepén számos próféciát adott, amelyek már megdöbbentő pontossággal be is teljesedtek (aki többet szeretne megtudni róluk, olvassa el Dr. Mark Miravalle beszámolóját ezekről a hihetetlen eseményekről). Az üzenetekben a következőket olvashatjuk:

Amikor a dogma, Mária misztériumának utolsó dogmája kihirdetésre kerül, akkor fogja a Minden Népek Asszonya megadni a békét a világnak, az igazi békét. (...) [Az Asszony] azért jön, hogy bejelentse a Szentlelket. A Szentlélek akkor ki fog áradni erre a földre.

**Tiszteletreméltó Marthe Robin:** Az 1981-ben elhunyt francia misztikus és stigmatikus, tiszteletreméltó Marthe boldoggá avatási ügye mindössze hat évvel a halála után kezdődött el, és 2014-ben a Vatikán hivatalosan is elismerte hősies erényeit, így a *Tiszteletreméltó* címmel tüntette ki. A kinyilatkoztatásaival kapcsolatban Hugh Owen így ír:

Marthe 1930. szeptember 29-én "az aratás rendkívüli órájáért" imádkozott, "amikor a Jó győzedelmeskedni fog, amikor a hit mindenütt virágozni fog, és amikor a szeretet élő lángja minden szívben fel fog lobbanni". Ha szem előtt tartjuk, hogy "a szeretet élő lángja" félreérthetetlenül a Szentlélekre utal, akkor vajon Marthe megjövendölhetett-e valami kevésbé forradalmi dolgot, mint a Szeplőtelen Szív győzelmét és a Szentlélek uralmát a világban? Finet atya szerint Márta 1936-ban valóban megjövendölte, hogy "a Szeretet új Pünkösdje el fog érkezni, és hogy az Egyház a laikusok apostolkodása által meg fog újulni".

**Ottavio Michelini atya:** Egy pap, misztikus és Szent VI. Pál pápa pápai udvarának tagja (ez az egyik legmagasabb kitüntetés, amelyet egy pápa élő személynek adományozhat). Ottavio atya számos kinyilatkoztatásban részesült, amelyeket az 1976-ban megjelent *Tudod, hogy szeretlek* című könyvében jegyzett le. Ebben a könyvben a következőt olvashatjuk:

Az Anya, **a legszentebb Mária lesz az, aki széttiporja a kígyó fejét, és ezzel a béke új korszaka veszi kezdetét; ez lesz az én Királyságom eljövetele a földön.** Ez lesz a Szentlélek visszatérése egy új Pünkösd által. A pokol legyőzetik: az Egyházam megújul, a Királyságom, amely a szeretet, az igazság és a béke királysága, békét és igazságosságot fog adni az emberiségnek. (1976. december 10.)

[A föld] száraz és kietlen lesz, majd tűz által fog "megtisztulni", hogy aztán az isteni jóságért megmenekült igazak becsületes munkájukkal megtermékenyítsék azt az isteni harag félelmetes órájáig. [Akkor] **fog megvalósulni Isten uralma a lelkekben, az az uralom, amelyet az igazak a következő felkiáltással kérnek Istentől: "Jöjjön el a Te országod."** (1979. január 2.)

**A magyar Natália nővér:** Egy 20. századi nővér, akinek üzenetei *nihil obstattal* és *imprimatúrával* (kinyomtatási engedéllyel) vannak ellátva. Natália nővér kinyilatkoztatásokat kapott az Úr Jézustól és Szűz Máriától, amelyek így szóltak:

A bűn vége közel van, de nem a világ vége. Nemsokára nem vesznek el többé lelkek. Szavaim beteljesednek, és csak egy nyáj lesz és egy

Pásztor. (Jn 10,16) Imádkozzatok, hogy mielőtt a szent béke és a nagy irgalom a világ számára elérkezik, a bűnösök megtérjenek, elfogadják kegyelmemet, és jó útra térjenek. (...) [Szűz Mária kinyilatkoztatta:] "A világbékének a kora nem késlekedik. A Mennyei Atya csak időt akar adni azoknak, akiket meg lehet téríteni, hogy így menedéket találjanak Istennél". (...) A Megváltó megmutatta nekem, hogy a szüntelen szeretet, a boldogság és az isteni öröm jelzi majd ezt a jövőbeli tiszta világot. Láttam, hogy Isten áldása bőségesen kiárad a földre. Az Úr Jézus ezután elmagyarázta nekem: "(...) elérkezik a paradicsomi korszak, amikor az emberiség mintegy bűn nélkül fog élni. Új világ és új korszak lesz. Ez lesz az a korszak, amikor az emberiség visszanyeri azt, amit a paradicsomban elvesztett. Amikor Szeplőtelen Anyám rálép a kígyó fejére..."

**Kindelmann Erzsébet:** A 20. századi magyar feleségnek és édesanyának, Kindelmann Erzsébetnek adott "Szeretetláng" kinyilatkoztatást nem kevesebb, mint négy érsek (köztük két bíboros és Chaput érsek) hagyta jóvá. Ezekben olvashatjuk a következő idézetet:

[Az egyik látomása után, Erzsébet ezt írta:] Éjjel e szavak hallatára oly nagy öröm töltötte el lelkemet, amelyhez hasonlót még soha nem éreztem. Lelkemben végigvonult a sátán megvakítása és az erre következő hatásos eredmény, melyet a sátán megvakítása következtében élnek át az emberek az egész világon. Az öröm hatása alatt egész éjszaka alig hunytam le a szemem, és ha egy kis szendergés jött rám, őrangyalom újra felébresztett, mondván: „Hogy tudsz ilyen világrengető nagy örömben aludni?" Az Úr Jézus ezt mondta: „A sátán világtalansága a világ győzelmét és a lelkek felszabadulását jelenti." (1964. november 13-14.) **Az Én Országom eljövetele legyen egyetlen fő célod!** (1962. augusztus 16.)

**Alicja Lenczewska:** A 2001-ben elhunyt lengyel misztikus és szentéletű asszony Jézustól kapott kinyilatkoztatásokat. Alicja üzeneteit 2017-ben hagyták jóvá. Az alábbiakban egy kis válogatás található az Úr Jézustól kapott üzeneteiből, amelyek a Béke Dicsőséges Korszakát ígérik:

A Sátán és a szolgái örülni fognak, ahogyan Jeruzsálemben örültek. De látszólagos győzelmük ideje rövid lesz, mert eljön a reggel és eljön a Szent Egyház feltámadása, amely halhatatlan, és új életet szül a földön: gyermekeim szentéletűségét. (2000. november 11.) Anyám Szeplőtelen Szíve győzedelmeskedni fog, (...) a Szent Egyházra új hajnal és új tavasz köszönt. (...) Egy megtisztítás adatik majd, amely a sötétség fiait Isten Igazságának világosságára vezeti, és minden embernek saját akarata szerint ennek az Igazságnak a fényében kell választania Atyám Királyságát, vagy örökre át kell adnia magát a hazugság atyjának. (...) **Szűz Mária az, akin keresztül Egyházam újjászületik, hogy Isten Szentségének teljes ragyogásában tündököljön.** (2002. június 8.)

**Isten szolgája, Maria Esperanza:** Maria Esperanza egy feleség, anya, és misztikus, valamint a venezuelai Betániában történő jelenések címzettje volt. (A püspök 1987-ben hagyta jóvá jelenéseit.) 2004-ben halt meg, és boldoggá avatási ügye már hivatalosan is elkezdődött. Michael Brown katolikus újságíró, aki gyakran beszélt vele és személyesen is ismerte őt, a következőket írta próféciáiról: "Esperanza úgy vélte, hogy az Úr Jézus hamarosan másképp fog eljönni, mint 2000 évvel ezelőtt, (...) amit a látnok 'ébredésnek' nevezett; (...) és hogy 'ugyanúgy fog eljönni, mint ahogyan feltámadott, egy jelenésként. Ezért mondom folyton, hogy legyetek készen, mert a dolgok kezdenek megtörténni (...)'" *A korszakok hívása* című könyvében Dr. Petrisko megosztja Esperanza további tanításait a Korszakkal kapcsolatban:

Maria számos interjúban beszélt az eljövendő időkről. Valamennyire jelzi, hogy tudja, milyen lehet a Béke Korszaka, és hogy mit hozhat. (...) "A környezet üde és új lesz, és boldogok leszünk a földön a feszültség érzése nélkül. (...) Ez az évszázad a megtisztításról szól; utána a béke és a szeretet következik. (...) Olyan lesz, amilyet az ember soha nem tudott elképzelni, mert az Ő Új Felemelkedésének a Fénye mindenki számára nyilvánvaló lesz. És persze az ember még mindig nem áll készen arra, hogy elfogadja ezeket a mélységes dolgokat, amelyek valójában olyan egyszerűek és olyan tiszták, mint a forrásból feltörő víz." (...) [Az Úr azt mondta Esperanzának:] "Ragyogó napként fogok eljönni közétek. Sugaraim minden nemzetet elérnek majd, hogy beragyogjanak és megvilágosítsanak benneteket, hogy felemelkedjetek és növekedjetek, ahogy a növények növekednek és gyümölcsöket hoznak. Mindannyian jogosultak vagytok arra, hogy megkapjátok az Atyaisten kegyelmét." (469-470)

**A Szent Anyaság apostolátusa:** Egy névtelen fiatal anya ("Mariamante") 1987-ben üzeneteket kapott az Úr Jézustól és Szűz Máriától. Ezeket a lokúciókat *A Szent Anyaság Apostolátusa* című könyvben állították össze, amely *nihil obstatot* és *imprimatúrát* (kinyomtatási engedély) is kapott. Dr.

Mark Miravalle állította össze, valamint szerkesztette, és ez olvasható benne:

A Béke e Korszaka, amely betölti majd a világot, Édesanyám, Mária Szeplőtelen Szívének győzelme lesz. **A siralmas állapot, amiben a világ most van, átalakul, és hasonlóvá válik Atyám Királyságához,** és egy időre béke lesz. Ismét mondom, örüljetek, hogy ebben az időben élhettek. (...) Sok lélek üdvössége forog kockán. Ezért árad ki oly sok rendkívüli kegyelem. Eljött Irgalmasságom Korszaka. **Ez egyesíti majd a Mennyet és a földet a Szentháromságnak szóló szeretethimnuszban.** Örömujjongásra hívlak benneteket. Eljött az idő. Úgy legyen. Ámen.

**Nigériai Barnabás (Jézus Drága Vére kinyilatkoztatások):** A nigériai férfi gyermekkora óta kapja a Mennyből az Úr Jézus Drága Vére köré összpontosuló üzeneteket. Barnabás imakönyve - *Az Úr Jézus Drága Vére Napi áhítat - nihil obstatot* kapott, és ebben a következő imákat olvashatjuk:

Szenvedő Úr Jézus, felajánlom Neked szívemet, hogy egyesüljek Szenvedő Szíveddel, mint a Te kínjaid társhordozója. Jézusom, szeretnék Veled együtt szenvedni, hogy meggyorsítsam a Te Békéd Dicsőséges uralmának eljöttét. Ámen. Örök Atyám, Te vagy az élet szerzője és teremtője. Te szereted az általad teremtett világot. **Ezért küldted el egyszülött Fiadat, hogy eljöjjön ennek megváltásáért, és így eljöjjön a Te Országod.** (...) Felajánlom Neked egyszülött és szeretett Fiad minden szenvedését, fájdalmát és halálát **a Te győzelmedért és uralmadért a földön**.

**Stefano Gobbi atya (Máriás Papi Mozgalom):** A 2011-ben elhunyt olasz pap, misztikus és teológus a Máriás Papi Mozgalom alapítója volt, aki a "Kék Könyvben" lejegyzett kinyilatkoztatások (lokúciók) címzettje volt, amelynek a valódi címe: *A papokhoz, a Szűzanya szeretett fiaihoz*. Ez a könyv teljes egyházi jóváhagyással rendelkezik; a püspökök és a bíborosok *imprimatúrájával* (kinyomtatási engedélyével) van ellátva, akik nemcsak jóváhagyták ezeket a kinyilatkoztatásokat, hanem erőteljesen bátorítottak is ezek terjesztésére. Eben a könyvben a Korszakra vonatkozó próféciák sokaságát olvashatjuk, amelyekből itt egy kis válogatás olvasható:

Az Úr Jézus, aki megtanította nektek azt az imát, amelyben Isten Országának eljövetelét kéritek a földön, végre teljesülni látja majd imáját, mert fel fogja építeni az Ő Országát. A teremtés egy új kertté alakul át, amelyben Krisztus mindenki által megdicsőül, és az Ő isteni királyi Személyét szeretettel fogadják és magasztalják; ez a Kegyelem, a szépség, a harmónia, a közösség, az igazságosság és a béke egyetemes Királysága lesz. (1987. július 3.)

A nagy megpróbáltatás órájában a *paradicsom összekapcsolódik a földdel* egészen addig a pillanatig, amikor a fényes ajtó megnyílik, hogy Krisztus dicsőséges jelenléte alászálljon a világra, aki visszaállítja uralmát, amelyben az Isteni Akaratot, amint a mennyben, úgy a földön is tökéletesen teljesítik majd. (1990. november 1.)

*Az új korszak,* **amelyet közlök veletek, egybeesik az Isteni Akarat teljes beteljesülésével, így végre bekövetkezik az, amit az Úr Jézus tanított nektek, hogy kérjétek a Mennyei Atyától: 'Legyen meg a Te akaratod, amint a mennyben, úgy a földön is.'** Ez az az idő, amikor az Atya, a Fiú és a Szentlélek Isteni Akaratát a teremtmények teljesíteni fogják. Az Isteni Akarat tökéletes teljesítésétől az egész világ megújul. (1991. augusztus 15.)

**Zarói Miasszonyunk:** A zarói Szűzanya jelenései 1994-ben kezdődtek egy imacsoport több tagjának a dél-olaszországi Ischia egyházmegyében. A Szűzanya üzeneteiben ezt olvashatjuk:

Egyszer valami olyasmit láttam, mint egy nagy Nap, amely megvilágította az egész *földet*, és a Szűzanya azt mondta nekem: "**Íme, amikor a szívem győzedelmeskedni fog, a Napnál is jobban fog ragyogni minden.**" (2018. december 26.)

Minden megszűnik: a gonoszság eltűnik, a sikolyok, a fájdalom és a halottak nincsenek többé; **nagy béke uralkodik, és egyetlen ima hallatszik fel az égbe. (...) Szeretett gyermekeim, tanuljátok meg azt mondani az Úrnak: "Legyen meg a Te akaratod", és tanuljátok meg elfogadni azt.** (2018. augusztus 8.)

Menjetek előre bátran, és a Szent Rózsafüzér fegyverével a kezetekben imádkozzatok a lelkek üdvéért és az egész emberiség megtéréséért! Nehéz idők várnak rátok, de ne hátráljatok meg, legyetek kitartóak, mert imáitokkal és szenvedéseitekkel sok lelket megmenthettek. Gyermekeim, füleitek távoli zajokról és háborús összecsapásokról fognak hallani, a föld remegni fog, de én veletek vagyok, ne féljetek. **A megpróbáltatás után béke lesz, és Szeplőtelen Szívem diadalmaskodni fog.** (2018. május 8.)

**Gladys Quiroga (San Nicolas):** Rózsafüzér Királynője néven Szűz Mária 1983 óta jelenik meg a feleségnek és anyának, Gladys Quiroga de Mottának. Az 1990-ig kapott jeleneseket 2016-ban az Egyház hitelesnek és hivatalosan is "természetfeletti eredetűnek" nyilvánította. A világhírű teológus, Rene Laurentin atya népszerűsítette, és részletesen írt ezekről a jelenésekről, valamint zarándokok százezrei látogatták meg a jelenések helyszínét. A Szűzanya a következőt nyilatkoztatta ki Gladysnek:

Ha [az ember] vágyna Isten megismerésére, akkor ez a Föld a béke földje lenne mindenki számára, mert csak Isten által uralkodhat az a béke, amelyre oly sokan vágynak! (1985. június 7.)

A Szent Egyház hamarosan úgy fog ragyogni, mint a legfényesebb csillag. Dicsőség legyen Istennek! Hirdessétek ezt! (1986. november 9.)

**Krisztus legteljesebb Fénye újra fel fog ragyogni. Ahogy a Kálvárián a keresztre feszítés és a halál után a Feltámadás következett, úgy az Egyház is újjászületik majd a Szeretet ereje által.** (…) Ezt kell tudatnotok mindenkivel! (1988. július 10.)

**In Sinu Jesu**: Az *In Sinu Jesu: Amikor a szív beszél a szívhez - Egy pap imanaplója* című könyvben egy névtelenségbe burkolózó bencés szerzetes 2007 óta lokúció által kapott üzenetei olvashatók, amelyeket a szerzetes lelki vezetője hitelt érdemlőnek tart. A könyv *imprimatúrával* és *nihil obstat* engedéllyel is rendelkezik, valamint Raymond Burke bíboros és sokan mások is kifejezetten támogatják. Ebben az Úr Jézus azt mondja ennek a pap-szerzetesnek:

Szeplőtelen Anyám oktatni fogja majd a [papokat], és az ő nagyhatalmú közbenjárása által elnyeri számukra mindazokat a karizmákat, amelyek szükségesek ahhoz, hogy felkészítsék a világot - ezt az alvó világot - az Én dicsőséges visszatérésemre. Ezt nem azért mondom nektek, hogy megijesszelek benneteket vagy bárkit is megriasszak, hanem hogy okot adjak nektek a mérhetetlen reményre és a tiszta lelki örömre. Papjaim megújulása lesz Egyházam megújulásának a kezdete. (...) **Vissza fogom csinálni azt a pusztítást, amit [a démonok] okoztak, és el fogom érni, hogy a papjaim és a Menyasszonyom, az Egyház, visszanyerje dicsőséges szentségét, amely összezavarja majd ellenségeimet, és ez lesz a szentek új korszakának a kezdete.** (2010. március 2.)

Eljön a nap, és nincs már messze, (...) amikor közbe fogok lépni, hogy diadalmaskodjak Eucharisztikus Szívem által, kizárólag az áldozatos szeretet hódító ereje által; amikor közbe fogok lépni, hogy megvédjem a szegényeket, és igazat szolgáltassak az ártatlanoknak, akiknek vére úgy megbélyegezte ezt a nemzetet és sok másikat is, mint Ábel vére a kezdet kezdetén. (2008. november 12.)

Ha több lélek adná meg Nekem a szabadságot, hogy akaratom szerint cselekedhessek, akkor Egyházam elkezdhetné megismerni az életszentség kivirágzását, amely az Én égő vágyam számára. **Ezek a lelkek gondviselésem minden rendelkezésének való teljes engedelmességük által lesznek azok, akik segítenek bevezetni a béke és az életszentség királyságát a földön.**

**Edson Glauber (Itapiranga, Brazília):** 2010-ben Carillo Gritti püspök jóváhagyta egy brazil férfi, Edson több évtizedes jelenéssorozatát, és természetfeletti eredetűnek nyilvánította azt.[viii] Dr. Mark Miravalle, a világhírű teológus és mariológus egy egész könyvet írt ezekről *A három szív* címmel. Ebben a könyvben leírja a jelenésekkel kapcsolatos vizsgálatának eredményeit, amelyhez még Dél-Amerikába is elutazott, és alaposan kikérdezte Edsont, aki a következő üzeneteket kapta a Mennyből:

**Az Úr visszatérőben van, hogy beteljesítse minden ígéretét. A Királysága a földön is olyan lesz, mint a Mennyben.** (2000. július 8.)

Törekedjetek eljutni a mennyek országába; nem sok idő van hátra addig, amíg ti és a világ is véglegesen megszabadul minden rossztól. Isten azért küld engem, a ti Legszentebb Édesanyátokat, hogy felkészítselek benneteket a gonosz elleni nagy végső csatára. (...) Már a világ nagy átalakulásának idejét élitek, és az Úristen már most megjelöli kiválasztottjait, azokat, akik engedelmeskednek a Menny szavának. (2003. szeptember 29.)

Azt kívánom, hogy legyenek szentek szeretetem királyságában. **A föld majd egy nagy paradicsom lesz.** Először a szenvedések jönnek, de aztán jön a nagy átalakulás, amikor minden megújul, és minden újjá lesz. Az emberiség szeretetben és békében fog újjáéledni. Így lesz az én királyságom olyan a földön is, mint a mennyben. (2004. március 23.)

Nem lesz többé szenvedés. Nem lesz többé sírás. Isten letörli mindazok könnyeit, akik türelemmel remélnek és nem veszítik el a hitüket. Kicsi gyermekeim, legyetek bátrak! Bátorság! Még egy kis idő, és minden átalakul. (2005. augusztus 7.)

**Pedro Regis:** A brazíliai Anguerából származó látnok, Pedro évtizedek óta kap üzeneteket, és püspöke is támogatja őt, aki kijelentette: "Már arra a következtetésre jutottam, hogy lelkipásztori szempontból az anguerai jelenések [Pedro kinyilatkoztatásai] hitelesek." Pedrónak az Úr Jézus és Szűz Mária azt mondta:

Szentekké akarlak változtatni benneteket Isten uralmának dicsőségére. Nyissátok meg a szíveteket! **Hamarosan a világ egy gyűlölet és erőszak nélküli új világgá fog átalakulni. A világ egy új kert lesz,** és mindenki boldogan fog élni. (1988. október 8.)

Azt akarom, hogy az Úr győztes seregének része legyetek. Az Úr nagy Kegyelmet tartogat az övéi számára. Az emberiséget új kertté fogja átalakítani. **Amikor mindez megtörténik, a világ bővelkedni fog a javakban, és az embernek semmiben sem lesz hiánya.** Ez lesz az az idő, amikor a fák gyümölcsei megsokasodnak, és évente kétszer is lesz aratás. Az emberiség számára nem lesz többé éhínség. (2000. június 3.)

Bármi történjék is, maradjatok az Úr Jézussal. Ő irányít mindent. Bízzatok Benne, és látni fogjátok a föld átalakulását. **Az emberiséget az Úr Jézus Irgalmassága fogja újjáalkotni.** Egy Istentől származó nagy jel fog megjelenni, és az emberiség meg fog döbbenni. Az elkülönülteket az igazságra fogja vezetni, és nagy hit fogja betölteni az Úr választottjait. (2011. december 24.)

Akik a végsőkig hűségesek maradnak, őket az Atya áldottjainak fogják hívni. Ne engedjétek, hogy a hit lángja kialudjon bennetek. Még hosszú évek állnak előttetek, a megpróbáltatások hosszú évei, de a nagy nap közeleg. Az én Jézusom meg fogja adni nektek a kegyelmet, hogy teljes békében élhessetek. A Föld teljesen át fog alakulni, **és mindenki örömteljes életet fog élni.** (2013. december 24.)

**Béke Királynője (Medjugorje):** A medjugorjei jelenésekhez, bár sem jóváhagyva, sem elítélve nincsenek, az utóbbi időben sok pozitív fejlemény kapcsolódik az Egyházon belül, és a történelem leghíresebb és leggyümölcsözőbb Mária-jelenései közé tartoznak. Az egyik látnok, Mirjana nemrég egy könyvet adott ki, amelynek már a címe is a Béke Korszakáról szól. A *Szívem diadalmaskodni fog* című műben a következőket olvashatjuk:

**A Szűzanya azt tervezi, hogy megváltoztatja a világot. Nem azért jött, hogy bejelentse a pusztulásunkat;** azért jött, hogy megmentsen minket, és a Fiával együtt **le fogja győzni a gonoszt.** Ha Édesanyánk megígérte, hogy legyőzi a gonoszt, akkor mitől kell félnünk? (14. fejezet)

[A Szűzanya] kéri imáinkat, **"hogy amilyen hamar csak lehet, a béke ideje uralkodjék, amelyre a szívem türelmetlenül vár".** (26. fejezet)

Amint az előre megmondott események bekövetkeznek, még a legkitartóbb szkeptikusoknak is nehéz lesz kételkedniük Isten létezésében. (13. fejezet)

Úgy tűnik, egyesek úgy gondolják, hogy minden titok rosszat ígér. Talán rossz a lelkiismeretük; talán félnek Isten büntetésétől amiatt, ahogyan az életüket élték. Talán, ha nincs bennünk elegendő jó, akkor rossz dolgokra számítunk. (...) Azok az emberek, akik a titkok miatt aggódnak, nem látták a Szűzanyát, és nem tudnak Isten teljes tervéről: arról, hogy miért jön ide egyáltalán a Szűzanya, vagy hogy mire készít fel bennünket. (14. fejezet)

**Luz de Maria:** Ez a dél-amerikai világi nő és anya az 1990-es években kezdett üzeneteket kapni a Mennyből, és még mindig kap olyan üzeneteket, amelyek kifejezetten az Isteni Akaratban való Életről szólnak, valamint a dicsőséges Béke Korszakáról és annak közelgő egyetemes uralmáról a földön. Az általa kapott kinyilatkoztatások valójában olyan jelentősek, hogy háromszor is találkozhatott Szent II. János Pál pápával, és kétszer XVI. Benedek pápával. Az esterili Mata püspök nemcsak jóváhagyta és egyházi *imprimatúrával* látta el az üzeneteit, hanem határozottan kiállt azok mellett, és ezt írta: "Ezek az üzenetek magyarázatot adnak a Menny által ezekben a pillanatokban, amikor az embernek ügyelnie kell arra, hogy ne távolodjon el Isten Szavától. (...) Kérem Szűz Máriát, Isten Anyját és a Mi Anyánkat, hogy járjon közben értünk, hogy Isten Akarata beteljesedjen '...a földön úgy, amint a Mennyben'." Ezek a kinyilatkoztatások a következő próféciákat tartalmazzák:

[Jön egy] Korszak, amelyben minden újjászületik; az ember megtisztul és összeolvad Isten Akaratával; a Teremtés pedig akkor majd harmóniában lesz az emberiséggel. Teljes és tökéletes boldogság lesz. Eljön a béke és a harmónia. (2011. január 30.)

Gyermekeim számára eljön az új hajnal. A gonoszság nem talál majd helyet az emberek között, és minden békés lesz. Gyermekeim az egész Teremtésben meglátják majd Szeretetem magját. Édesanyám gyermekeivel együtt fog lakni; az elveszett ajándékokat az ember újra kiérdemli, és Én minden egyes emberben megelégedve látom majd Önmagamat. Az egész Világmindenség Szívem dobbanásaival együtt egyetlen egyedi ritmusban fog lüktetni, és az ember teljes egyetértésben fogja lélegezni az Én Békémet. (2011. február 26.)

**Végül Édesanyám Szeplőtelen Szíve győzedelmeskedni fog, és Isteni Akaratom, úgy fog uralkodni a földön, mint (...) a Mennyben.** (2014. július 7.)

***

**A terjedelmi korlátok arra kényszerítenek, hogy érintetlenül hagyjam a Korszakot megjövendölő üzenetek túlnyomó többségét. De már az itt bemutatott néhány példa alapján is láthatjuk, hogy a magánkinyilatkoztatásokban elsöprő egyetértés uralkodik e Dicsőséges Korszak garantált eljövetelét illetően, amelyet az idők vége előtt a Földön meg fogunk élni.** A Korszak bármilyen elutasítása tehát nem más, mint a magánkinyilatkoztatások általános elutasítása, ami azt jelenti, hogy a *sensus fidelium* (a hívek hitérzéke) tévedhet (ezt a felfogást viszont a Katekizmus (492. §) és a *Lumen Gentium* (12. §) elítéli), mivel akkor egy egész évszázad minden prófétája - megbízható, szent lelkek, szerte a világon - van módszeres és alapos tévedésben az egyik alapvető és egyhangú tanításukkal kapcsolatban.

　　A terjedelmi korlát a XX. századi magánkinyilatkoztatásokra szűkítette a figyelmünket. Mivel ez a század a Korszak küszöbén állt, ezen évtizedek során a Menny tisztábban szólt a Korszakról, mint az ezt megelőző évszázadokban. A Korszak azonban a korábbi magánkinyilatkoztatásokban sem volt ismeretlen. Éppen ellenkezőleg, **az Egyház egész történelme során bőségesen érkeztek a Korszakot ígérő próféciák.** Már az 1914-es régi Katolikus Enciklopédia, amely vitathatatlan ortodoxiával és nagy tekintéllyel rendelkezik, világossá teszi ezt a *Próféciákról* szóló cikkelyében, amely összefoglalja az elmúlt 1900 év üzeneteinek fő irányvonalát és átfogó témáit:

Úgy tűnik, hogy az "utolsó időkre" vonatkozó figyelemre méltóbb próféciáknak **egy közös céljuk van**: bejelenteni az emberiséget fenyegető nagy csapásokat, **az Egyház győzelmét és a világ**

**megújítását.** *A látnokok mind egyetértenek (...) mindannyian* olyan pompás győzelmet ígérnek az Egyház számára, amely *minden eddiginél* fényesebb lesz.

Valóban, egészen a legutóbbi időkig - amikor is néhány hangoskodó ember, akik kiadták a saját korszakmentes eszkatológiai fejtegetéseiket, elhatározva, hogy a Korszak elítélését küldetésükké teszik - ezt a tényt mindig biztosnak vették. Nézzük például Charles Arminjon atya munkáját, aki a 18. században a chambéry-i székesegyházban lelkigyakorlat-sorozatot tartott, amit cikkek formájában összegyűjtve csak nemrég fordítottak le és adtak ki angolul *The End of the Present World and the Mysteries of the Future Life* (*A jelen világ vége és a jövő élet misztériumai*) címmel. Lisieux-i Szent Teréz így nyilatkozott erről a könyvről: "Ez az olvasmány életem egyik legnagyobb kegyelme volt (...) a benyomások, amelyeket kaptam, túl mélyek ahhoz, hogy emberi szavakkal kifejezzem." Sok más eszkatológiai tanítás mellett, amelyek ebben találhatóak, Arminjon atya a következőket terjeszti elő:

A leghitelesebb és a Szentírással is leginkább összhangban lévő nézet az, hogy az Antikrisztus bukása után a Katolikus Egyház ismét a virágzás és a győzelem időszakába fog belépni. (...) Ezek a szavak ünnepélyesek, és úgy tűnik, nem hagynak teret a kétségnek. (57. oldal)

Arminjon atya itt csak megerősíti azt, amit az előtte élő nagy elmék (pl. Montforti Szent Lajos, Vianney Szent János, Tiszteletreméltó agredai Mária, Bosco Szent János és sokan mások) tanítottak az eljövendő Béke Korszakának valóságáról: dicsőséges lesz, a földön lesz, és *nincs* helye kételkedésnek az eljövetelével kapcsolatban.

Mindezek ellenére azok, akik hisznek a Korszakban, továbbra is számíthatnak arra, hogy időnként ismételten hallani fogják a régi elmarasztaló mondatot: "Felejtsd el az utópisztikus, nagyzoló téveszméidet!" Úgy tűnik ugyanis, hogy ezek a szavak mindig ott várakoznak a kiábrándult cinikusok ajkán, akik egyes templomok padsoraiban tanyáznak. Ők ilyen és hasonló kijelentésekkel oktatják ki azokat, akik reményt táplálnak egy új Korszak iránt, és mindig készen állnak arra, hogy lecsapjanak a legkisebb utalásra is, amely arra irányul, hogy a világnak nem kell örökké olyannak lennie, mint amilyen most. Az ilyen cinikusokat emlékeztetni kell arra, hogy az Istenbe vetett hit veszélyes dolog. Ez a hit ugyanis annak felismerését vonja maga után, hogy a történelem folyása nem hagyható sem a véletlenre, sem az ember mesterkedésére, sem pedig olyan irányzatok zavartalan meglétére, amelyek csak egy bizonyos ideig figyelhetők meg (még akkor sem, ha ez az időtartam az időbeliséghez ragaszkodók szemében olyan hosszúnak tűnik, hogy magával az örökkévalósággal azonosítható). Az előző részekből már láttuk, *hogy az ilyen cinizmus nem más, mint egy íztelen disztópikus téveszme.* A Korszak közeleg, barátaim. Senki sem állíthatja meg.

**Vajon az előző oldalakat elolvasva kételkedik-e bárki is az eljövetelében? Remélem, hogy nem. Azonban még mindig nem jutottunk el a legegyértelműbb bizonyítékhoz, mert az eddig figyelembe vett prófétai források csak kis kortyokat adnak olvasóiknak a Korszak dicsőségéből.** *Amit a következőkben megvizsgálunk, az áradásként hat majd.*

## Ezt egy tökéletesen megbízható forrás előre megjósolta

Számos évtizeddel ezelőtt Luisa Piccarreta, egy egyszerű olasz nő, több ezer oldalnyi üzenetet írt le, melyek Jézustól származnak. Az üzenetek egy bizonyos Ajándékról - az Isteni Akaratban való Élet Ajándékáról - szólnak, és ennek az Ajándéknak a közelgő dicsőséges egyetemes uralmát hirdetik. Bár Luisa annyira alázatos volt, hogy ő csupán ismeretlen, szegény, tiszta, engedelmes és elfeledett akart maradni (legnagyobb szenvedései közé tartozott afölötti szégyene, hogy az Egyház ragaszkodott kötetei kiadásához), mégis Isten (és az egyházi hatóság) kifejezetten megparancsolta neki, hogy írja le mindazt, amit az Úr Jézus mondott neki, **hogy amikor eljön az idő, az írásait átitató megdöbbentő kinyilatkoztatások megteremhessék a kívánt gyümölcsüket az egész világon azáltal, hogy bevezetik az Isteni Akarat Uralmát a földön úgy, amint a Mennyben is van, ezzel beteljesítve a Miatyánk imádságot.** *Ez az idő végre elérkezett.* Noha az összes kinyilatkoztatás (az egyházatyák, a pápák stb. által), amelyeket az előző bekezdésekben tárgyaltunk, erről a Korszakról beszél, mégis csak Luisa üzenetei képesek *teljes* mértékben feltárni a Korszak *lényegét*, és ezáltal a leghatásosabban meggyorsítani annak Uralomra jutását, mert a Korszak lényege nem más, mint maga az Ajándék, amelyről az ő üzenetei szólnak.

Először azonban minden kétséget kizáróan tisztáznunk kell, hogy mi alapján tudjuk, hogy ezek a Luisának adott kinyilatkoztatások igazak, és csak ezután foglalkozunk bővebben a tartalmukkal (megjegyzés: további részletek és idézetek *Az életszentség koronája* című könyv 69-86. oldalán találhatók).

### Luisa életében történtek:

- **Csodálatos módon Luisa a 81 életévét szinte végig úgy élte le, hogy egyedüli tápláléka az Eucharisztia volt.** 22 éves korától kezdve ágyhoz volt kötve, de soha nem szenvedett diagnosztizálható betegségben (és soha nem volt egyetlen felfekvéses sebe sem). Minden reggel olyan merev volt a teste, mint egy szikla; képtelen volt megmozdulni, és (rejtélyes módon) senki más - bármilyen erős is volt - sem volt képes fizikailag megmozdítani őt, mindaddig, amíg egy pap el nem ment őt megáldani minden reggel, amelynek hatására csodálatos módon és azonnal megszabadult ebből az állapotból. Orvos, orvos után, szakértő, szakértő után vizsgálta meg, de senki sem tudta megmagyarázni a jelenséget.[ix] Mindezek a tények ismertek voltak azok számára, akik őszintén megvizsgálták ezeket, de a 2016-ban a Vatikán által kiadott hivatalos Luisa-életrajz, *Az akaratom Napja* (lásd a IV. és VIII. fejezeteket) is megerősítette ezt. Valóban, soha egyetlen élet sem volt olyan szerény - és annyira Istentől és az Egyháztól függő -, mint Luisáé. De hogyan is lehetne ez másként, ha az a lélek, akire ilyen kimagasló küldetést bíztak, nem lenne ilyen alázatos? (vö. Lukács 1,48)

- **Szent Hannibál di Francia lett Luisa írásainak legbuzgóbb népszerűsítője.** A püspök nevezte ki őt Luisa lelkivezetőjévé, és annyira meggyőződött az üzenetek hitelességéről és sürgősségéről, hogy élete utolsó évtizedeit azok terjesztésének szentelte, és (mindössze négy hónappal halála előtt) ezt írta: "*Teljesen az Isteni Akarat nagy művének szenteltem magam, gyakorlatilag alig foglalkozom az intézményeimmel.*"[x]  Azt írta, hogy Luisa kinyilatkoztatásainak lényege "(…) **egy olyan magasztos küldetés, amelyhez semmi más nem hasonlítható - vagyis az Isteni Akarat győzelme az egész földön összhangban azzal, amit a 'Miatyánkban' mondunk**". A Vatikán hivatalos Luisa-életrajzában olvashatjuk, hogy Hannibál azt mondta, hogy Luisa írásait **"meg kell ismertetni a világgal"**. (117) Szintén e hiteles kötet lapjain olvashatjuk Hannibál következő szavait Luisáról: "(...) soha a világon semmi okból nem írta volna le a tiszteletreméltó Úr Jézussal folytatott bensőséges és hosszan tartó beszélgetéseit (...), ha maga a mi Urunk nem kötelezte volna többször is erre mind személyesen, mind a lelkivezetőinek való szent

engedelmesség révén (...). Ez a legtisztább szűz, aki teljesen Istentől
való (...) kiemelkedik, mint az isteni Megváltó, a mi Urunk Jézus
egyedülálló kiválasztottja, Aki évszázadról évszázadra egyre jobban
növeli szeretetének csodáit. Úgy tűnik, hogy ezt a szüzet, akit a
legkisebbnek nevez, akit a földön élők között talált és aki minden
oktatást nélkülöz, egy olyan fenséges küldetés eszközévé akarta
formálni, amely az Isteni Akarat győzelmét jelenti (...)" (122-123)

- **Szent Hannibál Luisa 19 művére adta a saját *nihil obstatját*.** (vö. *Új Katolikus Enciklopédia*. 2. kiadás. 5. kötet. 866. oldal)

- **Joseph Leo érsek Luisa kinyilatkoztatásainak 20 kötetére adta meg az *imprimatúrát*.**

- **Maga Szent X. Piusz pápa is úgy vélte, hogy a Luisa által írt *Passió órái* című mű teljes mértékben hiteles**, és a következőt mondta Szent Hannibálnak (aki a pápa barátja volt), miután az felolvasott belőlük egy részletet: *"Atyám, ezt a könyvet térdelve kellene olvasni: az Úr Jézus Krisztus az, aki beszél!"*[xi]

- **Szent Pio atya erősen támogatta Luisát**, és azt mondogatta a Coratóból hozzá érkező zarándokoknak, hogy inkább Lujzát keressék fel. A fent említett hivatalos vatikáni Luisa-életrajz egy fejezetet szentel Luisa és Pio atya kapcsolatának, és megerősíti annak hitelességét, sőt állítja, hogy Pio atya megerősítette azt, hogy Luisa csodát tett, amikor azt mondta: "Igen, Luisa Piccarreta közbenjárására az Úr megmentett [egy haldokló lányt]." (174-175)

- **Luisának a halála is csodás volt, és a temetése olyan volt, amilyet csak egy szent élete válthatott ki.** Ezekkel az eseményekkel kapcsolatban ugyancsak a Vatikán által kiadott hivatalos életrajzban a következő tényeket olvashatjuk (ahol jelezve van, ott szó szerint idézem). Testében "soha nem alakult ki hullamerevség", és "a szemei olyan tiszták voltak, mint korábban, és nem homályosodtak el". Egy egész orvoscsoportot kellett összehívni annak megerősítésére, hogy "valóban meghalt", amely vizsgálat négy napig tartott, és ezalatt "a romlásnak semmilyen jelét" - vagyis a szokásos bomlásnak, amely minden testben azonnal elkezdődik a halál után, és amely már órákkal később is könnyen kimutatható - sem lehetett megfigyelni a testén sehol (és szagot sem lehetett érezni). A hullamerevség hiányának ellenére egy dolgot egyáltalán nem lehetett megmozdítani: a felsőtestét, amely megmaradt abban a merev, függőleges helyzetben, amelyet akkor vett fel Luisa, amikor az Úr Jézus üzeneteit írta le. Miután sok sikertelen kísérletet tettek arra, hogy a testét vízszintesbe helyezzék, a temetkezési alkalmazottak feladták, és ehelyett egy speciális koporsót készítettek, amely lehetővé tette, hogy a teste ebben a helyzetben maradjon. Hatalmas tömeg árasztotta el a várost, hogy leróják kegyeletüket "Luisa, a Szent" (ahogyan életében nevezték) holtteste előtt, és hogy testközelből láthassák ezeket a csodálatos jelenségeket. A temetés "ünnepnap volt egész Corato számára", még az újságok is tudósítottak az eseményről. Ez a nap "úgy vésődött be az emberek emlékezetébe, mint egy különleges esemény". Ennek a híre szinte azonnal eljutott még a New York állambeli Brooklynba is, ahol ennek következtében kezdődött meg a Luisa iránti tisztelet. Három héttel Luisa halála után a gyóntatója levelet írt egy bizonyos "Tommasinonak", aki New Yorkban élt, és ezt a levelet április 13-án azonnal közzétették egy újságban. Részben ez olvasható benne: "Az utolsó pillanatig [Luisa] mellett voltam (...), úgy halt meg, ahogy a szentek. (...) Még mindig nem hevertem ki teljesen a hatalmas megrázkódtatást. (...) A temetése? (...) Igazi diadal! (...) Egy igazán ritka - talán páratlan - látvány volt, és akinek volt szerencséje részt venni rajta, az soha nem lesz képes kifejezni azt –, hogy milyen csodálatos volt..." (*Az akaratom Napja*, 179-187.)

### Luisa halála óta történtek:

- 1994. november 20.: Ratzinger bíboros érvényteleníti a Luisa írásait korábban elítélő határozatokat, és lehetővé teszi, hogy Krisztus Király ünnepén, ugyanabban az évben Luisa [szentté avatási] ügyét hivatalosan is megnyissák.
- 1996. február 2.: Szent II. János Pál pápa engedélyezi Luisa eredeti köteteinek másolását, amelyeket addig a Vatikáni Levéltárban őriztek.
- 1990. október 7.: Szent II. János Pál pápa boldoggá avatja Hannibál Di Franciát, kifejezetten magáévá téve Szent Hannibál abbéli hitét, hogy Luisa kinyilatkoztatásai 1) egyetemesek, 2) prófétai természetűek, és 3) egy új életszentségről szólnak, és így nyilatkozott "[Szent Hannibál látta] azokat az eszközöket, amelyeket maga Isten biztosított annak az "új és isteni" életszentségnek a megvalósításához, amellyel a harmadik évezred hajnalán a Szentlélek gazdagítani kívánja a keresztényeket, hogy "Krisztus legyen a világ szíve".[xi]
- 1997. június 2. és december 18.: **Az Egyház által kinevezett két teológus egyenként benyújtja a Luisa írásairól készített értékelését**

az egyházmegyei bíróságnak, és megerősíti, hogy azokban semmi ellentétes nincs a katolikus hittel vagy erkölccsel kapcsolatban.

- **2004. május 16.: Szent II. János Pál pápa szentté avatja Hannibal Di Franciát.**

- 2005. október 29-én az egyházmegyei bíróság és Giovanni Battista Pichierri, trani érseke pozitív ítéletet hoz Luisa ügyében, miután Luisa minden írásának és a tanúvallomások alapos vizsgálata után meggyőződött hősies erényeiről; megadva ezzel Luisának az "Isten szolgálója" titulust, amely nem pusztán egyfajta eljárási lépés, hanem életszentségének és hitelességének valódi egyházi jóváhagyása.

- 2010. július 24-én a Szentszék által kinevezett két teológiai cenzor (akiknek kiléte titkos) jóváhagyja Luisa írásait, és újból megerősítik azt, hogy a bennük foglaltak nem ellentétesek a hittel vagy az erkölccsel.

- **2011. április 12-én Luigi Negri püspök jóváhagyja az Isteni Akarat Bencés Leányai elnevezésű szerzetesrendet, amely kifejezetten a Luisa által közölt Isteni Akarat lelkiség megélésének szenteli magát, és amelyet az EWTN-ből ismert Angelica anya rendjéből származó egyik szent apáca alapított.**

- 2012. november 22-én a római Pápai Gergely Egyetem teológiai tanszéke megvizsgálta és egyhangúan jóváhagyta Joseph Iannuzzi atya doktori disszertációját, amelyben az atya Luisa kinyilatkoztatásait védi meg és magyarázza, így annak tartalmát a Szentszék által engedélyezett egyházi jóváhagyással látta el. A következő két évben közel ötven katolikus püspök[xiii] jóváhagyását kapta ez a disszertáció.

- 2014: Edward O'Connor atya, teológus és hosszú ideje a Notre Dame Egyetem teológiaprofesszora kiadja utolsó könyvét *Living in the Divine Will: the Grace of Luisa Piccarreta (Élet az Isteni Akaratban: Luisa Piccarreta kegyelme)* címmel, amelyben erősen támogatja a kinyilatkoztatásait.

- 2015. április: Maria Margarita Chavez nyilvánosságra hozza, hogy nyolc évvel korábban Luisa közbenjárására csodálatos módon meggyógyult; ezt követően hivatalos egyházmegyei vizsgálat indult.[xiv]

- 2016. január: **A Vatikán saját hivatalos kiadójánál** megjelenik a *The Sun of My Will (Akaratom Napja)* címmel Luisa Piccarreta korábban idézett hivatalos életrajza. Szerzője Maria Rosario Del Genio, **a könyvhöz az előszót Jose Saraiva Martins bíboros, a Szenttéavatási**

Ügyek Kongregációjának tiszteletbeli prefektusa írta, aki határozottan támogatja Luisát *és* az Úr Jézustól kapott kinyilatkoztatásait. Ebben az előszóban kijelenti, hogy a Luisa számára kinyilatkoztatott "Isteni Akaratban való Élet" *valójában* "az a tényleges mód, ahogyan a Fiú, Jézus élt a földön, magával hozva ide a mennyei életet". (Tekintettel a bíboros pozíciójára, ha valaki, akkor ő tudja, hogy ki a valódi szent és mitől lesz hiteles egy kinyilatkoztatás!) Ugyanebben az évben a Vatikán kiadja a saját hiteles Miszticizmus Lexikonját, amelyben Luisa saját bejegyzést kap (1266. oldal).

- 2018. november: Újabb hivatalos egyházmegyei vizsgálat indul egy Luisa közbenjárására történt csodás gyógyulás kapcsán, ami egy Brazíliában élő Laudir Floriano Waloski nevű férfival történt, valamint ezzel egy időben a Vatikán engedélyt ad arra, hogy Luisa testét annak a templomnak a közepén helyezzék el, amelyben eddig csak egy kevésbé kiemelt helyen nyugodott.

**Azok számára, akik elfogadják az állítólagos kinyilatkoztatások, misztikusok vagy látnokok megkülönböztetésére használt megfelelő módszereket, többé már nincs kétség.** Az Egyház egész történetében sehol sem találunk olyan misztikust, akinek az ügye Luisáéhoz hasonló mértékű sikert aratott volna – akinek az életútja ugyanolyan gyümölcsöző volt, mint Luisáé, és olyan támogatottságot kapott, mint ő, és akinek öröksége még évtizedekkel halála után is teljesen makulátlan maradt –, de akiről később kiderült volna, hogy csaló vagy az ördög eszköze lett volna. **Valóban, ez az egyszerű olasz nő, Luisa Piccarreta, olyan misztikus jelenségeket tapasztalt és olyan mértékű áldozatokat hozott, amelyekkel soha és senki nem vetekedhet. Ezek a jelenségek okkal történtek, mert az ezeket megtapasztaló lélek kinyilatkoztatásokat is kap. Ezek a kinyilatkoztatások a mi válaszunkra várnak, és olyan nagyságrendűek, hogy ilyesmire a történelem során soha nem volt példa.** Ez mindent megváltoztat. És egyszerűen nincs visszaút.

A fenti idővonalból azonban egy igen fontos dolgot kihagytam: Luisa elítélését. Három műve került fel a Tiltott könyvek jegyzékére (index), amely intézkedést 1938. szeptember 11-én hirdették ki. Alig egy hónappal azután, hogy ezek a művek felkerültek az indexre, az elöljárói úgy reagáltak, hogy kiutasították őt a zárdából, amelyben már egy évtizedet élt. Műveinek ez az elítélése (amely ma már semmilyen formában nem érvényes) az isteni terv fontos része volt, hogy Luisa tökéletesebben hasonulhasson az Úr Jézus Krisztushoz, akit szintén elítélt a korabeli törvényes egyházi hatóság. Hasonló dinamikát látunk az Egyház legjelentősebb szentjei és misztikusai közül sokaknál - Pio atya, Avilai Szent Teréz, Szent Johanna esetében -, de legfőképpen Szent Fausztinánál, akinek kinyilatkoztatásai Luisa kinyilatkoztatásaival együtt ugyanazon az Indexen szerepeltek.[xv] Amikor az elítélés híre eljutott Luisához, az Úr Jézus ezt mondta neki:

> Egyesítsd az Én Akaratomban az elítélésünket azzal, amiben Én részesültem, amikor megfeszítettek, és Én megadom neked az Én elítélésem érdemét és az abból fakadó összes Jót: megölt engem, majd Életre hívta Feltámadásomat. (…) Még szebben - még fenségesebben - fogom felragyogtatni Igazságaimat a népek között. (...) Leányom, aminek ma nem örülnek, annak holnap örülni fognak; ami most sötétségnek tűnik, mert vak elmékre talál, az holnap napsütéssé fog változni azok számára, akiknek van szemük. Mennyi Jót fognak okozni ezek! (1938. szeptember 18.)

Két hónappal a zárdából való kiutasítása után Luisa befejezte utolsó kötetét, ugyanis annak végeztével már nem volt köteles írni. Olyan engedelmesen tette le a tollat, mint ahogy negyven évvel korábban felvette. Egy évvel később kitört a második világháború. Kilenc évvel később, 1947. március 4-én Luisa kilehelte lelkét.

> Leányom, Isten Akarata, miszerint Isteni Akaratom Írásai napvilágra kerüljenek, teljes mértékben érvényesülni fog, és bármennyi incidens is történjék, Az mindenen győzedelmeskedni fog. És ha még hosszú évekbe is telik, Ő tudni fogja, hogyan kell mindent elrendezni ahhoz, hogy teljes mértékben teljesüljön az Ő Akarata. Az idő, amikor napvilágra kerül, viszonylagos és attól függ, hogy a teremtmények mikor lesznek hajlandóak arra, hogy egy ilyen nagy jót befogadjanak, és függ azoktól is, akiknek azzal kell foglalkozniuk, hogy ennek a hirdetői legyenek, és meghozzák azt az áldozatot, hogy elhozzák a béke új korszakát, az új Napot, amely eloszlatja a gonoszság minden felhőjét. (az Úr Jézus Luisának. 1928. augusztus 2.)

Ötvennyolc évvel később, minden elítélést eltörölve, Luisa boldoggá és szentté avatási ügye diadalmasan került át a Vatikánhoz.

## Luisa beteljesült próféciái

Képzeld el, hogy eléd tesznek egy halom olyan papírlapot, amelyeken bizonyos eseményekről írnak; olyan lapokat, amelyekről tudod, hogy jóval az események előtt íródtak, így ezen dokumentumok megerősítik a meggyőződésedet. Képzeld el, hogy ezek a lapok konkrétan előre jelzik a második világháborút, a modern történelem néhány legpusztítóbb földrengését, a 20. század néhány legjelentősebb eseményét, a globalizációt, az egyházi visszaélések miatti válságot, egy lelkipásztor szentté avatását és még sok mást. Kétségtelenül teljesen elámulnál, és egy pillanatig sem kérdőjeleznéd meg, hogy szerzőjük valóban próféta, aki üzeneteket kapott a Mennyből.

Nos, ez nem akárki képzeletének szüleménye, mert valójában pontosan erről van szó Luisa írásaival kapcsolatban, amelyeknek a lapjain úgy tűnik, hogy **több beteljesedett prófécia található, mint bármely más magánkinyilatkoztatásban**. Kételkedj, ha akarsz, de az alábbi próféciák mindegyike könnyen ellenőrizhető, ha elolvasod Luisa üzeneteit. Továbbá, amit itt bemutatok, az csak néhány a beteljesedett próféciákból, amikre Luisa írásainak olvasásából emlékszem. Merülj el te is az írásaiban, és biztos vagyok benne, hogy még sokkal többet fogsz felfedezni. Ahogy maga Szent Hannibál (aki jóval azelőtt halt meg, hogy Luisa abbahagyta volna az írást) mondta Luisa írásaival kapcsolatban:

Vannak fejezetek, amelyek előre megjövendölnek földrengéseket, háborúkat, tűzvészt, felhőszakadást, földek pusztulását, járványokat, éhínséget és hasonló isteni csapásokat. **Mindent, mindent megjósolt már évekkel korábban, és minden meg is történt, és sok minden hátra van még, hogy megtörténjen.**

**A II. világháború:** Az Úr Jézus tagadhatatlanul világosan többször is beszélt Luisának a második világháborúról jóval azelőtt, hogy az megtörtént volna. Példaként tekintsük az Úr Jézus Luisához intézett következő szavait:

*1923. január 16.*: **Ah! ez a második általános zűrzavar, amelyre a nemzetek készülnek.** (...) Maguktól meg kellett volna érteniük a dolgokat, és szelídebbnek lenni az elnyomottakkal szemben; de épp ellenkezőleg, még kérlelhetetlenebbek, nemcsak a megalázásukat akarják, hanem a pusztulásukat is, (...) még több város fog elpusztulni (...)

*1923. szeptember 2.*: Tavaly Franciaország Németország ellen fellépve, megkongatta az első harangot. Olaszország fellépése Görögország ellen a második háborús harangot kondította meg. Aztán jön egy újabb nemzet, amely megkongatja a harmadikat, hogy harcra hívja őket.

*1926. november 16.*: Heves háborúkra és forradalmakra készülnek. Ezúttal nemcsak Európa, hanem más nemzetek is összefognak. A kör kitágul; más földrészek nemzetei is részt vesznek majd benne. (…) **De én ezt a legmagasabb céljaimra fogom felhasználni, és** *ennyi nép újraegyesülése az igazságok közlésének megkönnyítését fogja szolgálni,* hogy a népek nyitottá váljanak a Legfőbb Fiat Királyságának befogadására.

*1927. március 31.:* (…) miközben látszólag úgy tűnik, hogy meg akarnak egyezni, valójában új háborúkat terveznek. (…) Azt a békét, amelyet szavakkal annyira dicsérnek, de tettekkel nem, háborúra való előkészületekké alakítják át. Amint már látod, sok különböző nép egyesült harcra, egyesek ilyen ürüggyel, mások olyan ürüggyel - és még többen fognak szövetkezni. De én ki fogom használni ezeknek a népeknek az egyesülését, mert Isteni Akaratom Királyságának eljöveteléhez **szükség van az összes nép egyesülésére egy újabb háború révén, amely sokkal kiterjedtebb lesz, mint a legutóbbi.** (…) A háború után könnyebb lesz Akaratom Királyságának elterjesztése.

*1927. augusztus 12.*: Micsoda gonoszság - miután annyi bajon mentek keresztül egy háborúban, most egy újabbat készítenek elő, még szörnyűbbet, és szinte az egész világot meg akarják mozgatni, mintha egyetlen ember lenne.

Vegyük figyelembe, hogy az 1923. szeptemberi üzenet prófétai valósága abban mutatkozik meg, hogy az Úr Jézus Franciaország lépését "az első harang megkongatásának" nevezi. Ennek a kijelentésnek nincs értelme másképp, csak ha ezt egy eljövendő konfliktus előhírnökeként értelmezzük. A második világháborút előkészítő eseményeket tanulmányozva ma már tudjuk, hogy tökéletesen helyénvaló azt állítani, hogy az 1920-as években Franciaország valóban "megkongatta az első harangot" Németország igazságtalan megszállásával és a különböző intézkedéseivel. Azt is láthatjuk azonban, hogy Mussolini 1922-ben tett birodalmi törekvései az "Új Római Birodalom" felállítására a "második harangszót" jelentik, ahogy azt az Úr Jézus megmondta Luisának. Mussolini „Görögország elleni fellépésével", amikor hivatalossá tette az ellenőrzést a görög Dodekanészosz-szigetcsoport felett és elrendelte Korfu megszállását (egy másik görög sziget), amivel olyan konfliktust teremtett, amely jelentősen hozzájárult a körülmények romlásához, ami pedig a második világháborúhoz vezetett. **De mi a helyzet ezzel a titokzatos "harmadik haranggal"?** Ne feledjük, hogy Luisa 1923-ban kapta ezt az üzenetet, jóval azelőtt, hogy bárki is tudta volna, hogy Németország a következő évtizedben hirtelen berobban a világ színpadára és megszállja Lengyelországot. Ez volt minden, ami a második világháború kitöréséhez kellett: még egy "harang", amihez már csak egy nemzetre volt szükség, hogy "megkongassa". Németország egyértelműen betöltötte ezt a szerepet. Sok más nemzetnek is volt szerepe, de senki sem tagadja, hogy a II. világháború azzal kezdődött, hogy Nagy-Britannia 1939-ben hadat üzent Németországnak válaszul Lengyelország német megszállására. Mi több, az Úr Jézus 1923 szeptemberében adta Luisának ezt a figyelmeztetést a "harmadik harangról" - mindössze két hónappal azelőtt, hogy Hitler megtette első nagy (sikertelen) lépését, amikor katonai úton próbálta meg átvenni a hatalmat Münchenben.

Az 1926. november 16-i és az 1927. március 31-i üzenetben az Úr Jézus megjövendölte Luisának a II. világháború következményeit is: a példátlan globalizációt, amely a nemzetközi kereskedelem és a kommunikáció robbanásszerű fejlődésének a következménye. Még azt is mondta, hogy kifejezetten azért engedte meg az összes zűrzavart, hogy lehetővé tegye ezt a globalizációt, ami viszont lehetővé teszi a Királyság eljöveteléhez szükséges ismeretek terjesztését.

**Földrengések és vulkánok:** 1906. április 17-én Luisa hatalmas csapásokat látott; konkrétan **földrengéseket három különböző városban**. Ezt olvashatjuk:

> Úgy tűnt, mintha a föld megnyílna, és azzal fenyegetne, hogy elnyeli a városokat, a hegyeket és az embereket. Úgy tűnt, hogy az Úr el akarja pusztítani a földet, **de különleges módon három különböző, egymástól távoli helyen és néhány Olaszországban is.** (...) Egyes helyeken megnyílik a föld és szörnyű rengések történnek. Nem nagyon értettem, hogy ezek a dolgok most történnek-e, vagy majd meg fognak történni. Milyen sok rom!

*Már másnap* megtörtént a nagy San Franciscó-i földrengés! Az USGS (Egyesült Államok Geológiai Szolgálata) szerint ez "minden idők egyik legjelentősebb földrengése", és ez máig Amerika történelmének leghalálosabb földrengése. Háromezer ember halt meg, és San Francisco városának 80%-a pusztult el. **Négy hónappal később** történt az 1906-os Valparaíso földrengés Chilében, amely még több ember halálát okozta, mint a San Franciscó-i földrengés. **Két évvel később,** 1908. december 28-án Szicíliában (Olaszország) pusztított a nagy messinai földrengés. Ez az európai történelem legsúlyosabb és leghalálosabb földrengése. Legalább 80 000 ember halt meg (de lehet, hogy akár 200 000 is), és Messina városa (valamint Reggio Calabria) elpusztult. Luisa ezt a földrengést is látta néhány órával a bekövetkezése előtt a következő üzenetben:

> Úgy éreztem, **mintha a föld megremegne, és ki akarna csúszni alólunk.** Aggódtam, és azt mondtam magamban: 'Uram, Uram, mi ez?' És Ő a bensőmben így szólt: "Földrengések." És elhallgatott. Szinte nem is figyeltem rá, és magamban folytattam a szokásos belső dolgaimat, amikor hirtelen, körülbelül öt órával azután, hogy ez elhangzott, érzékelhetően megéreztem a földrengést [*megjegyzés: a földrengés korábbi "megérzése" a szokásos misztikus állapotában történt*]. (...) Szörnyű dolgokat láttam, (...) [és az Úr Jézus azt mondta:] 'Elpusztítom a [föld] nagy részét földrengésekkel, vízzel és háborúkkal.' (1908. december 28.)

Bár mondhatnánk, hogy ez a bizonyos bejegyzés minden prófétai értéket nélkülöz, mert Luisa azután találhatta ki, hogy érzékelte a földrengést, de ezt az ellenvetést megcáfolja az a tény, hogy írásai (mint mindig, a nap nagyon korai szakaszában kerültek rögzítésre - még mielőtt a pap reggel 6-kor elment megáldani őt és misét mondani) egyértelműen egy nagy földrengésre utalnak, amelyet ő akkor még nem érzékelhetett, mivel 200 mérföldre volt az epicentrumtól, és csak enyhe rengést érezhetett volna (amit egyszerűen egy közeli, de kevésbé erős földrengésnek érezhetett volna). Ám alig néhány nappal később az Úr Jézusnak egy másik súlyos üzenete is volt Luisa számára, amely felfedte, hogy a katasztrófáknak még koránt sincs vége:

> „Hát nem az Én tenyeremben van az egész föld? Talán nem tudnék-e szakadékokat nyitni a földben, és más helyeken hagyni, hogy elnyelje őket a föld? És hogy ezt megmutassam nekik, **földrengéseket fogok okozni olyan helyeken is, ahol azok általában nem szoktak előfordulni."** Miközben ezt mondta, **úgy tűnt, mintha kinyújtotta volna a kezét a föld középpontja felé, a tűzbe markolt, és közelebb vitte a föld felszínéhez;** a föld megremegett, és a földrengés érezhetővé vált egyes helyeken erősebben, máshol kevésbé. (1909. január 2.)

Pontosan három héttel azután, hogy az Úr Jézus ezt az üzenetet adta Luisának, a hírhedt 1909-es borujerdi földrengés sújtotta Iránt, amely

8000 halálos áldozatot követelt. **Hat hónappal később pedig Franciaországot sújtotta földrengés - egy olyan régióban, amelyet alig sújtanak földrengések -, amely a mai napig Franciaország történelmében feljegyzett legnagyobb földrengés volt** (ez az 1909-es provence-i földrengés). Az ezt az üzenetet követő néhány évtized alatt világszerte több százezer ember halt meg földrengésekben - és a földrengés okozta pusztítás nagyságrendekkel meghaladta mindazt, amit a világon évszázadok alatt megtapasztaltak.

Három évvel később megdöbbentő esemény történt: a 20. század legnagyobb vulkánkitörése (amelyet az egész történelem során csak a Tambora kitörése múlt felül), amely *harmincszor nagyobb* volt, mint a Mount Saint Helens vulkán hírhedt kitörése. De az igazán elképesztő dolog az volt, hogy ez a vulkánkitörés a semmiből jött; Alaszka egy olyan pontján tört elő (földrengések kíséretében), ahol korábban nem létezett vulkán, beteljesítve a fenti üzenetet, amit Luisa három évvel korábban látott. Ezt a vulkánt így most méltán nevezik *Novaruptának*, amely latin név jelentése "újonnan kitört", azonban ez a terület olyan távoli volt, hogy tudományos expedíciót csak négy évvel a kitörés után indítottak a helyszínre. Ennek ellenére az expedíció tagjai "modern pokolként" írták le, mondván, hogy "borzalmas" látványt nyújtott a még mindig égő, forró hamuból (amely helyenként 700 láb mély volt) kilövellő gőzsugarak tízezreivel, olyannyira, hogy ez volt "az egyik legelképesztőbb látvány, amelyet halandó szem valaha is látott". Az USGS (Egyesült Államok Geológiai Szolgálata) máig csodálkozik ezen az eseményen, mivel azt 14 különálló "rendkívüli erős" földrengés kísérte, valamint a sok kapcsolódó jelenség miatt is, amelyek megdöntötték az akkori tudományos közfelfogást a vulkánok és a földrengések működéséről. A tudósok azonban mind a mai napig elismerik, hogy a Novarupta vulkánkitörés története nem teljesen megértett annak ellenére, hogy ez a geológusok egy híres rejtélye és talán a történelem legalaposabban tanulmányozott vulkánkitörése. Úgy tűnik, a rejtélyre a legjobb magyarázat továbbra is az, amit fentebb Luisánál olvastunk; hogy Isten "tüzet" vett a kezébe, és "közelebb vitte a föld felszínéhez".

**Nemzetközi viszonyok a 20. században:** Bár még két hónap sem telt el a 20. század hajnala után, Luisa nem habozott kijelenteni: "**Á, igen, valóban úgy tűnt, hogy ez a századunk a büszkeségről lesz híres.**" (1900. február 19.) Visszatekintve ez egy nyilvánvaló megállapítás, de az 1900-as évek legelején még korántsem volt nyilvánvaló, hogy az akkor még újszülöttnek tekinthető évszázad mindenekelőtt a leghalálosabb bűnről lesz ismert. Mert úgy *tűnt* ugyanis, hogy a nagy jólét, a béke és a haladás időszaka van kibontakozóban, és így is folytatódik. A világ a *Pax Britannica* 85. évében volt; a látszólagos béke azon időszakát élte, amikor a világ nagyhatalmai között nem volt nagyobb háború, amely idő alatt a Brit Birodalom példátlan birodalmi befolyása stabilitást adott a világ nagy részének (miközben persze, mint ma már tudjuk, számos atrocitást is elkövetett). A Bécsi Kongresszus még érvényben volt, és a napóleoni háborúk (az első világháború előtti utolsó nagy európai konfliktusok) már csak halvány emlékek voltak a százévesek emlékezetében. A csodálatos új technológiák - különösen a közlekedésben és a kommunikációban - minden korábbinál könnyebbé tették az életet, és olyan új lehetőségeket nyitottak meg, amelyekről az emberek korábban álmodni sem mertek. Úgy tűnt, hogy a "közhangulat" soha nem volt még ilyen jó. És mégis, Luisa kinyilatkoztatásaiban a következőket látjuk:

1900. július 3.: Leányom, mégis a fenyítések, amelyeket küldök, még mindig semmiségek azokhoz képest, amelyeket már előkészítettem.

1900. július 25.: [Luisa ezt írja]: Az Úr Jézus **egy gépet mutatott meg nekem, amelyben úgy tűnt, mintha sok emberi tagot zúznának össze, illetve valami olyasmit, mint két fenyítés jelét a levegőben, ami félelmetes volt.**

1900. október 22.: [Luisa írja:] Ha a sok fenyítés, amelyről ezekben a könyvekben írtam, valóban megtörténik, kinek lesz szíve végignézni ezeket? És az áldott Úr világosan megérttette velem, hogy némelyikük még az én földi életemben [a 20. század első felében] fog bekövetkezni, némelyikük pedig halálom után (...)

1909. január 2-án: [Az Úr Jézus mondja:] 'Ez csak a fenyítések kezdete (...)'

Emlékezzünk arra, hogy ezen üzenetek idején a haditechnika nagyrészt olyan volt, mint amilyen sok évtizeddel korábban is. Azonban a 14 évvel későbbi első világháborúban hihetetlenül gyorsan kifejlesztették a borzalmas és halálos új fegyvereket. A fenti, július 25-i üzenetben Luisa valószínűleg az egyik ilyen új fegyvert láthatta. (Az is elgondolkodtató, hogy az említett két "levegőben lévő fenyítés félelmetes jelei" vajon a Japánra ledobott atombombák voltak-e? Ugyanis ezt az üzenetet Luisa pontosan 45 évvel az 1945. július 26-i Potsdami Nyilatkozat kibocsátásának előestéjén kapta, amely az atombombák révén "azonnali és teljes megsemmisítést" ígért Japánnak "feltétel nélküli megadás" hiányában.)

De az első világháború után ugyanilyen prófétai üzeneteket látunk a század romlott természetének folytatódásáról. Ez azért is figyelemre méltó, mert az úgynevezett "minden háborút megszüntető háború" lezárulása után sokan azt hitték, hogy végre tartós béke lesz. Gondoljunk csak arra, amit - a szekuláris világ úgynevezett "prófétája" - H. G. Wells mondott akkoriban az I. világháborúról: "*Ez (...) nem a nemzetek, hanem az emberiség háborúja. Ez a háború egy világőrület elűzésére és egy korszak befejezésére irányul (...) A célja egy olyan megállapodás, amely örökre véget vet az ilyesminek (...) Ez, minden háborúk legnagyobbika, nemcsak egy újabb háború - ez az utolsó háború!*"[xvi] Az Úr Jézus azonban világossá tette Luisa számára, hogy ez nem így van. Ezt már tudjuk a fent idézett próféciákból, amelyek kifejezetten a második világháborúról szóltak, de nézzük, mit mondott Luisának az első világháború idején:

1914. november 20.: [Az I. világháború első hónapjaiban Luisa írja:] Az Úr Jézus folyton azt mondja nekem, **hogy a háborúk és a csapások, amelyek most történnek, még semmiségek**, miközben úgy tűnik, hogy túl sok; hogy más nemzetek is háborúzni fognak - és nem csupán ez fog történni, hanem háborút fognak indítani az Egyház ellen, meg fogják támadni a szent embereket és meg fogják ölni őket...

1918. október 16.: (Közel a háború végéhez): Megújítom a világot karddal, tűzzel és vízzel, hirtelen halállal és fertőző betegségekkel. Új dolgokat fogok teremteni. **A nemzetek egyfajta bábeli tornyot fognak alkotni**; eljutnak arra a pontra, hogy képtelenek lesznek megérteni egymást; az emberek fellázadnak egymás ellen; nem akarnak többé királyokat. Mindenki megalázott lesz, és a béke csak Tőlem fog jönni. **És ha azt halljátok tőlük, hogy "béke", az nem lesz igazi, csak látszólagos**.

1925. június 18.: [Az Úr Jézus azt mondja:] Minden a feje tetejére fog állni. Sok új jelenség fog történni, olyanok, amelyek összezavarják az ember kevélységét; háborúk, forradalmak, mindenféle pusztulás válogatás nélkül.

Mindenki fülében hangosan ott csengtek Wells úr szavai, és diadalmasan megalakult a Nemzetek Szövetsége. Egy történelmileg példátlan nemzetközi szervezet, amelyet kifejezetten a világbéke biztosítása érdekében hoztak létre, és biztosra vették, hogy eléri kitűzött célját. De az Úr Jézus itt azt mondja Luisának, hogy ez csupán "Bábel tornya" volt. És valóban bebizonyosodott, hogy éppen az volt; egy lehetőség a sok fecsegésre, miközben a béke megőrzésére vonatkozó ígéreteikből egyet sem váltottak be.

**Az egyházi visszaélések válsága:** A Luisának adott kinyilatkoztatásaiban **az Úr Jézus olyan messzire megy, hogy azt mondja, az Egyház hierarchiája annyira korrupt lett, hogy megtisztításához az Egyház ellenségeire van szükség.** Valóban, amit a püspököknek már régen meg kellett volna tenniük, azt ma az Egyház nyílt ellenségei teszik meg: a szexuális visszaélések bűnét olyan szigorúan kezelik, mint ahogyan azt kezelni kell, és leleplezik az elkövetőket. Még Ferenc pápa és XVI. Benedek pápa is nyíltan kimondták, hogy a visszaélési válság leleplezései nélkülözhetetlen megtisztulást jelentettek, hogy a világi nyomozók és újságírók helyesen cselekedtek, amikor leleplezték a papság oly sok tagja között elterjedt romlottságot. De az Úr Jézus Luisához intézett szavai itt kerek 100 évvel megelőzték a korukat (és csak elgondolkodhatunk azon, hogy vajon az ilyen szavak - és a hierarchiával kapcsolatos más erős kritikák, amelyeket az Úr Jézus Luisának mondott - hozzájárultak-e az írásainak az elítéléséhez; annak ellenére, hogy ma már mindenki tudja, mennyire pontosak és szükségesek ezek). A következő idézetben az Úr Jézus a mai válságot évtizedekkel annak kirobbanása előtt megjövendöli Luisának; bár nem utal kifejezetten arra, hogy a válságban szexuális visszaélésekről van szó, mégis azt lehet mondani, hogy talán ez volt az elsődleges, amire Ő utalt, amikor kifejezetten arról beszélt Luisának, hogy a *látszólag erényeseket* maguk a püspökök védik, az *igazi jókat* pedig elítélik, miközben a *gyermekek igazságtalanságot* szenvednek el, a *világiakat pedig maga Isten indítja arra*, hogy felszólaljanak a korrupt püspökök ellen. Ez tökéletes leírása a 20. század második felében történt eltitkolt egyházi bűntetteknek, és az azt követő igazságos haragnak a 21. század első két évtizedében:

[Luisa ezt írja:] Az áldott Úr Jézushoz imádkoztam, hogy zavarja össze az Egyház ellenségeit, és az én mindig szeretetreméltó Jézusom (...) azt mondta nekem: "**Lányom, összezavarhatnám a Szent Egyház ellenségeit, de nem akarom. Ha ezt tenném, ki tisztítaná meg Egyházamat? Az Egyház tagjait, különösen azokat, akik tisztségeket és magas pozíciókat töltenek be, elvakítja a hatalom, és sok baklövést követnek el, eljutva odáig, hogy a látszólag erényeseket védik, a valódi igazakat pedig elnyomják és elítélik. Ez annyira elszomorít Engem** - látni azt a néhány igaz **gyermekemet az**

**igazságtalanság súlya alatt.** (...) Ez annyira elszomorít Engem, **hogy úgy érzem, csupa harag vagyok miattuk!** Figyelj, leányom, Én csupa kedvesség, jóság, könyörület és irgalmasság vagyok. (...) De erős is vagyok, hogy képes legyek összetörni és porrá zúzni azokat, akik (...) elnyomják a jókat. (…) Ó! Te sírsz a világiak miatt, Én pedig sírok a fájdalmas sebek miatt, amelyek az Egyház testén vannak. **Ezek annyira bántanak Engem, hogy felülmúlják a világiak okozta sebeket,** (…) **és arra késztetnek Engem, hogy arra ösztönözzem a világiakat, hogy szidalmazzák őket."** (1911. május 16.)

<u>Mussolini bevonulása Rómába:</u> Egy jelentős történelmi esemény bekövetkezése előtti napon adott próféciában az Úr Jézus azt mondta Luisának:

El akarják játszani Rómát, (...) még az olaszok is el akarják játszani. (...) Nézd, minden oldalról emberek ugranak elő, hogy összefogjanak és megrohamozzák; ráadásul báránynak álcázva magukat, miközben ragadozó farkasok, akik fel akarják falni a zsákmányt. (1922. október 27.)

Pontosan ez történt *másnap*, amikor a fasiszta csapatok Benito Mussolini vezetésével bevonultak Rómába. Ahelyett, hogy a király (III. Viktor Emánuel) megvédte volna, egyszerűen konfliktus nélkül átadta nekik a hatalmat; így, ahogy az Úr Jézus megmondta, "eljátszotta Rómát". (Az Úr Jézus persze tudta, hogy ebben a lázadásban pusztító tervek lappanganak, amelyek végül a második világháborúban valósultak meg, ezért olyan szomorú az Ő panasza ebben az idézetben.) Ez a hazárdjáték tragikus módon a Vatikánvárosi Államot földrajzilag egy olyan politikai területre helyezte, amelyet fasiszták uraltak. A királyt azonban ez nem érdekelte, mivel a fasizmust nem tekintette fenyegetőnek kényelmes pozíciójára nézve. Habár Mussolini három nappal korábban valóban azzal fenyegetőzött, hogy beveszi Rómát, ám ez az üzenet, amelyet Luisa október 27-én kapott, sokkal többet tartalmaz, mint a Róma elfoglalásával kapcsolatos puszta aggodalmat; inkább egy siránkozást tartalmaz Róma *"eljátszása"* miatt, amiről csak Isten (és talán Viktor király) tudta, hogy meg fog történni. Még maga a miniszterelnök (Luigi Facta) is azt feltételezte, hogy ez a hazárdjáték nem fog megtörténni. Ezt bizonyítja, hogy hadiállapotot hirdetett, hogy lehetővé tegye Róma katonai védelmét a bevonulással szemben, amely határozatot a király később nem volt hajlandó aláírni. Valójában nincs más magyarázat erre a szövegrészletre, mint prófétai természetének elismerése.

**Szent Hannibál felmagasztalása:** Ma jóval több mint egymilliárd katolikus él a világon; feltehetően mindegyikük arra törekszik, hogy egyszer szentté avassák (bárcsak így lenne!). Mindazonáltal a ténylegesen szentté avatottak száma a katolikusok számához képest - akik egészen szentek és kétségtelenül méltóak a megtiszteltetésre -, annyira minimális, hogy szinte elhanyagolható bármilyen statisztikai mércével mérve is. És a sok szent ember közül, akiket Luisa ismert - és a számtalan ember közül, akiket arra buzdított, hogy szentté *váljanak* -, csak egyre hivatkozott úgy, *mint* egy szent: Hannibál di Francia atyára. Nos, kétségtelenül mindannyian hivatkoztunk már emberekre szentként, és az idő mindannyiunkat meg fog cáfolni (már ami a szentté avatást illeti). De azt nem igazolta, hogy Luisa tévedett volna. Hannibál atyát valóban szentté avatták 57 évvel Luisa halála után; továbbá az Úr Jézus azt is mondta Luisának, hogy Hannibál atya lesz az első az Isteni Akarat hirdetői közül, akit megdicsőítenek (annak ellenére, hogy Luisa körül számtalan ember teljes mértékben meg volt győződve [Luisa] küldetéséről, és szintén keményen dolgozott a művei népszerűsítésén). Azon a napon, amikor Hannibál atya meghalt, Luisa ezt írta:

Nagyon lesújtott voltam, (...) mert váratlanul kaptam a hírt **Di Francia tisztelendő atya** haláláról. Ő volt az egyetlen, aki megmaradt nekem, akinek kitárhattam szegény lelkem. **Milyen jól meg tudott érteni engem - egy szentre bíztam magam,** (...) *ő egy szent volt.* (...) És most az Úr Jézus magához vette őt a Mennybe. [Néhány hónappal Hannibál atya halála után az Úr Jézus azt mondta Luisának:] „Gondolod, hogy Di Francia atya emléke, az ő sok áldozata és vágya, hogy Akaratomat megismertesse, - egészen a[z írások] kiadás[ának] kezdeményezéséig -, megsemmisül Isteni Akaratom e nagy művében, csak azért, mert Magammal vittem őt a Mennybe? Nem, nem; épp ellenkezőleg, övé lesz az első hely (...). Ő készítette elő a talajt, hogy Isteni Akaratom ismertté váljon; olyannyira, hogy semmit sem kímélt, sem költségeket, sem áldozatokat, (...) amikor ez a nagy mű ismertté válik, az ő neve, az ő emléke csupa dicsőség és ragyogás lesz? (...) (1928. február 28.)

*\*\*\**

**Mit láttunk eddig ebben a fejezetben?** Láttuk, hogy Luisa kinyilatkoztatásai minden kétséget kizáróan a Mennyből származnak: ezt bizonyítja a szentség hírében leélt 81 életéve, az öröksége, az ügyének a sikere; ezt bizonyítják a csodái, a próféciái; illetve ezt igazolja még most is égi közbenjárása. De azt is láttuk, hogy az eljövendő Korszakról szóló biztos próféciák nem korlátozódnak csak az ő kinyilatkoztatásaira, hanem az egyháztörténelmet olyan mértékben hatják át - megtalálhatók az egyházatyák tanításaiban, a pápák tanítóhivatalában, és a híveknek adott hiteles magánkinyilatkoztatások sokaságában -, hogy a bennük való kételkedés a hitetlenség olyan abszurd fokát feltételezné, amely már az Istenbe vetett hitet is pusztán a filozófiai deizmus szintjére alacsonyítja le.

Annyi mindent szeretnék még elmondani arról, ami közeleg: Hogyan illeszkedik ez a Korszak tökéletesen a világ egész történelmébe, mint annak a koronája; hogyan készítette elő az Egyház szentsége az elmúlt 2000 évben az Ajándékot, amely a Korszak lényege; hogyan munkálkodott Isten az ember bukása óta minden nagyobb beavatkozásában, hogy előkészítse az utat az Ajándék és a Korszak számára. Mindezekre a 3. és 4. fejezetben térünk rá, de ezen a ponton egyszerűen nem érzem jogosnak, hogy tovább késlekedjek - akár egy perccel is - azzal, hogy elmondjam neked, mit kell tudnod ahhoz, hogy meggyorsítsd e Korszak érkezését, mivel most már mindannyiunkat erőteljes vágyakozásnak kellene eltöltenie a Korszak eljövetele miatt.

**Ugyanis amit az Úr Jézus mond Luisának, az nem pusztán a közelgő esemény hírét tartalmazza, hanem egy *felhívást* - amellyel szemben nem szabad befognunk a fülünket -, hogy siettessük a Korszak eljöttét. A felhívás pedig a következőben áll: Fogadjuk el a lehető legnagyobb ajándékot, az Ő Isteni Akaratát saját akaratunkként! Csak ezzel az Ajándékkal tudunk igazán azon munkálkodni, hogy siettessük a Korszak eljöttét, amelyre mindannyian annyira vágyunk.** Lássunk hát munkához, és fordítsuk figyelmünket erre a feladatra a következő fejezetben, amely után közelebbről meg fogjuk vizsgálni, hogy miért kell eljönnie a Korszaknak, és miért most van itt a megfelelő idő az eljövetelére.

†††

# 2. fejezet:
# Mit tegyek, hogy siettessem a Korszak eljöttét?

Valóban itt az ideje, hogy munkához lássunk. Ehhez azonban hátra kell lépnünk, és a lehető legalaposabban elgondolkodnunk azon a kérdésen, amely elől a világon egyetlen ember sem tud kitérni: *Mi az élet értelme?* Tudva, hogy maga a létezés rója ránk azt a kötelességet, hogy semmi se állítson meg bennünket a válasz keresésében, minden korban és mindenhol férfiak és nők egyaránt buzgón keresték a választ erre a kérdésre. Ma azonban gyakran csak még jobban összezavarodnak e keresés során, mivel ez mindig mindenféle filozófiai és teológiai tévedéssel jár együtt. Ezért a kutatás végén rosszabb helyzetben találják magukat, mint amikor vakmerően belevágtak, és így kifáradnak, sőt akár cinikussá is válnak. Most egy csapásra vessünk véget mind a cinizmusnak, mind a zavarodottságnak.

## Gondoljuk át az élet értelmét!

Minden hívő tudja, hogy a *végső célunk* - amit mindenekelőtt óhajtunk és igyekszünk elérni - a Mennyország. "Az ember végső célja a Mennyország" – mondta nyíltan az Úr Jézus Luisának 1931. április 4-én, megismételve Szent Ágoston leghíresebb tanítását a *Vallomásokból:* *"Magadnak teremtettél minket, Uram, és nyugtalan a mi szívünk, amíg meg nem nyugszik Tebenned."*

Ebből azonban nem következik az, hogy a Mennyország az "élet értelme" abban az értelemben, hogy ez lenne emberi mivoltunk *természetes* végpontja amellett, hogy az ember *legvégső* (és természetfeletti) célja. A mérvadó *Új Katolikus Enciklopédia* teljes egészében ennek a rejtélynek szentelt cikkelyében megállapítja az élet értelméről, hogy "**...még nincs teljesen kielégítő megoldása ennek a problémának ...**". Bármennyire is furcsa, hogy egy ilyen fontos kérdésnek még mindig nincs "kielégítő megoldása", Istennek terve volt azzal, hogy megengedte ezt a késedelmet. **Az Úr Jézus Luisának adott kinyilatkoztatásai adják meg a megoldást erre a problémára.** Bár a Mennyország valóban a végső célunk - a rendeltetésünk -, ez nem a mi emberi természetünket megillető tökéletesség. Ez egyszerűen azt jelenti, hogy a Mennyország inkább Isten teljesen *ingyenes* ajándéka; nem pedig egy "igazságos fizetség" (mert annak megadása, amit a természet megkövetel, mindig *igazságos fizetség*, nem pedig *ingyenes ajándék*). Ez a megkülönböztetés minden, csak nem teológiai szőrszálhasogatás, **hiszen ami a természetünkhöz hozzátartozik, azt Ádámnak birtokolnia kellett a bűnbeesés előtt, és ez az, amihez az emberiségnek az idők vége előtt vissza kell térnie, és jelenleg ebben áll életünk értelme.**

Egyes teológusok még mindig ragaszkodnak ahhoz a felfogáshoz, hogy a Mennyország nemcsak az ember végső célja, hanem az ember *természetes* célja is. Azonban tiszteletreméltó XII. Pius pápa a *Humani Generis* enciklikájában (26. §) világosan tanította, hogy ez tévedés: *"Mások megsemmisítik a természetfeletti rend ingyenes voltát, mivel Isten - mondják - nem teremthet szellemi lényeket anélkül, hogy ne rendelné és ne hívná őket az örök boldogságra."* Másszóval, a pápa itt azt tanítja, hogy Istennek *nem kellett* a Mennyország felé rendelni minket - az, hogy Ő így döntött, egyszerűen ajándék volt. De Istennek a teremtményeket igenis az őket megillető tökéletességgel *kell* megteremtenie, máskülönben vétkes lenne abban, hogy valami rosszat teremtett (amelynek pontos definíciója: "a megillető tökéletesség hiánya" (vö. *Summa Theologica.* I, Q49, A1.)), amely soha nem fordulhat elő. Következésképpen a Mennyország nem lehet a természetünkhöz tartozó tökéletesség.

*Mi* tehát a nekünk járó tökéletesség? Mi a "jó" számunkra - azaz, mi a "természetes végcélunk"? Nos, az egyes dolgok haszna mindig abban áll, hogy az adott dolog legfőbb képességét teljesen uralja egy magasabb természetű lény előbbinek megfelelő képessége. Ennek megfelelően bármely hangszer "haszna" vagy "természetes célja" az, hogy zenei potenciálját (mint fizikai tárgy legfőbb képességét) egy szakértő zenész megvalósítsa úgy, hogy maga a hangszer nem akadályozza a zenész képességét, hanem inkább gyönyörűen megvalósítja azt. Egy növénynek az a haszna, ha a gyümölcsét (amelynek megérlelése a növény legfőbb képessége) egy érző lény (legyen az ember vagy állat) elfogyasztja és megemészti oly módon, hogy e gyümölcs anyagát ez az érző lény annyira uralma alá vonja, hogy beépíti a saját testébe. Az állat haszna az, hogy saját érzékelőképességével (legfőbb képességével) tökéletesen engedelmeskedik az embernek és szolgálja őt. Az állat természetes célját a legvilágosabban a háziasított kutyában lehet megfigyelni, amely tökéletesen engedelmeskedik a gazdájának, és a földön egyetlen állat sem részesül akkora megtiszteltetésben, mint azok a kereső- és mentőkutyák, amelyek még emberi életeket is mentenek. **Végül, az ember természetes célja vagy természetes java az, hogy saját legnagyobb képességét - az akaratát - teljesen uralja *a* Felsőbb Lény megfelelő képessége: Isten Akarata.** Más szóval, az ember természetes célja nem csupán az, hogy szentté váljon (de valóban az), hanem az, hogy a lehető *legnagyobb* szentté váljon azáltal, hogy megkapja az Életszentség *Koronáját*, ami nem más, mint az Isteni Akaratban való Élet Ajándéka.

Noha nincsenek komoly érvek amellett, hogy a test és annak szenvedélyei (vagy akár a lélek emlékezete) az ember legfőbb képessége, mégis egyes teológusok ragaszkodnak ahhoz, hogy nem az akarat, hanem az értelem az, amely az emberben az elsőbbséget élvezi. Igaz, az értelem valóban az embernek az az adottsága, amely elsősorban megkülönbözteti őt az állatoktól (az embert meghatározhatjuk "*racionális* állatként"), és amely az időbeli elsőbbséget birtokolja (ahogy az alapigazság mondja: "semmit sem lehet szeretni, ha nem ismerjük meg előbb"), de mégis egyértelműen az akarat az, amely a lélek legfőbb képessége. Az akarat az, amely leginkább megfelel a legnagyobb erénynek, a szeretetnek. Az akarat az, amely *eldönti*, hogy a jóra törekszik-e, miután az értelem tájékoztatja az akaratot arról, hogy *mi a* jó. Az akarat az, amely megparancsolja az értelemnek, hogy engedelmeskedjen egy megismert igazságnak, miután az értelem azt az akarat elé tárja. Ahogy Frank Sheed mondja a (*Theology and Sanity*) *Teológia és józan ész* című könyvében: "Az üdvösség közvetlenül az akarattól függ," nem pedig az értelemtől. Egy másik alapelv helyesen tanítja, hogy "a legnagyszerűbb [dolog] megromlása a legrosszabb", és ebből arra következtethetünk, hogy a lélek erői közül az akaratnak kell a legnagyobbnak lennie, hiszen senki sem tagadja, hogy ennek megromlása a legrosszabb sors, amit a lélek elszenvedhet. (Hiszen rosszabb Istent gyűlölni - azaz akarattal megtagadni Őt -, mint egyes dolgokban tévedésben lenni Vele kapcsolatban.) "Minden érdem az akaratban rejlik", ahogy az Úr Jézus mondta Szent Fausztinának (Napló 1760. §). És ahogy XVI. Benedek pápa tanította: "az akarat elsőbbsége rávilágít arra, hogy Isten mindenekelőtt a szeretet (...). Az örök élet egyszerűen vágyni és akarni szeretni, ami áldott és tökéletes". (Apostoli levél. 2008. október 28.)

*Az Ajándék elfogadása az élet értelme.* **Ilyen egyszerű.** Ezért semmilyen költséget ne sajnáljunk, hogy megkapjuk ezt az Ajándékot. Csak Ezzel tudjuk sürgetni a Korszak eljöttét. Csak Ennek segítségével érhetjük el az élet értelmét. Benne van minden; Ennek birtokában semmi sem hiányzik.

A szabadság csúcspontja az Isten akaratával összhangban lévő 'igen'. Csak az 'igen' által válik az ember igazán önmagává; csak az 'igen' nagy nyitottsága által, az emberi akaratnak Isten akaratával való egyesülése által válik az ember mérhetetlenül nyitottá, 'istenivé'. (...) Azáltal születik meg az igazi személy, hogy az emberi akaratát átadja az isteni akaratnak (...) - XVI. Benedek pápa. (Általános kihallgatás. 2008. június 25.)

# Fogadd az ajándékot, Az Életszentség Koronáját!

Ezt a könyvet "A te történeteddel" kezdtük, és ott elmondtam, hogy a próféciák szerint milyen lesz az életed a Korszak idején. Egy dolgot azonban nem mondtam el neked abban a részben: *Ezt az életet már most is élheted.* Igaz, nem minden külső részletében; ezek közül sok csak a Korszakkal együtt jöhet el, amikor már nem lesz kísértés arra, hogy a külsőségekre koncentráljunk a belső szépség rovására. A legfontosabb rész azonban - valójában minden, ami *igazán* számít - most is megélhető, mert végső soron csak a szentté válásunk számít. Egyedül a szent élet gyűjti a kincseket az egyetlen végső rendeltetésünk kincstárába (ami a Mennyország, nem a Korszak), és a Korszak nagy életszentségét bárki megélheti már most is. Tehát, bár már jócskán előre haladtunk ebben a könyvben, most érkeztünk el a dolog valódi lényegéhez, és az előttünk álló kötelesség minden más kötelességet felülmúl. Törekedjünk tehát mindenekelőtt arra, hogy befogadjuk ezt az új életszentséget (és bár remélem, hogy a következő néhány oldal hasznosnak bizonyul, *Az életszentség koronája* 198-290. oldalain alaposabban is foglalkoztam ezzel a kérdéssel). Továbbá, ennek a szentségnek a jelenbeli megélése fogja elhozni a Korszakot: amikor már elég ember éli ezt az életszentséget a földön, akkor fogja csak a Mennyország a saját életét megadni a földnek, és ezáltal külsőleg ráruházni ezen életszentség univerzális gyümölcseit az egész világra. **Ezt a szentséget az Isteni Akaratban való Élet Ajándékának hívják. Ennek az Ajándéknak a befogadása a szükségesnél is szükségesebb, és a következő szakaszok lehetővé teszik számodra, hogy befogadhasd.**

## Kövesd az első három előkészítő lépést!

**Először is,** a Hit bizonyosságával és szilárd meggyőződéssel **el kell hinnünk és be kell fogadnunk az alapigazságokat.** Az igazság pedig a következő: Isten létezik. Ez az Isten emberré lett: Ő a mi Urunk Jézus Krisztus. Az Úr Jézus Krisztus egy Egyházat alapított Péterre alapozva, akinek hatalmat és kulcsokat adott - kulcsokat, amelyek 2000 éve folyamatosan továbbadódtak Péter jelenlegi utódjáig. (Kérlek, olvasd el *Az életszentség koronája* 24-48. oldalát, ha segítségre van szükséged ezen igazságok megértésében és befogadásában!) Mindenekelőtt hidd el és tartsd be a Katekizmus *minden egyes szavát!*

**Másodszor, arra kell törekednünk, hogy megszabaduljunk minden bűntől.** Bűnös életet élni azt jelenti, hogy szembeszegülünk a Korszakkal, és nem hirdetjük azt. Vizsgáljuk meg tehát alaposan a lelkiismeretünket! Az evangéliumban Urunk Jézus első figyelmeztetése nyilvános működésének megkezdésekor egyszerű volt: "Térjetek meg, mert közel van a Mennyek Országa." (Mt 4,17) Ma ugyanezt mondja nekünk, még nagyobb hangsúllyal, mivel az Ő 2000 évvel ezelőtt meghirdetett Királyságának teljes földi beteljesedése egészen közvetlenül előttünk áll. E rövid könyv lapjain nem kívánom hosszasan kifejteni, hogy hogyan szabaduljunk meg a bűntől, de bátorítok mindenkit, akinek szüksége van útmutatásra ebben a folyamatban, hogy olvassa el *Az életszentség koronája* 197-203. oldalait.

**Harmadszor, vágynunk kell az életszentségre és mindenekelőtt erre törekedni.** Az Isteni Akaratban való Élet Ajándéka az életszentség *koronája*, nem pedig az életszentség *helyettesítője*. Feltételezi, hogy a Hitben élő őseink energikus lendületével törekszünk a "mindennapi" életszentségre. A szent életre való törekvés talán legfontosabb része **a saját akaratunkról való lemondás**: az Ajándékkal arra kérjük az Isteni Akaratot, hogy uralkodjon bennünk, két akarat pedig nem *uralkodhat* egy lélekben. Az Ajándék befogadásához szükséges saját akaratról való lemondás ugyanaz a lemondás, amelyet a lelki élet mesterei mindig is tanítottak (lásd például Szalézi Szent Ferenc, Liguori Szent Alfonz és Lisieux-i Szent Teréz műveit - néhány tanításukat e könyv 3. fejezetében közölni fogjuk). Így, bár a lemondás témaköre megérdemelne egy egész saját fejezetet, most megelégszem azzal, hogy meghagyom a fenti ajánlást ahelyett, hogy írnék egy erről szóló fejezetet.

*"Végső soron csak egy tragédia létezik az életben: nem szentnek lenni"*
- **Ferenc pápa.** *Gaudete et Exsultate.* (Idézi Leon Bloyt.)

## Vágyakozz és kérd az Ajándékot!

Ami az Ajándékot illeti, eddig nem tettünk mást, mint megneveztük és hivatkoztunk rá. Ahhoz, hogy valóban vágyakozhassunk utána, jobban meg kell értenünk, hogy mi is ez, és milyen bámulatos kegyelmek járnak vele a fent idézett alapelvvel összhangban, amely arra is emlékeztet bennünket, hogy *amit jobban ismerünk, azt jobban tudjuk szeretni.* **Mi tehát ez az Ajándék?** Ez a Szent II. János Pál pápa által hirdetett "új és isteni életszentség" *a Szentháromság egyetlen örök tevékenységében való folyamatos részvétel; a lélek képességeinek teljes kibontakozása; Isten elsődleges mozgásában való részesedés; az életszentség isteni és örökkévaló állapota; az Úr Jézus valóságos élete a lélekben.* De pontosan mit is jelent ez?

**Ez a Szűzanya szentségét jelenti**; mert bár ő mindig messze a legnagyszerűbb teremtmény marad szuverén kiváltságai miatt, mégis több mint boldogan közvetíti nekünk saját életszentségét most, hogy elérkezett az ideje. Ő valóban megtestesíti azt, hogy mit jelent az Isteni Akaratban élni és a példaképünk is ebben. Méltósága ugyanis messze felülmúlja Ádám és Éva méltóságát (akik szintén az Ajándék birtokában lettek megteremtve), ráadásul isteni Fiától eltérően ő csak egy teremtmény marad. A Szűzanya által Isten megmutatja, hogy az életszentség milyen csodáit képes egy teremtett emberi lényben megvalósítani. Luisa kinyilatkoztatásaiból megtudjuk, hogy Isten akarata nem az, hogy *csak* a Szűzanya legyen a szentség ilyen magasztos állapotában, miközben mi ezt egy szinte végtelenül alacsonyabb rendű helyzetből szemléljük. Ellenkezőleg, az Ő akarata az, hogy mi is felemelkedjünk az ő életszentségéhez, hogy elmondható legyen rólunk is az, amit Grignon Szent Lajos és sokan mások is a Szűzanyáról oly régen és helyesen elmondtak, *miszerint egyetlen cselekedetünk nagyobb dicsőséget adhat Istennek, és érdemben felülmúlhatja az összes többi szent minden cselekedetét együttvéve.*[xvii]

**Ez azt jelenti, hogy a mi cselekedeteink az ő alapvető és tökéletes Fiatjának ("Legyen") tükörképei lesznek**, és ahogyan a Szűzanya "Fiatja" megelőzte a Megtestesülést, úgy a mi "Fiatjaink" is annyi megtestesülést idéznek elő, ahány cselekedetet megteszünk. Ha a hétköznapi erényes cselekedetek akkora kincsek halmait építik fel a Mennyben, mint amekkora egy kastély vagy egy hegy, akkor *az Isteni Akaratban* végzett cselekedetek akkorákat, mint amekkora egy város vagy egy kontinens.

**Ez a Miatyánk tökéletes beteljesedését jelenti:** *„Legyen meg a Te akaratod, amint a mennyben, úgy a földön is."* Vagyis ez abban áll, hogy a szentség tekintetében *ugyanazt az életet éljük*, mint a mennyei megboldogult lelkek, miközben megmaradnak a földi élet sajátos velejárói - úgymint a színelátás hiánya, a Fátyol folyamatos jelenléte (az ezzel együtt járó, hitre hagyatkozó élet) és a szenvedés képessége.

**És pontosabban, miért is kellene vágyakoznod az Ajándékra?** Az Ehhez kapcsolódó ígéretekre vetett néhány pillantás tisztázza ezt a Luisának adott kinyilatkoztatás alapján. **Az Isteni Akaratban a teljes boldogságod biztosítva van.**

Amint a lélek belép az én Akaratomba (...) a Mennyország élete lesz az [övé], és nincs helye a nyomorúságnak és a boldogtalanságnak. Az Én fényem mindent elpusztít, és a rosszat jóra változtatja. (1933. május 7.)

Boldognak akarjuk látni őt - a saját boldogságunk birtoklása által. (1931. szeptember 21.)

Azok, akik birtokolni fogják [az Isteni Akaratot és annak ismereteit], a fény és az életszentség forrását fogják birtokolni; ezért a sötétség, a gyengeségek, a bűn rútsága meg fognak szűnni számukra, és nem fognak szűkölködni az isteni javakban. Minden rossz véget fog érni, és ők birtokolni fogják a Szentség forrását. (1926. október 19.)

Akaratom a természeténél fogva a boldogság, az öröm és a Paradicsom felvirágzását okozza, bárhol is uralkodik. Isten Akarata és a boldogtalanság együtt nem létezik, és nem is létezhet. (1927. január 30.)

**Az Isteni Akaratban benne van az, amit még a Mennyország szentjei is megirigyelnek.**

[Egy levelében Luisa ezt írja:] Az Isteni Akaratban való szeretet ámulatba ejti az Eget és a Földet; maguk a Szentek is vágynak arra, hogy a szívükben legyen az a hódító Szeretet, amely a száműzetésben élő emberben van [vagyis egy olyan embernek adott kegyelem, aki még mindig képes érdemeket szerezni a szenvedésre való képessége által].

**Az Isteni Akaratban olyan lelki erő van, hogy semmilyen teher sem fog gondot okozni neked.**

Aki birtokolja Isteni Akaratomat, az (...) az isteni erő birtokában van; és ha azt mondanák neki, hogy emeljen fel egy nehéz tárgyat - anélkül, hogy aggódni kezdene -, úgy venné fel, mintha az semmiség lenne. (...) Aki birtokolja Isteni Akaratomat, annak mindenhez elegendő ereje van; így minden könnyű számára; és mivel erősnek érzi magát, még a szenvedést is nyereségnek tekinti. (1929. július 30.)

**Egyedül az Isteni Akarat által tudsz annyi kincset felhalmozni a Mennyben, amennyit csak lehet.**

[Az Isteni Akaratban] végzett minden egyes földi cselekedet olyan, mintha több helyet szereznél a Mennyben, egy újabb jogosultságot, és a mennyei lakhely előrehaladott birtoklását. (...) Isteni Fiatom soha nem mondja a teremtménynek, hogy "elég" (...) (1931. június 8.)

**Egyedül az Isteni Akaratban van a felhalmozott kincsünk valódi sérthetetlensége.**

Minden gondolat, szó, elszenvedett fájdalom, minden kitörölhetetlen betűkkel beírva és lepecsételve megmarad [az Isteni Akaratban]. Lehet, hogy az emlékezet nem tart számon mindent; sok mindent elfelejtett, de az akarat mindent elrejt és semmit sem veszít el, és így minden cselekedet megőrzője. (1933. március 19.)

**Az Isteni Akaratban bőséges örökkévaló jutalom van minden egyes cselekedetért.**

Amikor tehát a lélek Velem eggyé válva cselekedeteit Velem együtt végzi, akkor annyira vonzódom hozzá, hogy vele együtt teszem azt, amit ő tesz, és a teremtmény tevékenységét istenivé alakítom át. Mindent figyelembe veszek, és mindent, még a legapróbb dolgokat is megjutalmazom; és a teremtmény akaratának egyetlen jó cselekedete sem marad észrevétlenül. (1917. március 28.)

**Az Isteni Akaratban található az üdvösséged horgonya.**

Az Isteni Akaratomban elvégzett cselekedetek örökkévalóak és Istentől elválaszthatatlanok. (...) És még ha [a lélek] tévelyeg is, érzi azt az ellenállhatatlan vágyat, az erős láncokat, amelyek Teremtője karjaiba húzzák. Ez történt Ádámmal is, mert életének kezdetét az én Isteni Akaratomban élte. Noha bűnt követett el, kiűzték az Édenből, és egész életében vándorolt. Vajon elveszett-e? Ó, nem! (...) Fel sem tudod fogni mindezt a jót, és azt, hogy mit jelent a Mi Akaratunkban cselekedni. Ha a lélek benne cselekszik, annyi végtelen értékű zálogot szerez, amennyi cselekedetet elvégez a Mi Fiatunkban; és ezek a zálogok magában Istenben maradnak. (...) Ezért ne félj, a Mi

Akaratunkban végzett cselekedetek örök kötelékek, láncok, amelyek nem szakadhatnak el. (...) Ne zavard meg szíved békéjét; bízd rám magad, és ne félj! (1931. április 16.)

**Az Isteni Akaratban van a Tisztítótűztől való mentesség.**

Az első dolog, amit az Akaratom tesz, hogy a Purgatóriumot eltávolítja az útból, a teremtményt idő előtt átvezetve azon, így szabadabban élhet [az Akaratban], és az Isteni Akarat úgy alakítja saját életét a lélekben, ahogy jónak látja. Tehát, ha a teremtmény meghal egy cselekedet után, miután elhatározta és akarta, hogy az én Akaratomban akar élni, akkor a Mennyország felé fog szállni. (1935. október 27.)

**Az Isteni Akaratban van a múltad átalakulása.**

Amint a teremtmény megváltoztathatatlan határozottsággal úgy dönt, hogy az Én Akaratomból akar élni, (...) [Akaratom] mindent, amit [a teremtmény] addig tett, elfed az Én Akaratommal. Úgy formálja ezeket és úgy alakítja át ezeket Világosságává, hogy mindenki lássa Átalakító Szeretetének Csodáját, hogy minden az Ő Akarata a teremtményben. (1936. november 3.) *[Megjegyzés: Az Úr Jézus nem azt mondja, hogy a múltbeli cselekedetek megváltoznak; ez valójában logikai abszurditás és lehetetlenség lenne; hanem azt mondja, hogy az örökkévalósághoz fűződő viszonyuk (ami igazán számít) alakul át az Ajándék segítségével.]*

Könnyen folytathatnám ezt a részt még sok-sok oldalon át, de ezek után kinek van még más vágya, mint az Ajándék iránti elsöprő vágyakozás? Ez a néhány bekezdés csak egy kis ízelítőt tartalmaz: merülj el Luisa írásaiban, és nem fogod tudni úgy letenni, hogy ne lángolna fel újra a szívedben az Ajándék iránti égő vágy. **Az Ő Akarata iránti vágy és a saját akaratunkról való lemondás által készen állunk az Ajándék befogadására. Kérjük tehát most az Ajándékot!**

Az Ajándék kérése olyan egyszerű, mint ahogyan az hangzik. **Amikor erre a lépésre kerül sor, nincsenek bemagolandó mágikus formulák vagy olyan gnosztikus titkok, amelyekbe beavatás szükségeltetik.** Tán megfeledkeztünk arról, hogy Isten minden egyes szavunkat hallja minden egyes nap minden pillanatában? Hogy Ő mindig közelebb van hozzánk, mint a saját bőrünk? Nincs szükség különleges módszerekre ahhoz, hogy "elérjük Őt". Ő ott van melletted.

Mint egy gyermek, egyszerűen csak kérd Tőle, amire vágysz. Urunk Jézus a következőt mondja Luisának:

Amint a teremtmény valóban úgy dönt, hogy Isteni Akaratomban akar élni, és soha nem akarja a sajátját tenni semmiben, akkor az Én Fiatom kimondhatatlan szeretettel formálja meg saját Életének magját a lélek mélyén. (1935. október 27.)

Az első nélkülözhetetlen dolog ahhoz, hogy [a lélek] belépjen az Én Fiatomba, az, hogy teljes elszántsággal akarja és vágyjon arra, hogy az Én Akaratomban éljen (...) A második dolog az, hogy megtegye az első lépést. (...) **Látod tehát, milyen könnyű, de szükséges akarni ezt. (...) Semmit sem tartok vissza, amikor arról van szó, hogy elérjem, hogy a teremtmény az Én Akaratomban éljen** (1938. május 6.)

Mennyi Ajándékot akarunk adni! De mivel nem kérik Ezeket, visszatartjuk Ezeket (...) várva, hogy odaadhassuk, amikor kérik. (1932. március 20.)

**Csak kérd!!!** Nem is annyira az számít, hogy *hogyan* kéred, hanem az, *hogy kéred*! Az a lényeges, hogy ne *felejtsd el* kérni! Az számít, hogy *folyamatosan* kérd. **Mondd, amennyire csak tőled telik: "Jézusom, bízom Benned. Legyen meg a Te akaratod! Átadom neked az akaratomat, kérlek cserébe add nekem a Te akaratodat."**

Nos, annak ellenére, hogy valóban mennyire egyszerű ez a dolog, a formális szóbeli imák (mint mindenhol) nagy segítséget jelenthetnek, és ezekből nincs is hiány az Ajándék kérése kapcsán. Itt csak néhányat osztok meg, de sok gyönyörű Isteni Akarat imát találhatunk; lásd *Az életszentség koronája* függelékét vagy egyszerűen keress rá az interneten, ha még többet szeretnél!

### Egy ima minden reggelre ('Egy megelőző cselekedet'):

Jó reggelt, Szentséges Szűzanyám, szeretlek téged. Jöjj segítségemre, hogy a nap első cselekedetét a szeretet cselekedeteként ajánlhassam fel az Isteni Akaratban! Legszentebb Szentháromság, hálát adok és dicsőítelek Téged ezért az új napért! Akaratomat a Te akaratodba helyezem és kijelentem, hogy csak a Te akaratodban akarok élni és cselekedni, és a nap minden cselekedetét Tebenned rendezem sorba. Ó, Jézusom, Mária Édesanyánk Szeplőtelen Szíve által vele és benne felajánlom és átadom Neked akaratomat a Te Isteni Akaratodért cserébe! Valóban azt akarom, hogy a Te Isteni Akaratod teremtse meg bennem isteni Életét ezen a napon, hogy minden gondolatomban gondolkodjon, minden szavamban szóljon, és minden cselekedetemben Mennyei Atyánk dicsőségére és a Teremtés céljának beteljesedésére cselekedjen. Karjaid ölelésének átadva magam, Jézusom, meghívom az összes angyalt és szentet, különösen a Legszentebb Szűz Máriát, hogy csatlakozzanak mindahhoz, amit az Isteni Akarat ma bennem cselekszik, és bízom abban, hogy nem mulasztod el megadni nekem azt a kegyelmet, hogy mindig hűséges és figyelmes legyek a bennem való működésedre, hogy saját akaratom ne merje megzavarni a Te szabadságodat, hogy Igaz Életedet kialakíthasd bennem! Ó, én Jézusom, szeretlek Téged a Te saját Akaratoddal, és mélységesen köszönöm Neked az Isteni Akarat ismeretét és Ajándékát! Ámen.

**Az Isteni Akaratnak való fejalánlás imája** *(Luisa írta Szent Hannibál kérésére)*:

Ó, imádandó és Isteni Akarat, itt vagyok a Te végtelen Fényed előtt, hogy örök Jóságod megnyissa előttem az ajtókat, hogy belépjek, és életemet kialakítsam Benned, Isteni Akarat. Ezért, leborulva a Te Fényed előtt, én, a legkisebb minden teremtmény között, belépek, ó imádandó Akarat, a Te Legfőbb Fiatod első gyermekeinek kis csoportjába. Semmiségemben leborulva könyörgök és esedezem végtelen Fényedhez, hogy kerítsen körül és homályosítson el mindent, ami nem Hozzád tartozik, hogy semmi mást ne tehessek, minthogy Téged, Isteni Akarat csak nézzelek, megértselek és Benned éljek! Ez lesz az életem és az értelmem központja, szívem és egész lényem elragadója. Ebben a szívben az emberi akaratnak nincs többé élete; örökre száműzöm, és megalkotom a béke, a boldogság és a szeretet új Édenkertjét. Vele mindig boldog leszek, különleges erőt kapok, és olyan életszentséget, amely mindent megszentel, és mindent Istenhez vezet. Itt leborulva kérem a Szentséges Szentháromság segítségét, hogy engedjenek az Isteni Akarat kolostorában élni, hogy visszaállítsák bennem a Teremtés eredeti rendjét, ahogyan a teremtményt megteremtették. Mennyei Édesanyám, az Isteni Fiat Szuverén Királynője, fogd meg a kezemet és keríts körül az Isteni Akarat Világosságában! Te leszel az én vezetőm, gyengéd Anyám; Te fogsz vigyázni gyermekedre, és megtanítani arra, hogy az Isteni Akarat rendje szerint és határain belül éljek és maradjak. Mennyei Királynő, Szívedre bízom egész lényemet; az Isteni Akarat apró kicsi gyermeke leszek. Te megtanítasz engem az Isteni Akaratra, én pedig figyelmesen hallgatlak Téged. Rám teríted kék köpenyed, hogy a pokoli kígyó ne merészeljen belépni e Szent Édenbe, nehogy elcsábítson engem és az emberi akarat útvesztőjébe taszítson. A legfőbb Jóság, Jézusom Szíve, add nekem tüzedet, hogy megégessen, felemésszen és tápláljon engem, hogy a Legfőbb Akarat élete formálódjék ki bennem! Szent József, Te leszel az én Védelmezőm, szívem Őrzője, te fogod kezedben őrizni akaratom kulcsait. Te féltékenyen őrződ majd szívemet, és soha többé nem adod vissza nekem, hogy biztos legyek abban, hogy soha nem lépek ki Isten Akaratából. Őrangyalom, őrizz engem, védj meg, segíts mindenben, hogy Édenkertem virágzóan növekedjék, és az egész világot Isten Akaratába hívja. Mennyei Seregek, gyertek segítségemre, és ígérem, hogy mindig az Isteni Akaratban fogok élni. Ámen.

## Növekedj az erényekben!

Ahhoz, hogy rögzíteni tudjuk magunkat az Ajándékban, erényesnek kell lennünk. De arra is emlékeznünk kell, hogy Krisztus igája édes és az Ő terhe könnyű. (vö. Mt 11,30) Az erény nem nehéz, és az Úr Jézus ezt megismétli Luisának, amikor ezt mondja:

**Leányom, azt mondják, hogy az erény útja nehéz. Ez tévedés.** Annak nehéz, aki nem mozdul, mivel nem ismeri sem a kegyelmeket, sem a vigasztalásokat, sem a segítséget, amelyeket Istentől kapna ehhez, és így nehéznek tűnik neki; és anélkül, hogy lépne, érzi az út minden terhét. **Annak azonban, aki elindul, rendkívül könnyű, mert az őt elárasztó kegyelem megerősíti őt.** (1905. május 15.)

Vajon nem tapasztaltuk-e már mindannyian ezt? Amikor leülünk, hogy pusztán gondolkodjunk egy feladaton, az óriási kihívásnak tűnik, és túl gyakran inkább reszketve megbújunk a szobánkban már a puszta gondolatától is. Amikor azonban figyelmen kívül hagyjuk ezeket a gondolatokat, és egyszerűen nekilátunk a munkának, azt tapasztaljuk, hogy a dolgok sokkal gördülékenyebben mennek, mint ahogyan azt elképzeltük. Ó, mennyire alábecsüljük Istent, aki mindig eláraszt bennünket kegyelmével, megkönnyítve mindent, amit tennünk kell ahhoz, hogy véghez vigyük az Ő Akaratát függetlenül attól, hogy az elsőre milyen nehéznek tűnik. Mert a pelagianizmus tévedéseivel ellentétben az erényes élethez szükséges kegyelem Istentől jön, nem pedig annak a következménye, hogy mennyire vagyunk szakértői az erényeknek. (Talán ezért van az, hogy az erények szakértői gyakran leginkább híján vannak ezeknek; amit bárki tudhat, akinek van moralista vagy morálteológus ismerőse!) Indulj el tehát! Láss munkához! Kövesd az elhívásodat! Vállald teljes szívvel a küldetésedet, és tekintsd egész életedet Istentől kapott küldetésnek! *Tudod, mi a küldetésed!* (Ha szükséged van néhány javaslatra, csak olvasd el a következő fejezeteket!) Az erényes élethez szükséges kegyelem akkor fog megérkezni, amikor hűségesen teljesíted a te életedre vonatkozóan Isten Akaratát. Egyszóval, ahogy az Úr Jézus mondja: *Indulj!*

Miután ezeket a figyelmeztetéseket megfogalmaztam, és remélem, hogy az első helyen maradnak a szívedben, nézzünk meg egyesével röviden néhány fontos, az Isteni Akaratban való Élethez szükséges erényt! Valóban, az Ajándékhoz tartozó erények éppen azok az erények, amelyek mindig is az életszentséghez tartoztak, így ezt a lépést lényegében már lefedtük a korábban említett harmadik "előkészítő lépéssel". Itt csupán néhány olyan erényre szeretném felhívni a figyelmet, amelyeket az Úr Jézus különösen hangsúlyozott Luisának.

**Tökéletes Szeretet:** Egyszerűen fogalmazva, fel sem merülhet, hogy valaha egyetlen olyan szó vagy cselekedet származzon akaratunkból, amely a maga módján nem a szeretet kifejezése (Isten és a felebarát iránt - ebben a sorrendben). Urunk Jézus azt mondja Luisának:

Leányom, **a Szeretet és Isten Akarata egyenrangúak**, soha nem válnak el egymástól, és egyetlen Életet alkotnak, (...) ha az én Akaratomat teszed, szeretni fogsz, és ha szeretsz, az Én Akaratomat biztonságban tudhatod önmagadban (...) (1935. október 20.)

A leglényegesebb és legszükségesebb dolog a lélekben a [cselekvő] szeretet (...) (1900. október 29.)

Isteni Akaratom a fény, a szeretet, a hő. A fény és a hő elválaszthatatlanok egymástól, és ugyanazt az életet alkotják (...) (1929. május 21.)

Nem lehet eléggé hangsúlyozni a szeretet fontosságát. Ahogy a Szentírás tanítja: "Isten a szeretet" (1Jn 4,8), és ahogy Urunk Jézus az evangéliumban mondta, az egész törvény az Isten- és felebaráti szeretetben foglalható össze (vö. Mt 22,37-40). Emlékeznünk kell arra, hogy a szeretet az akarat cselekedete - nem pedig érzelem. Azt nem tudod irányítani, hogy mit érzel, de azt igen, hogy mit *akarsz*, ahogy az Úr Jézus mondja Luisának:

Nem tudod, hogy csak azzal kellene foglalkoznod, hogy teljesítsd az Akaratomat, és hogy tudd, hogy Benne élsz-e? (...) **A te Jézusod soha nem azt nézi, hogy mit érez az ember**; az érzések sokszor megtéveszthetik [az embert]. Hanem inkább az akaratát nézem, és azt, hogy mit akar valójában - Én ezt tartom szem előtt. (1938. május 15.)

Ó, [a legdicsőségesebb lelkek a Mennyben] nem azok, akik nagy dolgokat, vezekléseket, csodákat műveltek. (...) **Egyedül a szeretet az, ami mindent felülmúl, és mindent maga mögött hagy. Tehát az lesz a kedvesebb az Úrnak, aki nagyon szeret, nem az, aki sokat tesz.** (1906. október 16.)

**Megfeledkezés önmagunkról, Semmiség és Alázat:** Ahogy Szent Fausztina mondja, az alázat "nem más, mint az igazság". De az igazság az, hogy látszólag bármennyire is „naggyá" válunk, Istenhez képest semmik vagyunk. És ha ezt fel tudjuk ismerni, akkor az Isteni Akaratban való Élet Ajándékának elfogadása már sima út lesz. Akkor ugyanis elfelejtjük magunkat (miért is emlékeznénk egy semmire?), és amikor már megfeledkeztünk magunkról, akkor elértük az alázat tökéletességét. A semmiségünk felismerése nem egy kvietista vagy keleti panteista gyakorlat; ez inkább az, amit Lisieux-i Szent Teréz többször is hangsúlyozott. Például ezt írta: "Ez a megvilágosodás a semmiségemről valójában több jót tesz nekem, mint a Hit dolgairól való megvilágosodás. (*Egy lélek története*, 9. fejezet) Elég, ha elismerjük a semmiségünket, és mint a gyermekek a Jóisten karjaiba vetjük magunkat." (VI. levél) Ahelyett, hogy magunkról gondolkodnánk és beszélnénk (amelyek az alázat erényével ellentétes tevékenységek), úgy kellene élnünk az életünket, mint egy tigrisnek, ami a zsákmányát üldözi, és ami annyira a küldetésére koncentrál, hogy akár háború is dúlhatna minden irányban, alig venné észre. A mi küldetésünk a lelkek megmentése, a mi Szentséges Urunk vigasztalása, és az, hogy meggyorsítsuk az Isteni Akarat Királyságának eljövetelét. A meghívásunk a lehető legnagyobb hivatás. Ha azzal töltjük az időnket, hogy magunkról gondolkodunk és magunkról beszélünk, az siralmasabb, mint az, ha egy tengerészgyalogos, akit egy rendkívül fontos küldetésre küldenek, hogy segítsen befejezni egy háborút, megáll egy kis városnézésre abban a városban, ahová küldték. Az alázat erénye természetesen nem jelenti azt, hogy nincs szükség a lelkiismeretvizsgálatra (és különösen a gyónás előtti gondos lelkiismeretvizsgálatra), de azt jelenti, hogy kerülnünk kell, hogy ezen túlmenően túlzásba essünk.

**Odaadó figyelem:** Az Úr Jézus folyamatosan hangsúlyozza ezt az erényt Luisának, mert Isten egy másodpercet sem veszteget el. Ő nálunk sokkal jobban tudja, hogy milyen hihetetlenül értékes ez a rövid idő, amit zarándokként töltünk a földön. Ezért Ő mindig azon munkálkodik, hogy nagy szentekké formáljon bennünket, de ez nem lehet sikeres, ha nem vagyunk hajlandóak odafigyelni az Ő törekvésére, amely a napunk minden egyes pillanatában feltárul. Az élet olyan körülményei, amelyeket nem tudunk befolyásolni, tulajdonképpen isteni kinyilatkoztatások: arról beszélnek nekünk, hogy mit akar Isten velünk, és ha - ahelyett, hogy meghallgatnánk ezeket - elmerülünk a saját elképzeléseinkben arról, hogyan kellene az életünknek (beleértve az életszentségben való növekedésünknek is) alakulnia, akkor az Ajándék egyszerűen elsuhanhat mellettünk. Az odaadó figyelem másik lényeges szempontja a gondosság, az imádságos lelkület és a jó szándék gyakorlása a jócselekedeteink végzése során, ahelyett, hogy hagynánk, hogy ezek a cselekedetek pusztán száraz, megszokott, vonakodó, "kipipálandó" és kizárólag külsődleges tevékenységekké váljanak (vö. 1905. szeptember 6.). Ez nem azt jelenti, hogy mindent lassan kell tennünk, de azt igen, hogy ellen kell állnunk annak a kísértésnek, hogy robotokká váljunk - sokszor még a jócselekedeteinket is nyugtalanul vagy kapkodó szórakozottsággal végezzük, ami Isten szemében megfosztja ezeket értéküktől.

**Megkülönböztetés:** Isten nem olyan, mint egy sportmeccsen a bíró, akinek csak az a dolga, hogy megállapítsa, mikor követnek el hibákat vagy történnek szabálytalanságok; Ő közelebb áll mindannyiunkhoz, mint mi önmagunkhoz, és milyen nagy vétek, ha csak egy egyszerű bírónak tekintjük Őt! Az Úr Jézus azt mondja Luisának:

> Azt hiszik, hogy ha nem teljesítik Akaratomat, az valami jelentéktelen dolog, azonban ez az ember teljes romlását jelenti. (...) Hogy biztos legyek [az emberek hűségében], tudatom velük, hogy kis áldozatokat akarok. (...) De ha vonakodnak, minden felborul bennük, és minden rossz rájuk zúdul. **Ezért az Akaratom nem teljesítése mindig rossz -** többé-kevésbé súlyos, attól függően, hogy az ember milyen ismeretekkel rendelkezik [Akaratomról]. (1927. április 8.)

Ebből következik tehát, hogy mennyire fontos az, hogy megpróbáljuk megkülönböztetni Isten Akaratát minden helyzetben - hogy megismerjük és meg is tegyük azt -, ahelyett, hogy tévesen azt feltételeznénk, hogy amíg nem vétkezünk nyilvánvalóan, hanem objektíve jó lehetőségek közül választunk, addig Istennek nincs Akarata az ügyben. Nos, az Úr Jézus ezen szavai nem szabad, hogy egyfajta bénultságot okozzanak bennünk, ami miatt félnünk kellene döntéseket hozni, hacsak nem ismerjük világosan Isten Akaratát - mert gyakran ez a tisztánlátás nem az Ő Akarata! A lényeg az, hogy mindig őszintén *törekednünk* kell arra - kicsiben és nagyban egyaránt -, hogy az Ő Akaratát teljesítsük mindenben. Nem szabad félnünk attól sem, hogy jeleket kérjünk Istentől, hogy jelezze számunkra az Ő Akaratát azokban az esetekben, amikor erre szükség van (mindaddig, amíg nem válunk babonássá). Emellett nem szabad elfelejtenünk, hogy a sikeres megkülönböztetés csak az ortodox tanítás alapelveiből indulhat ki, ezért ügyelnünk kell arra, hogy soha ne adjunk eltérési lehetőséget a "megkülönböztetésnek", hogy ellentmondjon az egyházi tanításnak; soha nem teheti meg ezt jogosan, és amikor úgy gondoljuk, hogy megkülönböztetésünk által megkerülhetjük az ortodox alapelveket, akkor egyáltalán nem is megkülönböztetünk, hanem inkább magával az ördöggel folytatunk párbeszédet, akárcsak Éva a Kertben.

Az olyan fontos döntéseket, amelyekkel kapcsolatban Isten Akarata még nem világos számunkra, meg kell előznie (amikor csak lehetséges) egy kilencednek, hogy kegyelmet nyerjünk Isten Akaratának megismeréséhez és megtételéhez. (Nem arról van szó, hogy Isten kevésbé szívesen válaszolna rövid és spontán imáinkra; egyszerűen arról van szó, hogy Isten tudja, milyen gyenge az emlékezetünk, és hogy kilenced nélkül valószínűleg elfelejtjük, hogy az Ő áldása valóban válasz volt az imára. Ezért olyan hatásosak a kilencedek szerintem.) Végezetül meg kell jegyeznünk, hogy a megkülönböztetés lényegében a Szentlélek hangjának meghallását (és megszívlelését) jelenti bennünk. Azonban ezt a halk hangot három dolog elnyomhatja, tönkretéve ezzel a megkülönböztetést: a test kívánságai, a világi kötődések és az állandó zaj.

**Állandó imádság és a csend szeretete:** "Mindig örüljetek! Szüntelenül imádkozzatok! Mindenért adjatok hálát minden körülmények között, mert ezt várja Isten mindnyájatoktól Krisztus Jézusban." (1Tessz 5,16-18) A Szentírás, mint látjuk, arra int minket, hogy ne néha, ne gyakran és ne *szinte* mindig imádkozzunk, (...) hanem *szüntelenül* imádkozzunk. Ahelyett azonban, hogy ezt tehernek éreznénk, inkább az örömöt kellene meglátnunk benne. A Világmindenség Mindenható Teremtője mindig beszélgetni szeretne veled! És ha engedünk az Ő szeretetteljes vágyának, akkor az Ajándék a miénk. Ilyen egyszerű ez. Az Úr Jézus azt mondja Luisának, hogy egyszerűen nem tud ellenállni egy olyan léleknek, aki folyamatos erőfeszítéseket tesz a Vele való beszélgetésre. (vö. 1902. július 28.)

**Önmegtagadás:** Az önmegtagadás erényével mindent elengedünk, kivéve magát Istent, és különösen azt engedjük el, ami a legközelebb áll hozzánk és a legkedvesebb számunkra: a saját akaratunkat. Az Úr Jézus nem mulasztotta el, hogy példát mutasson nekünk erről az erényről: **"de ne az én akaratom, teljesedjék, hanem a Tiéd".** (Lk 22,42) Ha Szentséges Urunknak ezen áldott szavai mindig az ajkunkon vannak, és ha megpróbáljuk ezeket minden egyes kimondás alkalmával egyre komolyabban gondolni, akkor jó úton járunk a teljes lemondás - a teljes önátadás - megélése felé, amit az Úr Jézus kíván tőlünk, hogy az Ő Akaratában élhessünk, és az Ajándék a miénk lehessen. És milyen örömteli alkalom ez az önátadás, mert Istennek sokkal jobb terve van a gondolataiban (még az életszentségünk terén is), mint amit mi magunk valaha ki tudnánk gondolni. Ennek ellenére nagyon sokan akarnak "egyértelműbb" utat az életszentség eléréséhez, mint Isten Akarata. Nagyon sokan akarnak valami "kézzelfoghatóbbat". Valóban, sok világos és kézzelfogható *segítség* van az életszentség eléréséhez, de ezek közül egyik sem maga az életszentség. És mi történik, ha ezt az igazságot félredobjuk? Egyenesen az ördög csapdájába esünk:

Amitől [az ördög] a legjobban irtózik az az, hogy a teremtmény megtegye az Én Akaratomat. Nem érdekli, hogy a lélek imádkozik-e, jár-e gyónni, áldozni, vezekel-e vagy csodákat tesz-e; ami a legjobban árt neki az az, amikor a lélek megteszi az Én Akaratomat, mert amikor [a sátán] fellázadt az én Akaratom ellen, akkor jött létre benne a pokol. (1923. szeptember 9.)

Miközben soha nem szabad lenéznünk az életszentséghez vezető sok fontos eszközt, nem szabad elfelejtenünk, hogy az életszentség Isten Akaratában, és *csakis Isten Akaratában* található meg. Isten Akarata már így is tökéletesen egyszerű, ezért nem lehet semmi egyszerűbbre leegyszerűsíteni. És bár elsőre talán fájdalmas hallani, hogy a rendkívül *szent dolgok* egyike sem garantálhatja az *életszentségedet* (hanem csak Isten Akarata képes erre), ennek az igazságnak a hatására nagy békességnek kellene átjárnia a lelkedet, mert Isten Akarata tiszta szeretet, és mindig veled van. Soha nem elérhetetlen; semmi sem választhat el ettől. Lehet, hogy önhibádon kívül megfosztottak az Eucharisztiától, a gyónástól, az irgalmasság cselekedeteinek végzésétől stb. De függetlenül attól, hogy mi történt eddig ezekkel a dolgokkal kapcsolatban, a legnagyobb szentség mégis az ajtódon kopogtat ebben a pillanatban, és mindig is kopogtatni fog - csak annyit kell tenned, hogy 'igen' mondasz rá. *Fiat.* **Adj mindent - *mindent* - Istennek! Őt nem lehet felülmúlni nagylelkűségben. Sőt, olyan tökéletes békével fog elárasztani, amelynek egyetlen morzsáját sem tudja semmilyen korábbi erőfeszítés megadni.** Térjünk tehát most rá a békére, mint alapvető erényre.

    <u>Örökös béke, nyugalom és bizalom:</u> Tökéletesen tükrözve azt, amit korábban Luisának mondott, az Úr Jézus azt mondja Szent Fausztinának: *"Gyermekem. tudnod kell, hogy a szentség legnagyobb akadályai a kedvetlenség és az alaptalan aggodalom. Ezek elveszik tőled az erények gyakorlásának lehetőségét."* (§1488) A bűn tehát nem a legnagyobb akadálya az életszentségnek. Ha az lenne, akkor őrültség lenne bármi mást tenni, mint keresni egy távoli kolostort, (amely teljesen mentes a bűnök összes lehetőségétől) és elvonulni oda. Ez valóban nagyszerű hivatás, de a legtöbbünknek nem ez a valódi hivatása. Luisa a leveleiben leggyakrabban a nyugalomra buzdította az olvasóit. Luisa tudta, hogy életünk állandó kísértése, hogy megfosszuk magunkat a békességtől, úgy téve, mintha ez szükségszerű lenne, miközben ez a megfosztottság valójában mindig Isten jóságának megbántása, Aki soha nem akarja, hogy nyugtalanok legyünk. Isten az Ő kegyelmét akarja kiárasztani az életünkbe; mi akadályozzuk Őt azzal, hogy a nyugtalanságot, az idegességet és az aggodalmat választjuk a békesség és a bizalom helyett. Urunk Jézus azt mondja Luisának:

> A bizalmatlanság meggátolja az erények fejlődését, és a leglángolóbb szeretetet is dermesztő hideggé változtatja. Ó, hányszor akadályozza a bizalom hiánya a terveimet és a legnagyobb életszentségre jutást. **Ezért tűrök el inkább néhány hibát, mint a bizalmatlanságot, mert a hibák sohasem lehetnek olyan károsak.** (1924. szeptember 2.)

> Az egyik legcsodálatosabb öröm, amit a teremtmény adhat Nekem, a Belém vetett bizalom. Lányomnak érzem őt, és azt teszek vele, amit akarok. Azt mondhatom, hogy a bizalom megismerteti valódi

kilétemet, hogy Én vagyok a Mérhetetlen Létező; a végtelen Jóság; a határtalan Irgalom. (1935. május 26.)

Megőrizhetjük békességünket, ha emlékeztetjük magunkat, milyen dicsőséges az Ajándék - hogy mennyi lenyűgöző ígéret kapcsolódik hozzá -, és ha felismerjük, hogy milyen könnyű megkapni. Az Úr Jézus azt mondja Luisának: **„Látod tehát, milyen könnyű a Mi Akaratunkban élni: a teremtménynek nem kell új dolgokat tennie, hanem csak azt, amit tesz – vagyis, hogy úgy élje az életét, ahogyan mi adtuk neki a Mi Akaratunkban."** (1938. május 17.) És bár Luisa tudta, hogy ez az Ajándék a legnagyobb életszentség, ami volt és van, soha nem habozott kihangsúlyozni, hogy ez minden ember számára fel van kínálva; nemcsak a szerzetesek, a papok vagy a megszentelt életűek számára! Leveleiben ezt írta:

Látjátok tehát, milyen könnyű ez? Nem kell ehhez szerzetesnek lenni, hogy ezt megélje valaki. Az Isteni Akaratban való Élet szentsége mindenkinek szól; vagy inkább, hogy az igazat megvalljam, mindazoknak szól, akik akarják. (19. levél, Savorani asszonynak)

Nem kell hozzá más, csak egy szilárd elhatározás, hogy Ő a Szent Akaratban akarunk élni. Az Úr Jézus az, Aki ezt akarja. (...) Ő ki fogja pótolni mindazt, amit mi képtelenek vagyunk megtenni. (74. levél, Valentino asszonynak)

**<u>Bátorság és rettenthetetlenség:</u>** A nyugalom mellett az egyik legtöbbször szereplő buzdítás, amely Luisa összes kinyilatkoztatásában megtalálható, az Úr Jézus általi figyelmeztetés a bátorság erényére. Amikor Istennek ilyen nagyszerű tervei vannak - és nincs nagyobb terv, mint az Isteni Akaratnak ezen küldetése -, akkor a bátortalanság, a félelem és a langyosság mindent tönkretesz. Az Úr Jézus azt mondja Luisának:

Leányom, a félénkség elnyomja a Kegyelmet és akadályozza a lelket. A félénk lélek (...) mindig önmagára szegezi a tekintetét, és arra az erőfeszítésre, amit azért tesz, hogy haladjon. A félénkség arra készteti, hogy a tekintetét lefelé szegezze, és soha nem felfelé. (...) Viszont, **egy bátor lélek egy nap alatt többet tesz, mint egy félénk egy év alatt.** (1908. február 12.)

A lustaság sok testi és erkölcsi rosszat szül. (...) És mégis egyesek azt merészelik mondani, hogy egyeseknek adok kegyelmet, hogy szentté váljanak, másoknak pedig nem; majdhogynem Engem akarnak felelőssé tenni, miközben ők megelégszenek azzal, hogy lustálkodva élik le életüket, mintha a kegyelem fénye nem lenne ott számukra. (1916. október 20.)

A bátorság lehetővé teszi számunkra, hogy lelkesen válaszoljunk Isten meghívásaira, ahelyett, hogy – ahogy az Úr Jézus itt panaszolja - "lustálkodnánk". A bátorság, akárcsak a szeretet, nem egy érzés; semmiképpen sem egy érzet, amelyet csodálatos módon kapunk, mielőtt munkához látnánk. Ez egy kegyelem, amely felbátorítja lépéseinket, amikor azokat Isten Akaratával összhangban tesszük. Ne ülj tehát tétlenül azon tűnődve, hogy miért nincs bátorságod Isten Akaratát megtenni; egyszerűen csak tedd meg Isten Akaratát, és bízz abban, hogy lesz bátorságod kitartani Benne. Az Úr Jézus biztosít arról, hogy így is lesz, amikor ezt mondja:

Csak annál a cselekvésnél jövök közel, hogy megadjam a teremtménynek a szükséges vagy inkább bőséges erőt, amelyben a teremtény nekilát, hogy megtegye, amit akarok - nem előbb. (...) **Hányan érzik magukat egy cselekedet megtétele előtt tehetetlennek, de amint munkához látnak, új erővel, új fénnyel lesznek felvértezve. Én vagyok az, aki erővel ruházza fel őket, mivel soha nem mulasztom el, hogy megadjam a szükséges erőt,** amelyre szükség van ahhoz, hogy valami jót tegyenek. (1938. május 15.)

Ki szerez magának nevet, nemességet, hősiességet? - Egy katona, aki feláldozza magát, aki kiteszi magát a csatában, aki életét adja a király iránti szeretetből, vagy az, aki karba tett kézzel áll? Minden bizonnyal az első. (1907. október 29.)

Bár a bátorság nem a félelem *érzésének* hiányából áll, mégis megköveteli a tudatosan *választott* félelem elkerülését. Térjünk tehát rá a félelem általános kérdésére!

**Semmitől nem félni**: A félelem nem helyes. Ez mindig egy kísértés, és soha nem szabad engednünk neki. Az Úr Jézus azt mondja Luisának: "**Az én akaratom kizár minden félelmet.** (...) Ezért száműzz *minden* félelmet, ha nem akarsz csalódást okozni nekem." (1924. július 29.) Azoknak, akik kísértésbe esnek, és így tiltakoznak: "De hiszen még az Úr Jézus is félt a szenvedéstől, és a Passió fájdalmaitól az Olajfák hegyén, nemde?",- elég nagy meglepetésben lesz részük, ha elolvassák a *Passió óráinak* soron következő részét. "Jó, jó" - mondhatná valaki más - "vigyázni fogok, hogy ne féljek a fájdalomtól, a nehézségektől és ehhez hasonlóktól. De nem kellene-e legalább az ördögtől félni?" *Határozottan* *nem!* Félreértés ne essék: valóban buzgón ellen kell állnunk az ördögnek, meg kell őt vetnünk, és fel kell ismernünk, hogy - amint a Szentírás írja - "az ördög, mint ordító oroszlán körüljár, keresve, kit nyeljen el." (1Pét 5,8)[xviii] Ez azonban nem jelenti azt, hogy félnünk kellene tőle. Hatalmát, bár hatalmas, egy végtelenül nagyobb hatalom korlátozza: maga Isten, Aki a saját keresztáldozatával verte láncra az ördögöt. *Istennek ezen hatalma révén* az ördög nem ellenfele az olyan léleknek, aki nem téved e lánc hatókörén belülre (halálos bűn, okkultizmusban való kontárkodás, eretnekséggel való kacérkodás stb. révén). Az Úr Jézus azt mondja Luisának:

Leányom, a kísértéseket könnyen le lehet győzni, **mert az ördög a leggyávább teremtmény, aki létezik,** és egy ellentétes cselekedet, egy megvetés, egy ima elég ahhoz, hogy elmeneküljön. (...) Amint látja, hogy a lélek elszántan nem akar tudomást venni róla, rémülten menekül. (1908. március 25.)

**De mi a helyzet a halállal? Féljünk a haláltól?** *Egyáltalán ne!* Az Úr Jézus az elképzelhető legvigasztalóbb szavakat mondja Luisának a halál pillanatáról; olyannyira, hogy aki felismeri, hogy ezek a szavak valóban a mi Urunktól származnak, elolvasásuk után elveszítik a haláltól való minden félelmüket. Urunk Jézus azt mondja Luisának:

[A halál pillanatában] a falak leomlanak, és akkor a saját szemével láthatja majd, amit korábban mondtak neki. Meglátja az ő Istenét és Atyját, Aki odaadó szeretettel szerette őt. Egyenként látja azokat a jótéteményeket, amelyeket Isten tett vele, és azt, hogy ő hogyan szegte meg a szeretet minden parancsát, amellyel tartozott Istennek. Láthatja, hogy az élete Istené volt, nem pedig a sajátja. (...) Végtelen Jóságom azt akarja, hogy mindenki üdvözüljön, ezért megengedem e falak leomlását, amikor a teremtmények élet és halál között találják magukat - amikor a lélek kilép a testből, hogy belépjen az örökkévalóságba -, hogy legalább egy bűnbánó és Irántam megnyilvánuló szeretetcselekedetet hajthassanak végre, felismerve az Én imádandó Akaratomat felettük. Azt mondhatom, hogy az igazság egy óráját adom nekik azért, hogy megmentsem őket. Ó! **Bárcsak mindenki ismerné szeretetem igyekezetét, amelyet életük utolsó pillanatában végrehajtok,** hogy ne szökjenek ki atyainál is gyengédebb kezeim közül, mert akkor nem várnának erre a pillanatra, hanem egész életükben szeretnének Engem. (1938. március 22.)

**Mi a helyzet az Úr Jézustól való félelemmel?** *Legfőképpen* Tőle nem szabad félnünk! Ne botránkozzunk meg: soha nem szabad lankadnunk **Szent Félelmünkben** (a gyermeki félelemben, amely a Szentlélek valódi ajándéka, és amelyet tiszteletnek is nevezhetünk), és soha nem szabad hagynunk, hogy hódolatunk elhalványuljon. Nem szabad azonban azt sem elfelejtenünk, hogy a tökéletes szeretet kiűz minden félelmet (vö. 1Jn 4,18), és az Isteni Akaratban való Élet tökéletes szeretetet kíván. Én most a szolgai félelemről beszélek: a büntetéstől való félelemről. Ez az a fajta félelem, amelyet a tökéletes szeretetnek ki kell űznie. Azt mondja Luisának:

> **Szomorú vagyok, amikor azt gondolják, hogy szigorú vagyok**, és hogy többet gyakorlom az Igazságot, mint az Irgalmat. Úgy viselkednek Velem, mintha minden egyes alkalommal lesújtanék rájuk. Ó, mennyire megalázva érzem magam ezek miatt. (...) Ha csak egy pillantást vetnek az életemre, észrevehetik, hogy az igazságnak csak egyetlen cselekedetét hajtottam végre - amikor Atyám házának védelmében fogtam a köteleket, és jobbra-balra suhintottam ezekkel, hogy kiűzzem a szentségtörőket. Tehát, minden más csak Irgalom volt: **Irgalom volt a fogantatásom, a születésem, a szavaim, a cselekedeteim, a lépteim, a Vérem, amit ontottam, a fájdalmaim - minden, ami bennem volt, irgalmas szeretet volt.** Mégis félnek Tőlem, miközben jobban kellene félniük önmaguktól, mint Tőlem. (1922. június 9.)

Hogyan félhetnél Tőle? Ő közelebb van hozzád, mint az édesanyád, közelebb van hozzád, mint a házastársad - egész életed során -, és életed hátralévő részében közelebb lesz hozzád, mint bárki más, egészen addig a pillanatig, amíg a testedet elő nem hívják a föld mélyéről a Végső Ítéletkor. **Semmi sem választhat el téged Isten szeretetétől. Ne féljetek Tőle!** Urunk Jézus azt is mondja Luisának:

> Amint egy baba megfogan, az Én Fogantatásom körbeveszi a baba fogantatását, hogy megformálja és megvédje őt. És amint megszületik, Születésem az újszülött köré helyezi magát, hogy körbejárja őt, és megadja neki a segítséget Születésem, könnyeim és sírásom által; és még Leheletem is körülveszi őt, hogy felmelegítse. **Az újszülött öntudatlansága miatt nem szeret Engem, és Én mégis bolondulásig szeretem őt;** Szeretem ártatlanságát, az Én Képmásomat benne, szeretem azt, aminek lennie kell. Lépteim körbeveszik első, ingadozó lépéseit, hogy megerősítsék azokat, és

életének utolsó lépéséig körülveszik, hogy az ő lépteit Lépteim biztonságában tartsam. (...) És még a Feltámadásom is átjárja sírját, várva a pillanatra, hogy Feltámadásom Hatalma által megvalósítsa testének Feltámadását a Halhatatlan Életre. (1932. március 6.)

**A kereszt szeretete:** Luisa naplójának egyik bejegyzésében egy tisztítótűzben lévő lélek kijelentését olvashatjuk:

**Semmibe nem kerül, hogy megtudd, jól vagy rosszul jársz-e el: ha értékeled a szenvedést, akkor jó úton jársz; ha nem, akkor rossz úton jársz.** Valójában, aki értékeli a szenvedést, az Istent is értékeli; és azáltal, hogy értékeli Őt, soha nem bántja meg Őt. (…) [Az Úr Jézus hozzáteszi]: Leányom, a teremtmények szinte minden eseménynél, ami velük történik, újra és újra azt ismételgetik: 'Miért? Miért? Miért? Miért ez a betegség? Miért ez a belső állapot? Miért ez a csapás?' És még sok más 'miért' hangzik el. A 'miért' magyarázata nem a földön van megírva, hanem a Mennyben, és ott mindenki elolvashatja majd. Tudjátok, mi a 'miért'? Ez egoizmus, amely folyamatos táplálékot ad az önszeretetnek. Tudjátok, hogy hol keletkezett a 'miért'? A pokolban. Ki volt az első, aki kimondta? Egy démon. (...) És tudjátok, hogy a 'miért' hol lesz eltemetve? A pokolban, hogy egy örökkévalóságig nyugtalanná tegye őket, anélkül, hogy valaha is nyugalmat adna. A 'miért' mindig háborút vív a lelkek ellen, anélkül, hogy valaha is pihenőt adna nekik. (1909. január 30.)

A "miért" elutasításával az Úr Jézus természetesen nem a vizsgálatot érdemlő dolgok kutatását ítéli el; inkább azt kéri, ne tegyük fel a vádaskodó "miértet" minden olyan alkalommal, amikor valami nem úgy alakul, ahogyan azt saját akaratunk kívánta. Ehelyett meg kell értenünk, hogy - amint Liguori Szent Alfonz mondta - **"biztos és hitből fakadó, hogy bármi is történjék, az Isten Akarata szerint történik".** Igen, ez **valóban ilyen egyszerű. Ha megtörtént, akkor az Isten Akarata volt; hogy az Ő** elrendelő **akaratából vagy az Ő** megengedő **akaratából következett-e be, az nem számít a mi engedelmességünk szempontjából. Azzal, hogy zsörtölődünk a történtek miatt, Isten Akarata miatt panaszkodunk. Hogyan tudnánk alávetni magunkat Isten Akaratának - még kevésbé** Isten Akaratában élni **-, ha éppen emiatt siránkozunk?** A panaszkodásnak semmilyen formában nincs helye egy keresztény életében, és különösen el kell utasítania ezt annak, aki az Isteni Akaratban akar élni. De tovább kell mennünk annál, minthogy pusztán elutasítjuk a panaszkodást a keresztek miatt;

*szeretnünk* kell ezeket. És hogyan szerethetjük a keresztet? Ha a kereszt definíció szerint az, amit szenvedve fogadunk el, és ha a szenvedés szükséges ahhoz, hogy el tudjuk viselni azt, amit nem akarunk, akkor ez nem alapvető ellentmondás? Nem, ez nem ellentmondás. "A pogányoknak oktalanság" (1Kor 1, 23) valóban, de nem ellentmondás. És ez nem más, mint Krisztus szenvedése, amelyet Ő önként és szeretettel szenvedett el érted, amely képessé tesz a "szeretet balgaságára" saját szívedben. Legyen az Ő Passiója mindig a szemed előtt, és akkor úgy fogod szeretni a keresztet, ahogyan a mi Urunk szerette az övét érted. Különösen ebben az összefüggésben kellene gyakran végeznünk a *Passió Óráit*, amelyről egy következő részben lesz szó.

**Állhatatosság:** Ne feledjük, hogy az Úr Jézus azt kéri, hogy mindenben olyanok legyünk, mint Ő. És az Úr Jézus, mint Isten, soha nem változott. Az egyik legegyértelműbb bizonyítéka annak, hogy az egyén híján van a kegyelemnek - és bizonyosan nem Istenben él -, a szeszélyes, bizonytalan viselkedés, vagy az, hogy az ízlése, szándékai és céljai állandóan változnak. Néha szeleburdi, máskor lehangolt és ingerlékeny. Néha lángol a lelkek üdvösségéért, néha csak hiábavaló, világi hobbikkal törődik. Urunk Jézus azt mondja Luisának:

> **Az a lélek, amely nem teljesen az enyém, üres.** (…) Az ízlések és az undorok folyamatos váltakozásában él; és mivel minden ízlés, amely nem Tőlem származik, nem tartós, így az ízlések sokszor undorrá válnak, és ezért a jellem gyakori váltakozása figyelhető meg: **hol túl szomorú, hol túl vidám, hol zsémbes, hol kedves. A lelkében lévő Engem nélkülöző üresség az, ami miatt ilyen változó a jelleme.** (1923. június 6.)

> Leányom, **aki igazán szeret Engem, az sohasem bosszankodik semmi miatt**, hanem igyekszik mindent szeretetté változtatni. (1905. július 22.)

***

Ezen a ponton kétségtelenül rengeteg erényt mutattam neked, amin dolgozhatsz! De most, hogy a "háttérmunka" adott számodra (természetesen nem mintha az erény kevésbé lenne fontos, mint ami ezután következik, de az erény nagyrészt a *tevékenység* következményeként jön létre, ahogyan e szakasz elején mondtuk), most fordítsuk figyelmünket az *előttünk álló* feladatra: a küldetésünkre.

# Hirdesd a Királyságot!

Most, hogy ismersz az Isteni Akarat legmagasztosabb igazságai közül néhányat, feltétlenül lényeges, hogy ne tartsd meg ezeket magadnak! **Az Úr Jézus azt mondja Luisának, hogy akik a Harmadik Fiatról szóló ismereteket terjesztik, azok éppen azokhoz az evangélistákhoz hasonlítanak, akik az evangéliumokat írták.** (vö. 1928. január 18.) **Bizonyos módon a mi feladatunk még izgalmasabb és kiváltságosabb; amire ők vágytak, mi most annak elnyerésének küszöbén állunk. Hogy mikor érjük el, és hogy kik részesülnek ennek megszerzésében, az a mi válaszunktól függ - vagyis annak a viszonylag kevés embernek a válaszától, akik ezeket a sorokat olvassák.**

Milyen áldozat lehet túl nagy ahhoz, hogy az Ő Országát terjesszük a földön? Milyen hiábavalóságot, amihez most ragaszkodunk, ne érné meg félredobni az Ő Akaratának Uralkodásáért? Milyen kockázatot, amitől most félünk, ne lenne érdemes vállalni, hogy részt vehessünk az Örökkévaló Létező Harmadik Fiatjának előidézésében? Pátriárkák, próféták, mártírok, egyházatyák, egyházdoktorok, és igen, még az angyalok is irigyelnek téged ezért a meghívásért, amelyet Isten szabadon nyújt neked. Fogadd el!

Ha a teremtmények Isteni Akaratomban élnének, sok csodás dolgot tudnának Erről; **és lehetetlen lenne számukra, hogy ne beszéljenek arról, amit ismernek;** ezért nem tennének mást, csak beszélnének erről, szeretnék és életüket adnák azért, hogy el ne veszítsék. (1930. január 16.)

Ezért, leányom, jóságom oly nagy, hogy **igazságosan és bőségesen jutalmazom a jót, amit a teremtmény tesz, különösen az Akaratom ügyét érintő tevékenységében, amely annyira fontos számomra.** Mit meg nem adnék azoknak, akik azzal foglalkoznak, és azért áldozzák fel magukat, hogy Örökkévaló Fiatom igazságait hirdessék? Annyira bőkezűen fogok adni, hogy az Eget és a földet is ámulatba ejti majd. (1928. február 28.)

**Az Úr Jézus olyan sokat fog adni neked, ha azon dolgozol, hogy az Isteni Akaratban élj és Annak ügyét előmozdítsd, hogy ezzel az adakozással megdöbbenti majd az Eget és a földet is.** Máshol azt mondja, hogy ha csak a leghalványabb fogalmunk lenne arról, hogy mit készített számunkra, akkor azok, akik ismerik az Ő Akaratáról szóló

Luisának adott kinyilatkoztatásokat, "életüket adnák azért, hogy ezeket [az igazságokat] világgá kürtöljék". (1928. augusztus 26.) *Most van szüksége a te erőfeszítésedre*, hogy elvégezd a szükséges alapozást, mielőtt az Ő Akaratának Uralma megkezdődhetne:

Bár égek a vágytól, hogy lássam Isteni Akaratom uralkodását, mégsem adhatom oda ezt az Ajándékot, amíg ki nem nyilvánítottam az Igazságokat (...) Tehát, ha Isteni Akaratom nagyszerű Ajándékát ma adnám oda - amely a Napnál is jobban meg fogja változtatni az emberi nemzedékek sorsát -, az olyan lenne, mintha vakoknak adnám oda. Ha pedig a vakoknak adnám oda, akkor haszontalan ajándékot adnék nekik, és Én nem tudok haszontalan dolgokat adni. **Ezért isteni és mámoros türelemmel várom, hogy Igazságaim utat törjenek maguknak. (...) Egy apánál is jobban vágyunk arra, hogy gyermekeinknek odaadhassuk Akaratunk Nagy Ajándékát, de azt akarjuk, hogy tudják mi az, amit kapnak.** (...) (1932. május 15.)

[Ezek az ismeretek] erőteljes szemrehányásként szolgálnak azok számára, akiknek egy ilyen Nagyszerű Jó megismertetésével kellene foglalkozniuk, és akik hanyagságból és önző félelemből nem engedik, hogy ezek az ismeretek bejárják az egész világot, hogy elhozzák az Én Akaratom Királyságának Boldog Korszakáról szóló Örömhírt. (1932. január 24.)

**De kik azok, "akiknek ezekkel kellene foglalkozniuk"?** *Bárki, aki olvasta ezeket a szavakat* - az Úr Jézus Luisához intézett szavait -, amelyeket a világ lakosságának oly csekély százaléka ismer. Vagyis *te!* **Te rendkívül értékes és kulcsfontosságú vagy Isten tervében pusztán amiatt, hogy ezeket megismerhetted.** Azzal, hogy e szavak elolvasása révén "beléd botlott" Isten, szerencsésebb vagy, mint az a koldus, aki belebotlott egy milliomosba, aki hajlandó megválni a vagyonától. Isten ugyanis olyan emberre akadt benned, aki segíthet siettetni az Ő legnagyobb tervét: hogy az Ő Akarata úgy legyen meg a földön, ahogyan a Mennyben. Mit tehetsz tehát? *Csak terjeszd az igazságot*: tömören, jólelkűen és lényegre törően, amennyire csak képes vagy erre. Semmi értelme, hogy eligazítsalak a részletekről, hogyan tedd ezt. Tudod, hogyan veheted ki a részed, hogy ezek a kinyilatkoztatások elterjedjenek a világban: Tedd meg! Semmi kifogás! Csináld! Bármibe is kerül. Akkor pihenj, amikor meghaltál, ne most! Hirdesd a Királyságot! Legyél a Harmadik Fiat új evangélistája! "**És az Úr Jézus így szólt hozzá: Hagyd**

**a holtakra, hadd temessék halottaikat, te meg menj, és hirdesd az Isten országát!" (Lukács 9,60)**

Az Úr Jézus biztosítja Luisát, hogy az egyetlen dolog, amire szükség van ahhoz, hogy ez a Királyság eljöjjön, azok a lelkek, akik hajlandóak ezt hirdetni: "**Csak arra van szükség, hogy legyenek olyanok, akik felajánlják magukat, hogy hirdetői legyenek,** és bátran, semmitől sem félve, áldozatokat vállalva hírét vigyék (...)" (1929. augusztus 25.) Az Úr Jézus a nehéz munkát már évtizedekkel ezelőtt elvégezte Luisával. Nekünk most már csak annyi a dolgunk, hogy leszedjük a gyümölcsöt arról a fáról, amely körül Luisa és Ő oly sokat fáradoztak. Ráadásul az Ország eljövetelének előmozdítása a legnemesebb erőfeszítés, amire vállalkozhatunk: teljesen mentes a különféle hátsó szándékoktól, amelyek oly gyakran belopóznak sok más szent törekvésbe. Az Úr Jézus azt mondja Luisának, hogy az előbbit cselekedve:

> Semmit sem kívánsz magadnak, és körbe-körbe jársz, újra és újra azt kérve, hogy Isteni Akaratom ismert legyen, és uralkodjék. **Ebbe nem kerül bele semmi emberi vonás, sem személyes érdek; ez a legszentebb és legistenibb ima és cselekedet; ez az Ég imája,** nem földi, és ezért a legtisztább, a legszebb, a legyőzhetetlen, amely csak egy érdeket, az Isten Dicsőségét foglalja magában. (1927. augusztus 12.)

Meg kell mutatnunk Istennek, hogy akarjuk az Ő Országát, hogy ennek elnyerése a mi kitartó imáink meghallgatását jelentse. Az Úr Jézus azt mondja Luisának, hogy ebben a tekintetben Ő nem különb egy világi vezetőtől, aki azért akarja tenni, amit tesz, mert a népe ezt akarja (vö. 1928. május 30.). Tudd meg azt is, hogy az Ország eljövetelének sürgetésével a legszentebb és legörömtelibb törekvésbe kezdesz a mennyei szentekkel együtt. Mint a sportban egymással versengő jó barátok, buzgón igyekeztek, hogy lássátok, ki tud többet tenni azért, hogy meggyorsítsa Isten Országának a földi eljövetelét (mert a mennyei lelkek a földi lelkeknél is jobban akarják ennek uralmát, mivel az utóbbiak gyakran ki vannak téve a kételyeknek és a szűklátókörűségnek). (vö. 1928. május 20.) Természetesen nemcsak a szentek lelkes vágya ez, hanem magának az Úr Jézusnak is, Aki ezt mondja Luisának:

> **Ha imádkoztam, sírtam és vágyakoztam, mindent az Én Királyságomért tettem, amit [látni] akarok a teremtmények között,**

mert Emberségem - a legszentebb lévén -, nem tehetett kevesebbet, minthogy a legszentebbet akarja és kívánja, hogy ezzel megszentelje mindenki vágyakozását, és megadja számukra mindazt, ami szent, ami a legnagyobb és ami a tökéletes jót jelenti számukra. (1928. január 29.)

**Az első nélkülözhetetlen szükséglet** az Isteni Akarat Országának elnyeréséhez az, hogy **szüntelen imával kérjék Azt.** (...) **A második szükséglet,** amely még az elsőnél is nélkülözhetetlenebb az Ország elnyeréséhez: **annak tudata, hogy Az megkapható.** (...) Ha az Ősök nem tudták volna, hogy a megígért Megváltó el fog jönni, senki sem gondolt volna rá. (...) Ha tudjuk, hogy egy Jót el lehet nyerni, akkor tudományt, technikát és minden eszközt felhasználunk ennek megszerzéséhez. (...) **A harmadik szükséglet annak tudata, hogy Isten oda akarja adni az Országot.** (1932. március 20.)

Igen, Isten annál is jobban oda akarja adni ezt az Országot, mint amennyire mi ezt meg akarjuk kapni. *El fog jönni.* Száműzz minden kétséget, mert a kétségek megfosztanak attól az energiától, amire szükséged van ahhoz, hogy meggyorsítsd az eljövetelét. De még Luisa is kifejezésre juttatta egyszer a kétségeit az Ország eljövetelével kapcsolatban, melyet a következő párbeszédben olvashatunk az Úr Jézus és Luisa között:

[Luisa:] "De ki tudja, ki fogja látni, hogy mikor jön el az Isteni Akaratnak ez a Királysága? Ó! Milyen nehéznek tűnik." (...)

[Jézus:] "Leányom, ennek ellenére el fog jönni. Te az emberit, a szomorú időket méregeted, amelyek a jelen nemzedékeket érintik, és ezért bonyolultnak tűnik számodra. (...) Ami az emberi természet számára lehetetlen, az Nekünk könnyű. (...) **És ott van a Mennyek Királynője, aki az Ő Hatalmával folyamatosan azért imádkozik, hogy az Isteni Akarat Királysága eljöjjön a földre.** Mikor tagadtunk meg Tőle bármit is? Az Ő imái számunkra olyan viharos szelek, amelyeknek nem tudunk ellenállni. (...) **Hallatlan Kegyelmeket, soha nem látott meglepetéseket, Eget és a Földet megrázó csodákat fog kieszközölni. Teljes szabadságot kap az egész világ fölött, hogy megformálja Számunkra Akaratunk Királyságát a földön.** Ő lesz a Vezető, az Igazi Mintakép; a Mennyei Királynő Királysága is lesz Ez. Ezért imádkozz te is Vele együtt, mert amikor eljön az idő, meghallgatásra talál a kérésed. (1935. július 14.)

Maga a Szűzanya könyörögve kéri isteni Fiát, hogy jöjjön el Országa a földön. **Már megtapasztaltuk a Szűzanya néhány csodáját, amelyek, ahogy az Úr Jézus mondta, "megrázták az Eget és a földet", de biztosak lehetünk benne, hogy hamarosan még sok más is bekövetkezik.** Természetesen vannak olyanok, akik kritizálják a Korszakot és a Szűzanya közbenjárását, és nem fognak felhagyni az ellenkezéssel. De nem tudják megállítani a Korszak eljöttét. Urunk Jézus azt mondja Luisának:

Amikor [az Isteni Akarat] úgy dönt, hogy egy teremtményben akar működni, hogy megvalósítsa legnagyobb terveit az emberi nemzedékek között, akkor nem engedi, hogy bárki is megszabja neki a szabályokat - sem azt, hogy ki legyen az illető, sem az időt, sem a módot, sem a helyet -, hanem teljesen szabadon cselekszik. Nem törődik azokkal a szűk látókörű **elmékkel, amelyek képtelenek az isteni és természetfeletti rendben felemelkedni, vagy fejet hajtani Teremtőjük felfoghatatlan művei előtt;** és miközben saját emberi értelmükkel akarnak érvelni, elveszítik az isteni értelmet, összezavarodnak és hitetlenek maradnak. (1931. május 19.)

## Legyen folytonos a könyörgésed!

A jelenlegi világ több szempontból is meglehetősen nyomorúságos hely, következésképpen kétféle embertípust találunk benne. Vannak azok, akik állandóan ingerültek, bosszúsak, szoronganak, depressziósak, sőt egyenesen dühösek; és vannak azok, akik úgy találnak múló megoldást ezekre a bajokra, hogy önmagukat becsapva a "pozitív gondolkodás" erejével pszichológiai vagy fiziológiai trükkökkel gyógykezelik magukat, legális vagy illegális szereket használva pusztítják önmagukat, vagy határtalan erőfeszítéssel szentelik idejüket és magukat valamilyen hiábavaló célkitűzésnek, amelynek múló jutalmát a megszerzést követően már alig élvezik.

De valójában van egy harmadik csoport is, és meghívlak arra, hogy csatlakozz hozzájuk. Ezek az emberek őszinték a világ szomorú állapotának tekintetében, ahogy ez az egyéni megpróbáltatásaikban és a világpolitika nagy paradigmaváltásaiban, valamint a két véglet között bárhol megmutatkozik. Ők nem tesznek úgy, mintha ezek a bajok nem léteznének, hanem őszintén sajnálják és küzdenek ellenük. Így olyan távol állnak a fent leírt második csoporttól, mint a tüdőgyógyász a dohányárustól. Őszinteségük ellenére azonban soha nem süllyednek le az első csoportba tartozók állapotába, mert minden egyes alkalommal, amikor szembesülnek a világ szomorú állapotával és annak különböző megnyilvánulásaival, pontosan annak megfelelően közelítik meg az ilyen helyzeteket, mint amik azok valójában: felhívások és emlékeztetők arra, hogy harcba szálljanak e világ fejedelmével - az ördöggel - azáltal, hogy könyörögnek Istenhez az Ország eljöveteléért, amelyben minden ilyen szomorú dolog már csak emlék lesz. Amennyire távol vannak a második csoporttól, olyannyira távol vannak az elsőtől is, mint ahogy egy tengerészgyalogos is elég távol áll a nagyképű karosszékben ülő Twitter-aktivistától. Az egyik a győzelem dicsőségében sütkérezik, miközben még a csatát vívja; míg a másik csak üresen fecseg, miközben egyre jobban hatalmába keríti őt a szorongás.

Maradj folyamatosan ebben a harmadik csoportban, és *sikerülni fog* Isten Országát lehívni a földre. Újabb tömeges lövöldözés történt? Vagy csak egy újabb hiszti, amit a kétéves gyermeked okozott? Minden helyzetben - legalább bensőleg - a következőképpen válaszolj: *„Uram, jöjjön el a Te országod!"* Terroristák őrjöngenek, ártatlan civileket mészárolnak le Afrikában? Vagy csak a kellemetlen szomszédok zavarnak megint a zenéjükkel, a veszekedésükkel vagy a felbőgetett motorjaikkal? Úgy tűnik, hogy a nemzetek a harmadik világháborúra készülnek? A házasságodban, a családodban vagy a barátaid között békétlenség uralkodik? Isten teremtett világának több ezer hektárnyi területét pusztítja el egy nukleáris szerencsétlenség? Vagy csak a szemét, a hirdetőtáblák és az ocsmány épületek rútsága tárul a szemed elé? Valami nagy, közelgő próbatételtől - egy nagyobb műtéttől, egy szeretted közelgő halálától - rettegsz az életedben, vagy csak úgy érzed, hogy depressziónak és aggodalmaknak vagy kitéve, amelyek a hétköznapi életed velejárói? **Mindezekre a helyzetekre ugyanúgy válaszolj, és soha ne mulaszd el, hogy könyörgésed folyamatos legyen: "Uram, jöjjön el a Te országod!"**

Kisebb vagy nagyobb személyes megpróbáltatások érnek? Mondd mindig: "Jézusom, bízom benned! Legyen meg a Te akaratod. Felajánlom Neked ezt a szenvedést a Te Királyságod eljöveteléért." Vagy áldottnak érzed magad, és nincs különösebb okod panaszra jelen pillanatban? Akkor csak imádkozd szüntelenül - olyannyira szüntelenül, hogy maga Isten se bírja már tovább hallgatni ezt anélkül, hogy ne teljesítené - a legnagyszerűbb ima legnagyobb kérését, amely emberi ajkakról valaha is elhangzott:

*Legyen meg a Te Akaratod amint a Mennyben, úgy a földön is;*
*legyen meg a Te Akaratod amint a Mennyben, úgy a földön is; legyen*
*meg a Te Akaratod amint a Mennyben, úgy a földön is!*

Természetesen ez a folyamatos könyörgés nem korlátozódhat csak arra az időre, amikor választ vársz az általad tapasztalt rossz dolgokra. Én csupán néhány olyan helyzetet mutatok be, amelyek arra hívják fel a figyelmet, hogy könyörögjünk Isten Országáért. Ugyanilyen buzgósággal kell könyörögnünk, amikor bármi jónak, igaznak vagy szépnek vagyunk a tanúi, mert ilyenkor e nemes dolgok egyetemes uralmáért könyörgünk. Mi érint meg téged a napjaid során? Egy gyönyörű naplemente? Egy kis virág ékessége? A család és a jó barátok szeretete? A madarak csicsergése? Mindezek a dolgok felhívások Istentől, hogy köszönetet mondj Neki, áldd Őt, dicsőítsd Őt és könyörögj Hozzá az Ő Királyságának eljöveteléért, amelyben az Ő jósága, igazsága és szépsége páratlan módon fog uralkodni a földön: egyetemesen és megszakítás nélkül. Ahogy az Úr Jézus kéri Luisát és mindannyiunkat: **"Ezért imádkozz, és könyörgésed legyen folytonos: 'Jöjjön el a Te Fiatod Királysága, és legyen meg a Te Akaratod, amint a Mennyben, úgy a földön is.'"** (1935. május 31.)

Az Országért való folyamatos könyörgésünk másik dimenziója az, hogy mindent a mi *Fiatunkkal* kell megbélyegeznünk. Ami megtörtént, az megtörtént; ami majd megtörténik, az meg fog történni - mindez azért, mert a Mindenható Isten tudatosan erre ösztönzött vagy erre fog ösztönözni, vagy legalábbis megengedi ezt (a dolgot) -, ezért mindenben dicsőíthetjük az Ő Akaratát, és ezáltal hozzájárulhatunk saját örök dicsőségünkhöz és az Ország eljöveteléhez; vagy panaszkodhatunk, és ezzel ugyanezeket hátráltathatjuk. Ilyenformán gondolkodj el: Mi csábít most arra, hogy sajnálkozz? Egy elszalasztott lehetőség több pénz szerzésére, hírnévre, világi emlékekre, vagyontárgyakra, biztonságra, utazásra, kényelemre, élvezetekre vagy bármilyen más hiábavalóságra? Megbocsátott bűnök, amelyek eszedbe jutnak, hogy kísértsenek és a kétségbeesésbe taszítsanak puszta létezésük miatt? Vesd alá magad Isten Akaratának mindezekben, mert az Ajándékkal ezek a látszólagos veszteségek egyáltalán nem jelentenek semmit, és mondd Neki, amikor efféle dolgok jutnak az eszedbe: "Uram, legyen (*Fiat*), dicsőség, szeretet és imádás legyen a Te Szent Akaratodnak! Hálát adok Neked és áldalak Téged minden művedben." Ezáltal minden látszólagos veszteség, amit valaha elszenvedtél vagy el fogsz szenvedni, mérhetetlen örök dicsőséggé alakul át, és egy újabb kéréssé válik a Királyság eljöveteléért. Ahogy az Úr Jézus mondja Luisának: "Minél inkább megfosztják [a lelket] a földi élvezetektől, örömöktől, szórakozásoktól, kirándulásoktól, sétáktól, annál több élvezete és öröme lesz Istenben. (…) Aki elhagyja, ami földi, az a mennyeit kapja, legyenek azok akár a legkisebb dolgok is." (1908. szeptember 7.)

## Műveld a földet!

Az Ország csodálatos, példátlan és elsöprő isteni beavatkozás következtében fog eljönni a földre, válaszul a mi buzgó imáinkra, melyeket pontosan ezért imádkoztunk. Így természeténél fogva téves a felszabadítási teológia, az utópizmus, a világi messianizmus, a liberalizmus, továbbá tévesek a marxizmus egyes formái és a hasonló hamis ideológiák, melyek mindegyike - a maguk módján - azt feltételezik, hogy egy jövőbeli aranykor az *emberi erőfeszítések eredményeként* vagy a már folyamatban lévő események automatikus kibontakozásaként jön el a földre. (Másrészt a millenarizmus viszont egy jól elkülöníthető tévedés, és e könyv függelékében foglalkozunk vele.)

De ezen –izmusok téves természetéből nem következik az, hogy akik méltán várják a *valódi* Korszakot, azok mentesülnének az alól, hogy fizikailag segítsék ennek eljövetelét! Ahogy Pio atya mondta: "dolgozzatok úgy, mintha minden tőletek függene, imádkozzatok úgy, mintha minden Istentől függene". Mindig legyünk tudatában annak, hogy nem a mi erőfeszítéseink *okozzák* a Korszak bekövetkezését, azonban nekünk, akik vágyunk Isten földi Királysága után, mégis nagyon buzgón kell dolgoznunk azon, hogy előmozdítsuk és megvalósítsuk azokat a javakat, amelyek bőségesen virágozni fognak Ennek Uralma alatt, nehogy a fenti irányzatok tévedéseibe essünk (pl.: kvietizmus, providencializmus vagy egyszerű apátia). Hasonlóképpen, egyetlen kertész sem gondolja azt, hogy csak a saját munkálkodása révén növekednek a növények, de ez nem gátolja szorgalmát abban, hogy ezt megtegye. Nekünk is, akik várjuk a Korszakot és imádkozunk érte, ügyelnünk kell arra, hogy ne lankadjunk az evangelizálásban, az Isteni Irgalmasság hirdetésében, az igazságszolgáltatásért és a közjóért való munkálkodásban, az igazságért való küzdelmünkben, a széphez való ragaszkodásunkban és annak előmozdításában, illetve a politikában való részvételben stb. Egyszóval tegyünk meg mindent annak érdekében, hogy amikor Krisztus kegyelemben eljön, hogy a Korszak alatt Királyként uralkodjon, már akkor úgy találja, hogy a lehető legnagyobb mértékben Ő uralkodik a társadalomban a mi jelenlegi munkánk gyümölcsei által. Az Úr Jézus Luisának adott kinyilatkoztatásaiban sem olyan Istent látunk, Akit ne érdekelnének ezek a dolgok. Éppen ellenkezőleg, az Úr Jézus azt mondja Luisának, hogy járjon közben azokért, akik a világban - még a politikában is - a jóért és az igazságért harcolnak. Továbbá, amint azt a 4. fejezetben látni fogjuk, a Korszakot fenyítések *előzik meg*. Ezeket a fenyítéseket leginkább az enyhíti majd, ha az Isteni Irgalmassághoz könyörgünk és az Isteni Akaratot hirdetjük; de enyhítik majd saját erőfeszítéseink is, amelyekkel reformok által próbáljuk elérni azt, amit egyébként szenvedésen keresztül kell majd elérnünk.

Itt röviden megosztok néhányat az én törekvéseimből, hátha bárki szeretne útmutatást vagy ösztönzést kapni a törekvéseim által vagy talán még csatlakozna is hozzám. A munkálkodás során mindenekelőtt az evangelizálás a feladatunk. A Megváltás - és az azt hirdető evangélium - a végső előkészület az Országra. Ennek az evangéliumnak a lényegét, az Isteni Irgalmasságot, ezért most buzgóbban kell hirdetni, mint valaha. Ez a feladat azonban nem lehet pusztán csak egy hitvédő beszéd. Az embereknek tanúságtételeket kell látniuk, amit remélem, hogy meglátnak az Isteni Akarat Irgalmas Misszionáriusaiban (www.DWMoM.org). Összeállítottam egy honlapot is, amelynek a célja kizárólag azok evangelizálása, akik erre az oldalra rábukkannak, bármilyen háttérrel is rendelkezzenek (www.PrepareToSeeHim.org). Ezzel az oldallal megpróbáltam választ adni a következő kérdésre: "Ha a Szűzanya nem egy jelenésben, hanem egy weboldal formájában jelenne meg, hogyan nézne ki az a weboldal?" Továbbá, lángolnunk kell az igazságért, és filozófusként igyekszem ezt népszerűsíteni és megvédeni (www.DOCPhilosophy.com). A politika továbbra is az egyik leghatásosabb módja annak, hogy gyors változást érjünk el a jó érdekében, és annak ellenére, hogy a politikai szereplők gyakran mennyire korruptak, nem szabad "a fürdővízzel együtt a gyermeket is kidobni", hanem ehelyett a közjót kell előmozdítanunk ezáltal is (www.CommonGoodPlatform.com). A politikai kérdések közül nehéz elképzelni sürgősebbet, mint az élethez való jogot a természetes fogantatástól a természetes halálig. Bár én személyesen nem indítottam világi szolgálatot ebben a témában, mindenkit arra bátorítok, hogy fontolja meg a '40 nap az életért' kampányokban vagy bármilyen hasonló megmozdulásokban való részvételt. Végül, nem szabad elhanyagolnunk azon hivatásunkat, hogy fizikai síkon jobbá tegyük ezt

a világot: ezt a célt olyan találmányok kifejlesztésével szolgálom, amelyek segíthetnek azoknak, akiknek fizikailag leginkább szükségük van erre (www.SJMechanicalSolutions.com). **Mivel azonban mindannyiunknak nagyon különböző hivatása van ebben a munkálkodásban, ezért most csak egy általános buzdítást adok ahelyett, hogy még több konkrét példát sorolnék fel. Hallgass Istenre, és Ő majd megmondja miként szeretné, ha teljesítenéd a feladatodat!**
*Ne ásd el a talentumodat!* Az Úr Jézus világossá tette, hogy sem a "de fáradt voltam", sem a "de féltem" nem fog mentségként szolgálni az Ítéletnapon. (vö. Máté 25:14-30)

Egy utolsó megjegyzés a munkálkodásról: amikor erről beszélek, akkor azokra a *külső* cselekedetekre gondolok, amelyekben azért veszünk részt, hogy az evilági rendet jobban összhangba hozzuk Isten Akaratával. Az ilyen törekvések valódi fontossága ellenére (melyeket remélem, hogy ezen rész utolsó bekezdése nem kisebbít), messze felülmúlja ezeket az a rejtett és benső igyekezet, amely a lélek és Isten között valósul meg. Az Ítélet Napján kiderül majd, hogy akik a legtöbbet tették a lelkek megmentéséért és megszenteléséért, valamint az Ország eljöveteléért, nem azok a nagy emberek voltak, akiknek az életrajzát mindannyian ismerjük, hanem azok a rejtett és ismeretlen kisemberek, akik mindig Istennel egységben munkálkodtak: szerzetesek és apácák a kolostorokban, akik imádságos és áldozatos életet éltek anélkül, hogy valaha is megköszönték volna nekik; betegek, akik kórházakban és idősotthonokban szenvedtek, és mindent Krisztusnak ajánlottak fel; egyszerű világi hívők, akik sok órát töltöttek szentségimádással; egyszerű háziasszonyok és munkások, akik minden tettüket szeretettel és az Isteni Akaratban teszik. Műveld meg a talajt, kedves olvasó; de ne válj egyszerű aktivistává, aki elhanyagolja azt, ami belső és rejtett annak kedvéért, ami külső és az emberek által elismert, mert ez olyan lenne, mintha egy katona egy játékkard kedvéért a saját kardját sutba vágná. A legerősebb fegyvereid mindig azok lesznek, amelyek mentesek az önérdektől és a hiábavalóságtól.

## Növekedj a tudásban!

Nem véletlenül adott az Úr Jézus Luisának több ezer oldalnyi, egészen elképesztő kinyilatkoztatást! És nem is csak azért tette, hogy egy nap majd egy szerző 100 oldalban összefoglalja ezeket, és így mindenkit felmentsen a kinyilatkoztatás elolvasása alól. Nem, Ő azért tárta fel ezeket az igazságokat Luisának, mert azt akarja, hogy mindenki megismerje, elolvassa és megértse ezeket! Amit e kis könyv lapjain bemutattam neked, az *nem helyettesíti* Luisa kinyilatkoztatásait - ez egy *meghívás* ezek elolvasására! (A hosszabbik könyvem, *Az életszentség koronája* szintén csak egy meghívás ugyanerre.)

Lehetetlen itt leírni, milyen dicsőséges akár csak egyetlen újabb igazságot is megtudni az Isteni Akaratról! **Az Úr Jézus azt ígéri, hogy minden egyes új igazság, amit a Luisának adott kinyilatkoztatásból az Ő Akaratáról megtudsz, több erőt ad neked, hogy az Isteni Akaratban élj, felékesíti örök otthonodat a Mennyben, örömre készteti az összes szentet, és sietteti az Ország eljövetelét.** Mindezek az ígéretek és még sok hasonló ígéret jár együtt azzal, ha csupán egyetlen új igazságot is megismersz az Isteni Akaratról! Sehol máshol nem találsz ilyen nagylelkű jutalmat néhány másodpercnyi ráfordított időért cserébe. Próbáld a kezed ügyében tartani Luisa írásait, és olvasd ezeket rendszeresen (azt is nagyon ajánlom, hogy legyen egy ezeket tartalmazó hangoskönyved, amit vezetés, fizikai munka stb. közben tudsz hallgatni)! "**Lásd hát, mit jelent egy igazsággal többet vagy egy igazsággal kevesebbet tudni. Ha mindenki tudná, milyen nagy javakról marad le, versenyeznének az igazságok megszerzéséért.**" (az Úr Jézus Luisának, 1922. január 25.) Ezeket az ígéreteket nemcsak a hitre lehet alapozni, mert a kegyelmek *kézzelfoghatóak.* Ha Isten kegyelmében vagy, és Luisa kinyilatkoztatásait azzal az őszinte vággyal olvasod, hogy megismerd a bennük rejlő igazságokat, *érezni* fogod, hogy minden egyes olvasáskor (vagy újraolvasáskor!) új kegyelmek árasztanak el téged. Ne az én szavaimnak higgy, győződj meg róla magad! És ne felejtsd el, hogy ezek az ismeretek fogják előidézni Isten Országának eljövetelét a földön:

> **Az ismeretek lesznek a hírnökök, az előfutárok, amelyek meghirdetik majd a Királyságomat.** (...) **Az ismeretek alkotják majd a világ igazi megújulását, (...)** amikor az Isteni Akaratomról szóló ismeretek által meghódított teremtmények azt fogják mondani: 'Győztél, most már a te Királyságod zsákmányai vagyunk.' (1927. október 30.)

## Imádkozd „A mi Urunk Jézus Krisztus szenvedésének 24 óráját"!

A 36 kötetén túl Luisának két másik műve is kiemelkedik: a *Boldogságos Szűz Mária az Isteni Akarat Királyságában* (amelyet a következő fejezetben fogunk megvizsgálni), valamint a mostani témánk:

*A Passió órái.* Egy rövid mű, amelyben óráról órára misztikus módon követjük az Úr Jézust és Szűz Máriát a Passió minden egyes eseményén keresztül. Azzal kezdődik, hogy az Úr Jézus az Utolsó Vacsora előtt elbúcsúzik Boldogságos Édesanyjától, majd elérkezünk egészen odáig, hogy ugyanez a Szent Édesanya eltávozik attól a sírtól, amibe Fiának Szent Testét eltemették. Emlékezzünk vissza, hogy Szent X. Piusz pápa azt mondta, amikor Szent Hannibál felolvasott neki ezekből az elmélkedésekből, hogy "térdelve" kellene olvasni ezeket, mert "az Úr Jézus Krisztus, beszél" ezekben. E szent pápa megérzését a te megérzéseid is igazolni fogják, amikor belemerülsz ebbe a döbbenetes kinyilatkoztatásba.

A *Passió óráinak* olvasása, imádkozása és az erről való elmélkedés során áldozatlelkekként cselekszünk, misztikus módon egyesülünk az Úr Jézussal megváltó szenvedésében, és tápláljuk a vágyunkat, hogy egész életünket átadjuk neki. Valóban, a *Passió óráiban* sokkal többet teszünk, mint egyszerűen eseményeket idézünk fel; valójában az Ajándék segítségével lelkünket bilokálva belépünk minden egyes pillanatba. Minden egyes testrészünket egyesítjük az Úr Jézuséval, megcsókoljuk Őt, miközben arra törekszünk, hogy vele együtt viseljük a szenvedését, így nyújtva neki vigasztalást, és vállalva a mintegy-társmegváltó szerepét a Szűzanyával, az igazi Társmegváltóval együtt. Az Úr Jézus hatalmas ígéreteket adott Luisának a *Passió óráival* kapcsolatban, amelyek kiterjednek mindazokra, akik vállalják ennek végzését. Megígérte, hogy ezáltal a szentéletű még szentebbé válik, a kísértést elszenvedők győzelmet szereznek, a betegek erőt nyernek, és hogy **minden egyes felolvasott szóért** egy lélek **üdvösséget nyer**. Azt mondta, hogy egy egész város megmenekülhetne a fenyítésektől, ha csak egyetlen lélek is folyamatosan imádkozná ezeket az *Órákat*. **A következő néhány oldalon ezért csak ízelítőt szeretnék adni ezekből az *Órákból* abban a reményben, hogy ösztönzést kapsz arra, hogy beszerezz egy példányt, és elmerülj benne.**

Ami *A Passió óráiból* mindig bennem él, azok az Úr Jézusnak a Getszemáni kertben elhangzott szavai: "Ha lehetséges, múljék el tőlem ez a kehely" (Mt 26,39), amelyek egyáltalán nem a fizikai szenvedésektől való félelemre vonatkoztak. Bármilyen kimondhatatlanul rettenetesek is voltak a fizikai kínok, az Úr Jézus körülbelül annyira félt tőlük, mint amennyire te félnél attól, hogy vizes leszel, amikor kimented a fuldokló gyermekedet a medencéből. Az Ő szavai itt azokra a lelkekre vonatkoztak, akik az Ő szeretete ellenére a pokol kárhozatát választják maguknak. Az Úr Jézus ugyanis tudta, hogy az Atyának olyan hatalma van, hogy még a legelvetemültebb lelket is felülírhatja és a Mennybe kényszerítheti. Ez azonban ellentmondana a legnagyobb ajándéknak, amellyel Isten a lélek szubsztanciáját felruházta: a szabad akaratnak. Ezért az Isteni Akaratnak való engedelmesség végső cselekedeteként és mindannyiunk számára példaként az Úr Jézus a kérését azzal egészítette ki, hogy "mindazonáltal ne az én akaratom, hanem a Te akaratod legyen meg", még úgy is, hogy tudta milyen mérhetetlenül fog szenvedni értük. Ez az Ő szeretetének a mértéke, hogy a gyermekei elvesztése miatti gyötrelmében vér tört elő pórusaiból. A lelkek elkárhozása volt az, ami miatt vért izzadt, és ami miatt a legszörnyűbb szenvedésen ment keresztül ott az Olajfák hegyén. Bármilyen szenvedést is okozhattak Neki a katonák a kínzóeszközeikkel, az meg sem közelítette az előbb említett szenvedést. A külső szenvedés és a fájdalom abszolút semmiség volt a belső szenvedéshez és bánathoz képest, amikor magára vette mindazt a gonoszságot, amit valaha tettek és tenni fognak. Ő valóban arra vágyott, hogy kiontsa vérének minden cseppjét, hogy húsának minden négyzetcentiméterét a szétszaggatásnak tegye ki, és hogy minden elképzelhető fájdalmat átéljen. Égő szeretete nem ismert határokat, és minél többet szenvedett, annál túláradóbb kegyelmet nyert szeretett teremtményei számára.

Emiatt **azt látjuk, hogy az Úr Jézus a Passiója során végig valósággal égett a vágytól, hogy egyre többet és többet szenvedjen. Ez a vágy nem olyan volt, mint valami fájdalomtól megbolondult őrülté, hanem egy olyan kimondhatatlanul szeretettől lángoló emberé, akinek semmi sem állhatott az útjába, még az elképzelhető legnagyobb szenvedések sem, hogy mindent megtegyen gyermekeiért:**

A Megváltás végrehajtásához elég lett volna egyetlen Könnyem, egyetlen Sóhajom, de Szeretetem így nem lett volna elégedett. Mivel képes lett volna még többet adni és tenni, Szeretetem önmagába zárva maradt volna, és nem tudta volna azt mondani: 'Mindent megtettem, mindent elszenvedtem, mindent odaadtam nektek.' (1933. április 16.)

Hogy ez a szeretet a maga bőségében és szándékában teljesen kiáradhasson és kiönthesse magát, emésztő tűzként tört fel Benne, és több szenvedést okozott, mint az egész Passió. Valahányszor a lelke felkiáltott bánatában, az nem a belső vagy külső fájdalom miatt volt, hanem azért, mert látta, hogy egyes lelkek – a múltban, a jelenben és a jövőben - teljesen elutasítják Őt, gyűlölik Őt, és a poklot választják csak azért, hogy visszautasítsák Őt. *A Passió óráiban* azt olvassuk, hogy ezeket a lelkeket látta, amikor lenézett a saját húsának leszaggatott darabjaira a korbácsolás során, és ez a látvány volt az, ami miatt gyötrelmében feljajdult. Azt olvassuk, hogy a kínok csúcsán, a kereszten való elhagyatottsága idején beszélgetésbe bocsátkozott ezekkel a lelkekkel, **könyörögve nekik, hogy ne a poklot válasszák; könyörögve nekik, hogy még többet és többet szenvedhessen, csak engedjék meg Neki, hogy megmentse őket.**

Sehol máshol nem fogsz találkozni az Ő szenvedésének olyan brutális leírásával, mint a Luisa által írt *A Passió órái* című műben, ugyanakkor ennél hitelesebb és pontosabb leírással sem fogsz találkozni. Ezen *Órák* olvasása során Luisával, az angyalokkal és a szentekkel együtt azt fogod kérdezni: *"Lehetséges-e ekkora szeretet?"* Lehetséges, de nem az embernek, hanem Istennek. És az Úr Jézusban ez valósággá vált.

Ha láttad Mel Gibson *A Passió* című filmjét, akkor van némi fogalmad az oszlopnál történt ostorozás kegyetlenségéről. De az Úr Jézus még többet elárul erről Luisának, mint amit ez az erőteljes film bemutat (A következő idézetek ebben a részben mind *A Passió óráiból* származnak.):

Az első ütések hatására a megvert és megsebzett hús még jobban felszakad, és cafatokban hullik a földre. A csontok előtűnnek, a Vér kiömlik - olyannyira, hogy az oszlop körül egy vértócsa alakul ki. (...) Jézus mondja: "Ti mindannyian, akik szerettek Engem, gyertek és ismerjétek meg az igaz szeretet hősiességét! Gyertek, és az Én Véremben csillapítsátok szenvedélyeiteket és sokféle ambíciótok szomjúságát! (...)

[az Úr Jézus az Atyával beszélget ostorozása közben:] Atyám, legyen minden ostorcsapás irántad való engesztelés mindenfajta bűnökért - egyenként. **És ahogyan Engem sújtanak, úgy legyen ez feloldozás azok számára, akik elkövetik ezeket. Ezek a csapások érintsék meg a teremtmények szívét, és beszéljenek nekik az Én szeretetemről, arra késztetve őket, hogy átadják magukat Nekem."** És miközben így könyörögsz, szereteted oly nagy – noha szenvedésed is hatalmas -, hogy szinte arra bátorítod hóhéraidat, hogy tovább verjenek Téged. (…) Szereteted nem fárad el, pedig a hóhérok már kimerültek, és nem tudják folytatni a fájdalmas vérengzést. Most elvágják a köteleket, és Te majdnem holtan belezuhansz a saját Véredbe. A húsod foszlányait látva úgy érzed, meghalsz a bánattól, mert ezekben a levált húsdarabokban az elkárhozott lelkeket látod. Olyan nagy a bánatod, hogy a saját Véredben zihálsz. (...) Jézusom, végtelen Szeretet, minél többet nézlek, annál jobban megértem szenvedéseid mélységét. Már annyira szétszaggatták szent testedet, hogy egyetlen ép hely sem maradt rajtad.

Az ezt követő kegyetlenségek - az elítélések, a töviskoronázás, a katonák folyamatos kínzásai - ellenére az előbb megmutatkozó hihetetlen szeretet egy cseppet sem halványult el, hanem egyre jobban fellángolt. **Még a keresztre szegezve is folytatta a lelkekért való könyörgést, és további szenvedésekért esedezett, amelyek révén elnyerte az üdvösségüket:**

[A kereszten függve az elhagyatottság pillanatában,] annyi szenvedés után, mérhetetlen szomorúsággal látod, hogy nem minden lélek egyesült veled. Ehelyett azt látod, hogy sokan el fognak veszni, és érzed a tőlük való fájdalmas elválást, amint leválnak a végtagjaidról. És Te – mivel az isteni Igazságosságot értük is ki kell engesztelned - érzed mindegyikük halálát, és azokat a fájdalmakat, amelyeket a pokolban el fognak szenvedni. És hangosan kiáltod minden szívnek: "Ne hagyjatok el Engem. Ha további fájdalmakat akartok, Én készen állok - de ne szakítsátok el magatokat Emberségemtől. (...) Minden más semmiség lenne, ha nem kellene elszenvednem az elszakadásotokat! Ó, kérlek, könyörüljetek Véremen, sebeimen, halálomon! Ez a kiáltás folytonosan a szívetekhez fog szólni. Ó, kérlek, ne hagyjatok el Engem!" (...) Az Atyától való elhagyatottságnál is jobban fáj Neked, a Tőled elszakadó lelkek elvesztése, és ezért tör fel a Szívedből ez a fájdalmas könyörgés!

Ha nem lenne a lelkek elvesztése, akkor minden más - az összes hallatlan kínzás, amiről az *Órákban* olvastunk - *semmiség* lenne az Úr Jézus számára. **Ő csak a lelkek után szomjazik. Te, kedves olvasó, olthatod az Úr Jézus szomjúságát. Add Neki a lelkedet! Add Neki az akaratodat! Mesélj a lelkeknek az Ő kifürkészhetetlen irgalmáról! Figyelmeztess mindenkit, hogy bízzanak az Ő irgalmában! Maradj mindig közel Hozzá az Ő szenvedésében! Ajánld fel magad teljesen Neki, és szeresd Őt teljes szívedből!**

Közvetlenül az Ő szent Halála előtt a természet elborzadva attól, hogy Teremtőjével így bánnak, leborul az Úr Jézus előtt. És még vádlói is elhallgatnak, amikor olyasmi történik, amit senki (kivéve a Szűzanya) nem tudott előre megjósolni:

> Elborzadva az ilyen nagy bűntettől, a természet leborul előtted, és csendben egy szavadra vár, hogy tisztelettel adózzon Neked, és megismertesse uralmadat. A Nap sírva vonja vissza fényét, képtelen elviselni a látványodat, mivel túlságosan szomorú. A pokol megrémül és csendben várakozik. Minden csendben van. (...) [A jelenlévő zsidók] és a kegyetlen hóhérok, akik nemrég még sértegettek, kigúnyoltak, csalónak és bűnözőnek neveztek Téged; még a tolvajok is, akik káromoltak Téged - mindenki hallgat, megnémult. Bűnbánat járja át őket, és ha szidalomra nyitják szájukat, az elhal az ajkukon. De (...) látom, hogy a szeretet túlárad; fojtogat Téged, és Te nem tudod magadban tartani. A szeretet által kényszerítve, amely jobban gyötör Téged, mint a fájdalmak, erős és megindító hangon, úgy szólalsz meg, mint az az Isten, Aki vagy; haldokló tekintetedet az égre emeled, és felkiáltasz: "Atyám, bocsáss meg nekik, mert nem tudják, mit cselekszenek!" (...) **Megfeszített Úr Jézus, hogyan lehetséges ilyen nagy szeretet?** Ó, annyi fájdalom és gyalázat után a megbocsátás az első szavad; Te felmentesz minket az Atya előtt sok-sok bűnünkért! Ó, ezt a szót Te minden szívbe kiárasztod a bűn elkövetése után, és Te vagy az első, aki megbocsájtasz. (...) E szó hallatán a pokol megremeg és felismeri, hogy Te Isten vagy; a természet és mindenki megdöbben; felismerik istenségedet, kiolthatatlan szeretetedet, és csendben várják, hogy meddig megy el. És nemcsak a Te hangod, hanem a Véred és a sebeid is könyörögnek minden szívhez, amikor bűnt követnek el: "Gyertek karjaimba, mert megbocsátok nektek, és a Vérem a megbocsátás pecsétje." Ó, én szeretetreméltó Jézusom, ismételd meg újra ezen szavakat minden bűnösnek, aki a világon van. Könyörögj irgalomért mindenki számára; áraszd drága Véred végtelen érdemeit mindenkire!

Halála után az Úr Jézus alászáll a Limbóra; az ott lévő számtalan léleknek, akik évszázadok óta várnak Rá, elviszi a Paradicsomot. Az Ő Szent Teste azonban még mindig a kereszten függ, a Gondviselés még nem fejezte be a megváltás művét:

> Habár a szád néma, a Szíved beszél hozzám, és hallom, amint azt mondja: "Gyermekem, miután mindent odaadtam, azt akartam, hogy a lándzsa menedéket nyisson az én Szívemben minden lélek számára.

Megnyitott Szívem folyamatosan könyörögni fog mindenkihez: Térjetek be, ha meg akartok menekülni! Ebben a Szívben megtaláljátok az életszentséget, és szentté válhattok; megkönnyebbülést találhattok a nyomorúságban, erőt a gyengeségben, békét a kétségek közt, társat az elhagyatottságban. Ó, lelkek, akik szerettek Engem, ha valóban szeretni akartok Engem, gyertek, merüljetek el ebben a Szívben örökre!"

**Maradj mindig az Úr Jézus Szentséges Szívében, amelyet irántad való szeretetből szúrtak át!**

## Hallgass Mennyei Édesanyádra!

Ahogyan a nagy szentek - különösen a közelmúltban - felfedezték, hogy Mária az életszentség kulcsa; úgy ő a kulcs a Fiához, és Ő a kulcs Szentséges Fiának legnagyobb Ajándékához is, amely az Ő Isteni Akarata. Luisa köteteinek utolsó bejegyzése 1938. december 28-án íródott. Bár Luisa nem tudta, hogy ez lesz az utolsó, az Úr Jézus tudta, és úgy döntött, hogy Édesanyjának szenteli a következőképpen szólva:

'Édesanyám, azt akarom, hogy Te légy mindenki Anyja, és amit értem tettél, azt tedd meg minden teremtményért'. (...) Az egész Menny imádkozik és izgatottan várja, hogy az Isteni Akarat ismertté váljon és uralkodjon. Akkor a Nagy Királynő azt fogja tenni Akaratom gyermekeivel, amit Jézusáért tett, és az Ő Anyasága fog érvényesülni gyermekeiben. Átadom saját helyemet az Ő Anyai Szívében azoknak, akik az Én Akaratomban élnek. Ő fogja felnevelni őket Nekem, Ő fogja vezetni lépteiket, Ő fogja elrejteni őket az Ő Anyaságában és Szentségében. Az Ő anyai Szeretetét és Szentségét fogják látni lenyomatként minden cselekedetükben; ők lesznek az Ő igazi gyermekei, akik mindenben hasonlítani fognak Hozzám. Ó, **mennyire szeretném, ha mindenki tudná, hogy aki az én Akaratomban akar élni, annak van egy hatalmas Királynője és Anyja, aki pótolja mindazt, ami hiányzik belőle**. Ő fogja felnevelni őket az Ő anyai ölében (...)

Elhangzottak-e valaha szebb, vigasztalóbb, lelkesítőbb és erőteljesebb szavak a Szűzanya anyaságáról? Itt a legvilágosabban látjuk, hogy Szűz Mária minden kegyelem Közvetítője, és hogy az ő kezéből mindent megkaphatunk és meg is kapunk. Talán a legtömörebben összefoglalva azt a sok tanítást, amelyet Luisának adott az Ő édesanyjáról, Urunk Jézus ezt mondja: "(...) [Édesanyám, **Mária**] megkapta azt az egyedülálló küldetést, hogy Ő legyen Isten Fiának az Édesanyja, és megkapta az emberiség Társmegváltójának tisztségét is. (…) **Minden más - mennyei és földi - teremtmény együttesen sem lesz képes soha felérni Hozzá."** (1925. május 1.) Ez a kijelentés természetesen *minden* múltbeli, jelenbeli és jövőbeli teremtményre egyaránt vonatkozik - beleértve még azokat is, akiknek megadatik, hogy megkapják az Isteni Akaratban való Élet Ajándékát -, hogy soha nem érhetnek fel a Szűzanyához. Valóban, még az Ajándékkal együtt is csak Mennyei Anyakirálynőnk kis gyermekei maradunk. Luisa 36 kötetében újra és újra azt látjuk, hogy az Úr Jézus dicsőíti édesanyját, és kitart amellett, hogy ő az út az Ő Akaratának Ajándékához, és bátorít a szeretetre és az odaadásra édesanyja iránt.

> **Ezért a Mennyek Királynője a pokol rémülete volt és az is marad.** Most a pokoli kígyó a feje fölött érzi az Édenben közvetlenül hozzá intézett szavamat - visszavonhatatlan ítéletemet, miszerint egy asszony szétzúzza majd a fejét. Ezért tudja, hogy feje szétzúzása által a földi királysága legyőzetik, elveszíti tekintélyét, és mindazt a rosszat, amit az Édenben egy asszony által okozott, egy másik asszony fogja jóvá tenni. (…) A mennyei Asszony az igazi Királynője az Én Akaratom Királyságának. (1931. május 19.)

> **Azt szeretné, hogy gyermekei a földön abban a Királyságban éljenek, amelyben Ő élt.** Nem elégszik meg azzal, hogy gyermekei a Mennyben az Isteni Akarat Királyságában élnek, hanem azt szeretné, hogy a földön is abban éljenek. **Úgy érzi, hogy nem teljesítette be teljesen azt a feladatot, amelyet Isten szánt Neki, mint Anyának és Királynőnek. Amíg az Isteni Akarat nem uralkodik a földön a teremtmények között, addig az Ő Küldetése nincs befejezve.** (1936. május 20.)

Valóban, a Szűzanya küldetése még nem ért véget. Éppen ezért bátran mondhatjuk az apostolokkal együtt (ahogyan azt 2000 évvel ezelőtt mondták), hogy a Teremtés Királynője köztünk van, aki gondoskodik arról, hogy Fia Akarata teljesüljön. Az Úr Jézus ugyanezt a szálat folytatva megmagyarázza - természetesen sok más ok mellett -, miért van az, hogy a Szűzanya azt kívánja, hogy ez az Ajándék uralkodjon a földön:

> Leányom, a Mennyek Királynője az Ő dicsőségében és nagyságában olyan, mintha elszigetelt lenne. (…) Ő az elszigetelt Királynő; nincsenek más királynők, akik körülvennék Őt és felérnének ahhoz a

dicsőséghez és nagysághoz, amivel Ő rendelkezik. (…) A Mennyei Anya akarja, vágyik rá és várja az Isteni Akarat Királyságát a földön. (1928. január 18.)

**A Menny Szuverén Királynője azt kívánja, hogy hozzá hasonló királyi személyek vegyék körül.** Ez az egyszerű mondat az egész Isteni Akarat üzenetének lényegi megértését közvetíti. Ebből látjuk ugyanis, hogy senki sem haladhatja meg, sőt senki sem lehet abban a pozícióban, mint Szűz Mária - ez mindig csak az övé lesz. Ugyanakkor senki sem akarja, hogy csak alsóbbrendűek vegyék körül; egyenrangúakat akar maga körül tudni. Itt csak néhány apró részletét osztom meg annak a megdöbbentő kinyilatkoztatásnak, amelyet Urunk Jézus adott Luisának az Ő édesanyjáról, mivel mindenkinek saját magának kell elolvasnia ezeket Luisa köteteiben az előző részben tárgyalt *Órákkal* együtt.

*A Boldogságos Szűz Mária az Isteni Akarat Királyságában:* Ebben a könyvben (lásd a függeléket ennek beszerzésével kapcsolatban) Boldogságos Anyánk arról tanít minket, hogyan tudunk folyamatosan az Isteni Akaratban élni. Ez az Ajándék mögött meghúzódó valódi szándék; nem az, hogy mulandó dolog legyen, hanem az, hogy egész életünk minden pillanatát meghatározza. Míg a *Passió órái* egy 24 órás időszakot fednek le, addig ezek a tanítások május hónap minden egyes napjára vonatkozó elmélkedésekből állnak. Minden egyes nap három tanítást foglal magában: egyet reggelre, egyet délre, egyet pedig estére. Mária azzal kezdi a könyvet, hogy megígéri Luisának, hogy mindent megtesz azért, hogy gyermekeit az Isteni Akaratban megformálja: még akkor is, ha el kell mennie minden családhoz, nemzethez, vallási közösséghez stb. Hogy legyen egy kis fogalmunk arról, milyen hatalmas kiváltság ezeket a tanításokat hallgatni, a Szűzanya azt mondja:

Nézz rám, drága gyermekem: angyalok ezrei vesznek körül, és tisztelettel várnak, hogy hallhassanak engem az Isteni Akaratról beszélni, amelynek forrását én mindenkinél jobban birtoklom; ismerem csodálatra méltó titkait, végtelen örömeit, leírhatatlan boldogságát és felbecsülhetetlen értékét.

**Tanulj a Szűzanyától; kövesd a Szűzanyát; szeresd a Szűzanyát; ajánld fel magad mindig a Szűzanyának, és biztosan az Isteni Akaratban fogsz élni.**

# Minden cselekedetedet az Isteni Akaratban végezd!

A Szentírás arra utasít bennünket, hogy "öltsük magunkra az Úr *Jézus Krisztust*" (Róm 13,14), és az Ajándékkal ezt a lehető legteljesebb értelemben megvalósíthatjuk. Amennyire fontos, hogy kérjük az Ajándékot, éppen annyira fontos az is, hogy az Úr Jézust arra kérjük, hogy bármit is teszünk az adott pillanatban, tegye Ő is velünk, általunk és *bennünk*. Ez Isten terve az Ajándékkal; nem az, hogy passzívan élvezzük, hanem az, hogy Azt minden cselekedetünket éltető alapelvként alkalmazzuk. Így cselekedeteink, amelyek eddig pusztán emberiek voltak, most istenivé válnak.

**Az Ajándékkal az Úr Jézus arra hív minket, hogy** *elsődleges* **törekvésünk** *mindig* **az legyen, hogy Őbenne működjünk.** Urunk Jézus azt mondja Luisának, hogy a földön töltött harminc évnyi rejtett élete alatt mindannyiunk életét újraalkotta. Ezek a "rendbe hozott" életek Istenben maradnak felfüggesztve, és várják, hogy belépjünk az Isteni Akaratba, és sajátunknak mondhassuk ezen cselekedeteket azáltal, hogy mindent az Ő Akaratában végzünk. Hányszor állunk meg, hogy elgondolkodjunk azon, hogy az evangélium, amely oly szépen beszél Urunkról, valójában csak harminchárom évnyi földi életének utolsó három évét részletezi? Nem elég gyakran! Pedig könnyen lehetett volna, hogy egyszerűen csodás módon felnőttként jött volna el a földre, és nagyon gyorsan elvégezte volna mindazt, amire szükség volt. Ehelyett évtizedeket töltött azokkal a dolgokkal, amelyeket mindannyiunknak el kell végeznünk. És ez nem volt hiábavaló. Urunk Jézus feltárja Luisának:

Amikor gyalogoltam, megvolt a képességem arra, hogy egyik városból a másikba eljussak anélkül, hogy lépteimet használnám, de gyalogolni akartam azért, hogy minden lépésembe Szeretetemet helyezhessem, hogy minden lépésben a szeretet működjön. (...) Szent Józseffel együtt dolgoztam, hogy előteremtsük az élethez szükséges dolgokat, [de] a Szeretet volt az, ami ezt fűtötte. Ezek a cselekedetek, amelyeket véghez vittem, hódítások és győzelmek voltak, mert egyetlen Fiat elég volt Nekem ahhoz, hogy minden a rendelkezésemre álljon. A Mennyország elámult, amikor a Kezeimet használtam egy kis bevételért; az Angyalok elragadtatással és némán figyelték, ahogy lealacsonyítom magam az élet legszerényebb cselekedeteihez. De Szeretetem megnyilvánult, betöltötte Tetteimet, túlcsordult azokban, és mindig Én voltam az isteni Hódító és Győztes. (...) Valójában az élet legszerényebb és legalapvetőbb dolgainak is teret adtam, amelyek nem voltak szükségesek Számomra, de megtettem azért, hogy minél különfélébb utakat formáljak, amelyeken keresztül Szeretetemet megnyilvánulhat, (...) hogy ezekből Ajándékot készíthessek azok számára, akiket annyira szerettem. (1933. április 16.)

Iannuzzi atya ezt a megdöbbentő valóságot fejti ki bővebben a doktori disszertációjában. Így ír:

Az Úr Jézus Ádámhoz hasonló emberséget vett fel, magába zárva egy királyságot minden teremtmény számára. Ez a királyság mindazokból az isteni cselekedetekből állt, amelyeket minden embernek el kellett volna végeznie, ha Ádám nem vétkezett volna. Ezek az isteni cselekedetek az Úr Jézus emberségében lettek megformálva, akinek emberi akarata birtokba vette az Isteni Akaratot és fordítva. (...) Ugyanis **az Úr Jézus isteni cselekedetei arra irányultak, hogy az emberi természetet istenivé tegyék, és képessé tegyék a lelkeket ugyanezen isteni cselekedetek végrehajtására, amelyeket Ő véghez vitt.** Valóban, az ember teremtésétől kezdve az isteni cselekedetek, amelyeket Isten minden lélek számára előkészített, és amelyek megvalósításra várnak, már jelen voltak az Isten Fia számára, és számuk meg volt határozva. (3.1, 3.1.1.1)

Az Úr Jézus azt mondja Luisának, hogy amikor az Isteni Akaratban végezzük hétköznapi cselekedeteinket, akkor olyan napokat alkotunk, amelyek bár önmagukban kicsik, mégis képesek az egész teremtést beragyogni a fényükkel és melegükkel; ahogyan a Nap is, amely bár kicsinek tűnik az égbolthoz képest, fényt és meleget ad az egész Földnek. Ezeket a napokat a bennünk működő Jézus formálja, Aki valóban velünk együtt cselekszik, bármit is teszünk. Ezért ahányszor csak eszedbe jut a nap folyamán, bármit is csinálsz épp, egyszerűen kérd meg az Úr Jézust, hogy cselekedjen benned, veled és általad úgy, hogy megvalósítsa benned azt, amit Ő a názáreti rejtett életének harminc éve alatt véghez vitt. Talán most egyszerűen csak válassz ki egy konkrét tevékenységet, amit gyakran végzel: legyen az pelenkázás, mosogatás, építkezés, vezetés, vagy bármi más és határozd el magadban, hogy mostantól kezdve az *Isteni Akaratban* teszed ezt. Ezt úgy lehet megtenni, hogy az említett tevékenység előtt kimondod vagy elgondolod: "*Az Úr Jézus a(z)* \_\_\_\_ *kívánja elvégezni, ezért együtt fogjuk csinálni a* \_\_\_\_", majd határozottan, összeszedetten és Isten jelenlétének tudatában, az imától átszellemülten végzed cselekedeted. Minél több cselekedetet hajtasz végre az Isteni Akaratban, annál mélyebbre hatolsz Abban, és annál jobban helyreállítod a teremtést.

Még mindig furcsán hangzik ez? Nézzünk egy hasonlatot! Amikor egy ember széket készít, és a csavarokat meghúzza, akkor őszintén mondhatná: "a kezeim csinálták ezt", de helyesebb lenne, ha azt mondaná: "*én* csináltam" Amikor ugyanis több erő működik együtt egyetlen cselekedetben, a magasabb rendű joggal kap nagyobb elismerést. Míg az ember lelke arra hivatott, hogy megelevenítse a testet és parancsoljon a cselekedeteinek, addig Isten Akarata ennél sokkal többre képes: képes egy másik, Tőle különböző szabad akarat cselekedeteinek megelevenítőjévé válni, és képes ezt megtenni anélkül, hogy felülírná vagy megsemmisítené e másik szabad akarat működését. Bár ez nagy misztérium, mégis valósággá válik az Ajándék által. Így ahogy a lélek tényleg azt teszi, amit az általa megelevenített test tesz, úgy az Isteni Akarat is azt teszi, amit a benne élő lélek tesz.

Azáltal, hogy cselekedeteinket az Isteni Akaratban végezzük, részt vehetünk egy másik pompás meghívásban, amelyet Luisa kinyilatkoztatásain keresztül kaptunk: *A Körökben.*

## Végezd a Köröket!

A *Szent vagy, szent vagy* elénеklése előtt, amely az egyik legmagasztosabb ima, az Egyház liturgiája (a IV. Eucharisztikus imában) arról tájékoztat bennünket, hogy: „Velük együtt mi is, **és szavunk által minden teremtmény a világon, ujjongva áldja szent neved és zengi".** Ez nem pusztán azt üzeni, hogy mondjunk "köszönetet" értük, hanem azt kéri, hogy mi magunk valóban adjunk nekik hangot a saját imáinkkal. Urunk Jézus Luisának adott kinyilatkoztatásai teszik lehetővé számunkra, hogy ezt a kötelességet tökéletesen teljesítsük. Ugyanis nem csupán arra szólítanak fel, hogy imádkozzunk ezért vagy azért a szándékért, és nem csupán ezt vagy azt az új áhítatot tárák elénk; ennél sokkal tovább mennek, és arra hívnak meg bennünket, hogy visszavegyük jogos helyünket, mint a teremtés papjai és királyai, és így minden teremtett dolgot Isten imádásának kifejezett aktusává alakítsunk át. Mielőtt mélyebben belemerülnénk Luisa kinyilatkoztatásainak ezen területébe, **szánjunk most egy pillanatot annak felfedezésére, ahogyan azt az Ajándékkal kapcsolatban is tettük, hogy a Körök hogyan alkotják a Szenthagyományban található organikus fejlődés tökéletesen illeszkedő koronáját.**

Felfedezésünket kezdjük Dániel Nabukodonozor által tűzbe vetett társainak ószövetségi énekével, amelyben többször végig mennek a teremtett világ különféle dolgain, és mindegyiket felszólítják, hogy

"Áldjátok az Urat az Úrnak művei mindnyájan, dicsérjétek és mindenekfölött magasztaljátok őt mindörökké!" (Dániel 3.) Ez a dicshimnusz ma is szerepel az Egyház nyilvános imájában (az Imaórák Liturgiájában), amelynek elimádkozása minden pap és szerzetes számára kötelező. Bár gyakran hallani, hogy az emberek panaszkodnak a szakasz "ismétlései" miatt, de ezek a személyek teljesen félreértik a lényeget. Isten azzal a céllal ihlette ezeket a verseket, és azért vezeti az Egyetemes Egyházat, hogy állandóan imádkozzuk ezeket, mert nemcsak arról van szó, hogy intellektuálisan felismerjük azt a tényt, hogy a Teremtés Isten dicsőségének tükörképe, hanem arról is, hogy akaratunkkal végigjárjuk a teremtett világ dolgait, és *működtetjük* ezt a valóságot! Más szóval, ez valódi *munka*, amit *el kell végezni* (noha ez a munka tiszta öröm), nem pedig pusztán *memorizálandó adat*. Hasonlóképpen, ha valaki a hegytetőn lakik, ahonnan lélegzetelállító a kilátás, vajon mindig lehúzva tartja-e a redőnyét azzal a feltevéssel, hogy "már tudja, hogy a kilátás gyönyörű, és nem szükséges állandóan gyönyörködnie benne"? Biztosan nem! Majdnem azt mondhatnánk, hogy az ilyen lakónak kötelessége folyamatosan áldani Istent azért a szépségért, amelyet minden nap megcsodálhat. Amit azonban a világi korlátok a legtöbbünk számára nem tesznek lehetővé, azt lélekben mégis mindig megtehetjük Isten kegyelméből: az Ő Akaratában élve és a Köröket végezve. Mert az Ő Akaratában valóban egy hegytetőn élünk; egy sokkal fenségesebb és szebb kilátással rendelkező hegyen, ahonnan a múltra, a jelenre és a jövőre, a Teremtés, a Megváltás és a Megszentelés minden részletére jobban rá lehet látni, így sokkal fontosabb feladatunk van, mint egy hegyi villával megáldott milliárdosnak. Azonban a Dániel könyvében szereplő ének nem egyedülálló. A következő mérvadó idézetek ugyanerről a dinamikáról szólnak, és könyveket lehetne megtölteni hasonló tanításokkal:

"A lélek az egész teremtést Istene és Ura lábaihoz vezeti, hogy hódolatban részesüljön minden teremtménytől." - Boldog Marmion

"**Az ember a természet papja.**" - John Scotus Eriugena

"Az ember a testi valósága révén egyesíti magában az anyagi világ elemeit; ezek 'rajta keresztül érik el csúcspontjukat, és rajta keresztül emelik fel hangjukat a Teremtő szabad dicséretére.'" - *Az Egyház társadalmi tanításának kompendiuma* 128. §

"**Istennek úgy tetszett, hogy az ember legyen a teremtés királya.**" - **Szent II. János Pál pápa** (1983. október 29.)

Ferenc pápa ugyanezen a szálon folytatja a *Laudato Si'* („Áldott légy")
című enciklikájában a tanítását, amelyből itt egy jelentős részletet közlök,
tekintettel arra, hogy milyen mély átfedés van a Luisa
kinyilatkoztatásaiban található Körökkel:

> Isten misztikus megtapasztalására ad lehetőséget egy falevél, egy út,
> a harmat és egy szegény ember arca is. (…) Nem azért, mintha a világ
> korlátozott dolgai valóban isteniek lennének, hanem mert a misztikus
> megtapasztalja azt a szoros kapcsolatot, amely Istent minden
> létezőhöz fűzi. (…) Ha megcsodálja egy hegy nagyságát, nem tudja
> elkülöníteni Istentől, és úgy érzi, hogy ezt a belső csodálatot, melyet
> megél, az Úrra kell vonatkoztatnia. (…) A kultuszon keresztül
> meghívást kapunk arra, hogy egy másik szinten öleljük át a világot.
> (…) Az anyagi világ minden teremtménye a megtestesült Igében
> találja meg igazi értelmét, mert Isten Fia felvette személyébe az anyagi
> világ egy darabját, és ezáltal elültette az anyagi világba a végleges
> átalakulás csíráját. (…) A világot a három Személy, mint egyetlen
> isteni elv teremtette, de mindegyikük személyes sajátossága szerint
> végzi ezt a közös munkát. Ezért, „amikor csodálattal szemléljük a
> világegyetem nagyságát és szépségét, az egész Szentháromságot kell
> dicsérnünk". (…) **Az egész valóság magán hordja a Szentháromság
> jelét. Szent Bonaventura még azt is állította, hogy az ember – a
> bűnbeesés előtt – fel tudta ismerni, hogy az egyes teremtmények
> miként „tanúskodnak arról, hogy Isten háromságos".** A
> Szentháromság tükröződését akkor lehetett felismerni a
> természetben, „amikor sem ez a könyv nem volt homályos az ember
> számára, sem az ember szeme nem volt elhomályosult". (…)
> „Önkéntelenül is megláthatnánk, ha az ember tekintete nem lenne
> korlátozott, elhomályosult és gyenge." (…) [Ferenc pápa az enciklikát
> a következő imával zárja:] Urunk, ragadj meg minket hatalmaddal és
> világosságoddal, hogy védjünk minden életet, **hogy egy jobb jövőt
> készítsünk elő, hogy eljöjjön a te országod,** az igazságosság, a béke,
> a szeretet és a szépség országa! Áldott légy! Ámen. (233-246)

**Ferenc pápa itt lényegében a saját tanítóhivatalán keresztül mutatja
meg, hogyan kell a Köröket végezni, és világosan elmondja nekünk,
hogy Isten Országa ezek eredményeként fog eljönni a földre!** Néhány
évvel később folytatta tanítását ebben a témában, amely során azt írta,
hogy "[a teremtésben, mint könyvben] minden teremtmény számunkra
'Isten egy szavává' válik". (2019. szeptember 1.) **Szent Fausztina nővér**

is mélyen tudatában volt e feladat a fontosságának, hogy az egész teremtés nevében dicsőítse Istent, és ezt írta a naplójában: "Legirgalmasabb Teremtőm! Dicsőítem nevedet minden teremtmény, élők és élettelenek nevében. Felszólítom az egész világot, dicsérje irgalmadat! Ó, milyen nagy a Te jóságod, Uram! (1749. §) Ebben a bejegyzésben Fausztina nővér végigmegy mindenféle teremtett dolgon, és dicsőíti Istent a nevükben. Ezek a Körök! És ezek megtalálhatók e szent nővér jóváhagyott naplójában. Most, hogy látjuk, mennyire sürgősen szükség van ezekre a Körökre, és ezek mennyire ortodoxak, térjünk vissza Luisa kinyilatkoztatásaihoz. Iannuzzi atya így tanít:

Ahogy az ember "körbejár" a teremtésen misztikusan behatolva, átalakítva és megnemesítve minden teremtményt Istenben, úgy ébred benne mély tisztelet és ámulat az őt körülvevő világ iránt. Mondhatni új szemeket kap, amelyekkel úgy tekint minden teremtett dologra, mint Isten istenségének és szépségének szent kiterjesztésére. Mivel az ember a föld jobbá tételére irányuló igyekezetében csak elvesz belőle anélkül, hogy visszapótolná, és már a kipusztulásig eltorzította, ezért Isten újra felébreszti benne a szeretet első impulzusát a föld iránt, amelyből származik. Az ember a földhöz, annak teremtményeihez és a kozmoszhoz való viszonyán keresztül lett Isten számára teremtve. (...) És így, ahogy a lélek az őt körülvevő világon keresztül halad előre az Isten iránti szeretetben, meglátja Istent nemcsak a teremtett dolgokban, hanem az élet minden eseményében és körülményében. (*The Splendor of Creation*. [*A Teremtés pompája*] 4. fejezet)

Röviden: **Az Úr Jézus azt szeretné, hogy az Ő Akaratában élő lelkünkben megtalálja mindazt, amit Ő - a Teremtésben, a Megváltásban és a Megszentelésben - tett**. Hogyan is lehetne ez másképp? Az Isteni Akaratban való Élet lényege az, hogy az Ajándék révén kegyelemből megkapjuk azt, amivel Isten természeténél fogva rendelkezik. De mivel minden Istenben van, ezért mindennek meg kell lennie bennünk is.

Leányom, amint **az egész Teremtés egy fátyol, amely elrejti Akaratomat**, ugyanígy Emberségem és minden művem, könnyem és fájdalmam is fátyol, amely elrejti Legfőbb Fiatomat. Tetteimben győztesen uralkodott, és lefektette az alapokat, hogy uralkodni tudjon a teremtmények cselekedeteiben is. De tudod-e, hogy ki tudja e lepleket lerántani, hogy [Akaratom] a saját szívében is uralkodjon? Az, aki felismeri Ezt minden egyes cselekedetemben, és meghívja, hogy előjöjjön. [A lélek] **széttépi cselekedeteim fátylát, belép ezekbe, felismeri a nemes Királynőt és Hozzá könyörög. Sürgeti Őt, hogy ne maradjon továbbra is rejtve; és szívét Számára megnyitva behívja Őt.** (1926. december 8.)

Más szóval, az evangélium nem pusztán egy történelemlecke. Az evangélium élő cselekedetek bemutatása, amely, mint egy házassági ajánlat a mi saját *Fiatunkra* vár. Ne ijedj meg, ha a Körök végzése olyan feladatnak tűnik, amely nem passzol az adottságaidhoz, még akkor sem, ha spirituálisan csekélynek érzed ezeket (bevallom, nekem is ez volt a reakcióm). Mint magát az Ajándékot, a Köröket is a vágyakozás és a kérés működteti. Urunk Jézus azt mondja Luisának:

A teremtett dolgokban elrejtett Isteni Akaratom jelek útján beszél, mintha nem lenne szava. A Nap által a fény és a hő jeleivel beszél; a szélben átható és uralkodó jeleket ad; a levegőn keresztül néma jeleket, melyekkel minden teremtmény lélegzetévé teszi Magát. Ó, ha a Nap, a szél, a levegő és minden más teremtett dolog rendelkezne a beszéd képességével, mennyi mindent mondanának Teremtőjüknek! **De ki a Legfőbb Létező beszédre képes alkotása? Az [emberi] teremtmény.** (1931. február 13.)

Az egész teremtés egy kinyilatkoztatás, de hiányzik belőle a képesség, hogy *nyíltan* dicsőítse Teremtőjét. Ez a feladat ránk, a Legfőbb Létező "beszélő alkotására" vár, mert amikor ezekről beszélünk, az új dicsőséget ad ezeknek. Ez bizonyosan így van a Hit igazságai kapcsán. Egyik kedvenc imám a Hiszekegy. Egyesek talán azt mondják, hogy "ez nem egy ima, ez csupán egy hitvallás". Én nem értek egyet! Ez egy ima, és igen, egy hitvallás is, de sokkal több annál, ha ezt kellő áhítattal közelítjük meg. Mindig is úgy éreztem, hogy lélekben ott állok a valóságok előtt, amelyeket ajkaimmal megvallok; csodálattal nézek ezekre, és élvezem annak tényét, hogy teljesen bizonyos vagyok az érvényességükben, megpecsételem ezeket saját szeretetemmel és imádatommal, és felajánlom ezeket annak az Istennek, aki mindezt adta. A Hiszekegyhez való ilyen hozzáállás megvilágíthatja a Körökhöz való hozzáállásunkat, amelyekben lelkileg "újra elvégezhetjük" a teremtés minden cselekedetét Isten Akaratában; egyfajta "hitvallásként" közelítve meg mindazt, ami már lezajlott.

Az Isteni Akaratban való Élet Ajándékával ezt úgy tehetjük meg, hogy végigveszünk (a lélek bilokációja által egyszerűen szándékunk által vezérelve - amit ne keverjük ezt össze a New Age bizonyos elgondolásaival, mint például az "asztrálprojekcióval" vagy "extraszenzoriális percepcióval") minden cselekedetet, amelyet már megtettek vagy meg fognak tenni, és rájuk pecsételjük a mi *Fiatunkat*; vagyis azt, hogy: "Szeretlek, imádlak, dicsőítelek Téged, Istenem!" **Ezzel az egész teremtést alávetjük az Isteni Akaratnak, és újrarendezzük azt a Korra való felkészülésként, együttműködve Istennel, melynek következtében** "*a teremtett világ is felszabadul majd a romlandóság szolgaságából*". (Róm 8,21) Azonban nemcsak úgymond odaadjuk ezeket az ajándékokat a teremtésnek, hanem cserébe nagyon sokat is kapunk. Urunk Jézus azt mondja Luisának:

> Amikor a lélek belső könyve tele lesz, akkor nagyon jól fogja ismerni az Isteni Akarat külső könyvét. **Az egész Teremtés nem más, mint Ennek a könyve**; minden teremtett dolog egy-egy lap, melyek egy hatalmas, sok kötetes könyvet alkotnak. (1931. július 6.)

> Leányom, minden teremtett dolog arra hívja a teremtményt, hogy az Isteni Akaratot tegye. (...) Valójában minden teremtett dolog az Isteni Akarat egy különálló cselekedetét hajtja végre, és ezzel a cselekedettel arra hívja a teremtményt, hogy az Ő Isteni Akaratát cselekedje. Minden teremtett dolog kapott Istentől e célból egy különleges gyönyört, hogy az titokzatos módon vonzza a teremtményt az Ő Isteni Akaratának megtételére. (1930. június 18.)

Úgy érzed, hiányzik neked valami, ami talán nem is tudod, hogy mi? Merülj el - még ha csak egy rövid időre is - a teremtés szépségében! Gyakran elég egy egyszerű séta - talán egy parkban, egy temetőben, vagy akár csak a kertedben. **Tanulj ebből a gyönyörű teremtésből! Adj hálát ezért Istennek! Áldd Istent a teremtés nevében! Hamar azon fogod kapni magad, hogy elnyerted, ami hiányzott.**

*** 

**Most, hogy már az Ajándék elfogadására törekszünk, hogy az Ajándékban és az Ajándék által cselekedjünk, valamint, hogy növekedjünk benne – hogy ezáltal a legnagyobb mértékben meggyorsítsuk az Ország eljövetelét -, nyugodjunk meg, hogy erőfeszítéseink garantáltan meghozzák a várt gyümölcsöt. E célból vizsgáljuk meg érvek sokaságát, hogy miért is *kell* eljönnie ennek a Korszaknak, amely érvek készségesen felfedik magukat, ha figyelmesen megnézzük, mit tesz és mond Isten évezredek óta.**

# 3. fejezet: Miért kell eljönnie a Korszaknak?

Amikor azt szemléljük, hogy mi fog megvalósulni a földön, mindenekelőtt egy valamire kell emlékeznünk: *a legnagyszerűbb ima legnagyobb kérése nem fog megválaszolatlanul maradni!* Az Úr Jézus, az Isten Fia, Aki valóban maga az Isten, mindent tud, és nem hazudik. Nemcsak azt ígérte, hogy az Ország eljön a földre, hanem az általa tanított egyetlen ima - a kereszténység legnagyobb imája - csúcspontja is éppen ez a könyörgés: **"Jöjjön el a Te országod, legyen meg a Te akaratod, amint a mennyben, úgy a földön is."** Az Úr Jézus azt mondja Luisának:

Ha lehetetlen lenne, hogy az Én Akaratom úgy uralkodjon a földön, mint a Mennyben, akkor az Én atyai Jóságom nem tanította volna meg a Miatyánk imát, mert lehetetlen dolgokért való imát nem tanítottam volna, (...) [és] akkor egy haszontalan és hatástalan imát tanítottam volna, Én pedig nem tudok haszontalan dolgokat tenni. Ha kell évszázadokat is várok, de a tanított Ima gyümölcsöt fog teremni. (...) **Ezért mindaz, amit az Én Akaratomról kinyilvánítottam, sajátosan ezekben a szavakban foglaltatik: 'Legyen meg a Te Akaratod, amint a Mennyben, úgy a földön is.'** (1933. február 24.)

Miután tehát megfogalmaztam [a Miatyánkot] mennyei Atyám jelenlétében, tudván, hogy megadja nekem Isteni Akaratom Királyságát a földön, megtanítottam apostolaimnak, hogy ők megtaníthassák az egész világnak, hogy mindenki kiáltása egy legyen: 'Legyen meg a Te Akaratod, amint a Mennyben, úgy a földön is.' Ennél biztosabb és ünnepélyesebb ígéretet nem is adhattam volna. (...) **El fog jönni, és a lelkeknek ugyanazzal a bizonyossággal kell várakozniuk, mint amivel az eljövendő Megváltót várták. Isteni Akaratom ugyanis elkötelezte magát a 'Miatyánk' szavai mellett. És amikor Isteni Akaratom elkötelezi magát, bármit is ígér, több mint biztos, hogy bekövetkezik.** Továbbá, mivel mindent Én készítettem elő, semmi másra nincs szükség, csak a Királyságom kinyilvánítására, amit éppen most teszek. (1928. február 5.)

Ahogyan a teremtés kezdetben nemes, szép és szent állapotban jött létre Isten keze által, hasonló állapotban fog visszatérni Hozzá a világ végén. Így a Jelenések könyvének szavai beteljesednek, és Krisztus menyasszonya, az Egyház felemelkedik Isten oltárához a történelem beteljesedésekor bekövetkező nagy Menyegzői Lakomára; mégpedig nem piszkosan, betegen és foltosan, mint amilyen most, hanem a Béke Korszakának köszönhetően felékesítve és teljesen felkészülten, "mint a férjének felékesített menyasszony" (Jelenések 21,2). **"Ez a mi nagy reménységünk és kérésünk: 'Jöjjön el a Te országod' - a béke, az igazságosság és a derű királysága, amely helyreállítja a teremtés eredeti harmóniáját." - Szent II. János Pál pápa**

Szent II. János Pál tanítása szerint az Eredeti Harmónia még a vég előtt helyre lesz állítva a földön. Az Eredeti Harmónia azonban a Mennyországra irányul! Ezért mindig emlékeznünk kell arra, hogy a Korszak célja a Mennyei Szülőhaza dicsőítése, és távolról sem annak elhomályosítása vagy lemásolása. **Bár az Egyház a Korszakban szép és dicsőséges lesz, teljes tökéletességét csak a Mennyben éri majd el, amit a Korszak alatt *még nagyobb sóvárgással* fogunk várni, mint most.** Mert bár a Korszak alatt az Egyház és a világ dicsősége messze felülmúlja a jelenlegi dicsőségüket, mi is még inkább tudatában leszünk végső rendeltetésünknek (a mennyei színelátásnak), így a vágyakozásunk a Mennyország iránt a mostaninál is erősebb lesz, éppúgy, mint ahogyan az acéldarabhoz egyre közelebb rakott mágnes esetében is egyre erősebb a vonzás. Ezért továbbra is egy epikus harcban leszünk végső rendeltetésünk, a Mennyország felé; de ez egy gyönyörű, győzedelmes, dicsőséges küzdelem lesz a csúf, kétségbeesett, nyomorúságos küzdelem helyett, amit gyakran megtapasztalhatunk a mai világban (persze nem mintha ennek most is így kellene lennie!).

Összefoglalva az előző igazságokat: A *történelem szimmetriát kíván*. **"Ahogyan a Teremtés a Szeretet Kiáradásával kezdődött, ugyanúgy fogjuk lezárni azt gyermekeinkkel - a Szeretet Kiáradásával."** (az Úr Jézus szavai Luisának. 1938. március 22.) Az Úr Jézus azt is mondja Luisának:

> Az én Akaratom a vég, mert az én Akaratom volt a kezdet és a jog szerint, aki a kezdet, annak kell a végnek is lennie. Ezért az emberiséget Isteni Akaratomba kell belefoglalni, hogy visszakapja nemes eredetét, boldogságát, és hogy újra érvénybe lépjen a Teremtőjével kötött házasság. Ezért az a nagy jó, amit a Megváltás adott az embereknek, nem kielégítő a Mi szeretetünk számára, hanem még többre vágyik. Az igazi szeretet soha nem elégszik meg önmagával; csak akkor elégedett, amikor azt mondhatja: 'Nincs más, amit neki adhatnék.' (1928. június 16.)

**Az emberiségnek ahhoz hasonló állapotban kell visszatérnie Istenhez, mint amilyen állapotban Isten megteremtette.** Ha azt mondanánk, hogy ez nem így lesz, akkor káromolnánk Istent, mert magunkhoz hasonlítanánk Őt. Önmagunkhoz, akik elkezdünk egy feladatot, majd később feladjuk, miközben a végeredmény rosszabb lett, mint amivel elkezdtük. Olyanok vagyunk, mint a haszontalan vállalkozó, aki elvégzi a bontást, és meghozza az új alapanyagokat, ami a felújításhoz kell, de kupacokban otthagyja a ház körül. Ahogyan Mark Mallett, kanadai világi apostol és író nyersen és pontosan megfogalmazta: *az idők végén Isten utolsó szavai nem azok lesznek, hogy "Hát Én megpróbáltam".* Mark így folytatja:

> Az üdvtörténet többezer éves története, Isten Fiának szenvedése, halála és feltámadása, valamint az Egyház és a szentek évszázadokon át tartó fáradságos útja után (…) kétlem, hogy ezek lennének az Úr szavai az idők végén. (…) Ígéretei be fognak teljesedni: a teremtés meg lesz újítva, még ha végső tökéletessége csak az emberiség történelmének végén valósul meg. Azonban még a történelem keretein belül a Szentírás szavai szerint meg fog valósulni Krisztus győzelme, amely során az Ő békéje és evangéliuma az egész világon elterjed majd (...). *A Bölcsesség igazolást nyer.* (markmallett.com/blog)

De ezen a ponton talán nem is annyira az észszerű érvek jelentik a legnagyobb akadályt, hanem inkább az az egyszerű, halvány kísértés, hogy kételkedjünk abban, hogy egy ilyen nagyszerű dolog valaha megvalósulhat, hiszen már annyira hozzászoktunk a csalódásokhoz. Luisa egyáltalán nem különbözött azoktól, akik manapság a kételkedés kísértésébe esnek azzal kapcsolatban, hogy az Isteni Akarat valaha is győzedelmeskedhet a földön. Egy nap azt gondolta magában:

> „Semmi újat nem lehet látni a világban, ami jó. Ugyanúgy vannak bűnök, mint ahogy voltak; vagy talán még rosszabbak lettek. (…) Hogyan lenne lehetséges, hogy az ember egyszer csak felhagy a bűnök elkövetésével, hogy életet adjon az összes erénynek?" [Az Úr Jézus így válaszol neki:] Leányom, mégis így lesz. (…) Akaratunk vissza fog térni; újra lesznek nemzedékei az emberi akaratban. (…) Legfeljebb időbe telik, de az évszázadok nem érnek véget, amíg az én Akaratom el nem éri a célját. (1925. június 18.)

El *fog* jönni. Ez garantált. De most tekintsük át madártávlatból az egyháztörténelmet, amely világosan feltárja, hogy *most* van a tökéletes idő a Korszak eljövetelére.

# A 2000 év gondosan előkészítette az utat az Ajándékhoz

Ahhoz, hogy megértsük, miért a mi jelen korunk a tökéletesen megfelelő idő a Korszak megkezdéséhez, vissza kell lépnünk, és meg kell vizsgálnunk az évszázados növekedését annak, ami a Korszak lényegét alkotja. Noha a Korszak nagyszerű és dicsőséges tulajdonságai a béke, az öröm, a szépség, a boldogság és más hasonló dolgok lesznek, a Kor *lényegét* a *szentségében* találjuk meg, és az előbbi tulajdonságok ebből a szentségből fakadnak, mint az okból eredő következmények. Ezek az egyszerű következmények nem igényelnek mély, évszázadokig megmunkált alapokat, mert a megfelelő időben könnyen kivirágoznak majd, mint a jó fa gyümölcsei, a fa azonban sok munkát igényel a talaj előkészítése kapcsán. Ezért félrevezetjük magunkat, ha - a világban körülnézve csak a béke, a boldogság és minden más javak folyamatos romlását látva, melyek a Korszak eljövetelének következtében megvalósulnak majd - arra a következtetésre jutunk, hogy a Korszak még messze van; mint ahogyan megtévesztenénk magunkat azzal is, ha a lepkebáb fejlődése során a bábburok folyamatos megmerevedését figyelve arra a következtetésre jutnánk, hogy ebből a merev gubóból lehetetlen, hogy egy szépséggel és életerővel felruházott pillangó legyen.

Ahhoz tehát, hogy elkerüljük ezt a megtévesztést, mélyebbre kell ásnunk, hogy felfedezzük, hogyan munkálkodott *valójában* Isten az Egyház történelme során - mondhatni a báb belsejében. **És Istennek ez a belső, lényegi munkája az, amit Ő néhány kiválasztott lélekben *mindig* véghez visz, akiknek kicsinysége körül kering a világ minden látszólag nagynak és nagyszerűnek tűnő ügy.** "Nagyszabású" ügyek, amelyek az örökkévalóság szempontjából eltörpülnek amellett, ami az Isten által szeretett lelkekben történik. Valóban szüksége van-e bárkinek erre a leckére, aki tudja, miként történt a megtestesülés? Valóban, **ugyanis a Szentlélek - ezekben a kiválasztott lelkekben – már 2000 éve formálja a Korszak szentségének alapjait, és pontosan az az idő, amelyben most élünk, alkalmas az Ő erőfeszítéseinek megkoronázására, vagyis az Életszentség Koronájának átadására**. (Ezt a dinamikát *Az életszentség koronája* című könyv 115-173. oldalán sokkal részletesebben is nyomon követhetjük.)

Nos, Isten már az Ószövetség idején is készítette az alapokat az Ő legnagyobb vágya számára: hogy saját Életét adja gyermekeinek, vagyis az Ő Akaratának Ajándékát. Vagy még pontosabban, ezt tette már a kezdetektől fogva, és mindig is ez volt a célja, mert ahogyan azt Aquinói Szent Tamás tanítja: "bár a cél a kivitelezés sorrendjében utolsó, a szándék sorrendjében mégis első." (*Summa Theologica* I-II. Q1. A1) De az emberiség legkorábbi napjaiban az Éden szentségének visszhangja elegendő volt ahhoz, hogy sokáig megőrizze az embereket békében és az igazságosságban. Amint azonban ezek a visszhangok elhalkultak, a bűn kezdett eluralkodni, és szükségessé vált az újrakezdés egy egyetemes özönvízzel. Isten tiszta lappal indulva elkezdett felkészülni arra, hogy - 4000 évvel később - újra átadja az Ő Akaratát, még dicsőségesebben, mint ahogyan azt a legelején tette. Ezt a fáradságos folyamatot azzal kezdte, hogy megmutatta az Ő Akaratában való Élet első lépését, mégpedig azzal, hogy feltárta annak tartalmának néhány kulcsfontosságú elemét és engedelmességet követelt ezek betartására. Így történt az, hogy az igaz élet mibenléte, bár az értelem számára hozzáférhető volt, mégis Mózesnek kinyilatkoztatták, és nagyszerű ígéretek kísérték annak hűséges betartását. Isten végső soron azonban szerető gyermekekre vágyott, nem csupán engedelmes szolgákra. Ezért, amikor elérkezett az idő teljessége, elküldte egyszülött Fiát a földre, hogy mindazok, akik szeretik Őt, egyesülhessenek az Ő Testével és elnyerjék a fogadott fiúságot. Ebből következően az Ajándékra való felkészülés ezen munkálkodása Isten Igéjének Megtestesülésekor és a kereszténység megalapításakor robbant ki erőteljesen, amint azt a következő szentírási versekből láthatjuk.

„**Értékes és nagy ígéreteket kaptunk, hogy általuk részeseivé legyetek az isteni természetnek, és megmeneküljetek a romlottságtól, amely a világban uralkodik a bűnös kívánság következtében.**" (2Pt 1,4) Az "isteni természet részesei" szavakról való elmélkedéssel kapcsolatos irodalom köteteket tölthetne meg. Ezek szerzői megértik, hogy nem lehet megkerülni, hogy itt Szent Péter és általa a Szentlélek, aki a Szentírás e szavait ihlette, valami radikálisat tanít arról, hogy Isten milyen mértékben akar minket átalakítani.

„**Élek, de már nem én, hanem Krisztus él énbennem.**" (Gal 2,20) Ez is teljesen mélyreható. Nem egyszerűen a Jézus Krisztussal való "személyes kapcsolat" által érhető el, "úgy mintha az az egyesülés, amelyre Krisztus hív minket, olyan "biztonságos" lenne, mint az az egyesülés, amelyet egy barátunkkal a közösségi médián keresztül élhetünk meg". Ez ugyanis csak úgy érhető el, ha teljesen, *semmit* sem visszatartva meghalunk önmagunknak.

„Ugyanazt a lelkületet ápoljátok magatokban, amely Krisztus Jézusban volt." (Fil 2,5) Professzorként joggal neveznének őrültnek, ha azt mondanám a diákjaimnak, hogy ahhoz, hogy átmenjenek a vizsgán, az *én elmémnek* kell bennük lennie. Szent Pál természetesen nem csupán azt tanítja, hogy Krisztus jó tanítványainak kell lennünk, hanem azt is, hogy a saját elménk valóban beleolvadhat Jézus elméjébe - és így az Isteni Értelembe -, olyannyira valóságosan, hogy már azt sem lehet mondani, hogy különálló elmékkel működünk.

„Nézzétek, mekkora szeretettel van irántunk az Atya: Isten gyermekeinek hívnak minket, és azok is vagyunk." (1Jn 3,1) „Isten elküldte Fiát, aki asszonytól született, (...) hogy a fogadott fiúságot elnyerjük. (...) Tehát nem vagy többé szolga, hanem fiú; ha pedig fiú, akkor örökös is az Isten által." (Gal 4,4-7). Az egyháztörténelem során egyesek ezt a tanítást csupán képletes beszédnek tartották. Csakhogy ebben tévednek. Ez nem *átvitt értelemben*, hanem *szó szerint igaz*, hogy Isten gyermekeivé válhatunk. Nyilvánvaló, hogy egyikünk sem az, és soha nem is lehet egyikünk sem a Szentháromság Teremtetlen Második Személye, mivel egyedül az Úr Jézus Krisztus az. Mindazonáltal a fogadott fiúságunk mindannak birtoklásának megállapítását jelenti – a kegyelem által és nem természet szerint -, ami a fiúsághoz lényege szerint hozzátartozik. És ahogyan minden jó apa, aki örökbe fogadott egy gyermeket, joggal dorgálna meg bárkit, aki azt állítaná, hogy a gyermeke fiúsága csak metafora, úgy nekünk sem szabad a saját istenfiúságunk dicsőségét és igazságát az ilyen méltatlan redukcionista megközelítések miatt kisebbítenünk.

Már ebből a maroknyi szentírási versből is láthatjuk, hogy Isten merész küldetésbe kezdett a jelenleg elérhető életszentség magaslatainak a növelésével. Ezt a küldetést nem hagyta abba az utolsó apostol halálával és a nyilvános kinyilatkoztatás befejezésével, hanem ugyanolyan buzgón folytatta tovább a Szenthagyomány *négy nagy Paradigmájában*.

Még a felfoghatatlan Isteni beavatkozás, amely a Megtestesülés és a Megváltás volt, sem változtatott azon a tényen, hogy Isten mindig szervezetten, azaz *lépésről lépésre* cselekszik. Az Ajándékot teljes egészében kinyilatkoztatni az első keresztények idejében erőltetett lett volna, éppúgy mintha az integrálást próbálnánk megtanítani egy olyan diáknak, aki éppen csak elkezdte az algebrát. Az integrálszámítás lényege, mintegy csíra formájában valóban megtalálható az algebrában, és nincs szükség új (analóg értelemben vett) "nyilvános kinyilatkoztatásra", hogy az egyiktől a másikig elérjünk. Viszont sok időre és erőfeszítésre van szükség ahhoz, hogy fokozatosan egyre jobban kifejtsük, ami kezdetben csak halványan volt észlelhető. Ez egyáltalán nem jelenti azt, hogy az első keresztények kevésbé voltak szentek, mint a mai keresztények - sőt, úgy tűnik, éppen az ellenkezője az igaz. A lényeg csupán az, hogy az Egyháznak, mint *egy egész Misztikus Testnek* sok növekedésre volt szüksége. Ahogyan például még több növekedésre volt szükség ahhoz is, hogy az Egyház készen álljon a rózsafüzérre, a Mária-dogmákra vagy Lisieux-i Szent Teréz lelkiségére. Mindent egybevetve, **bár 2000 évvel ezelőtt valóban az *idő teljessége* volt, mégsem volt alkalmas az idő arra, hogy az Ajándék teljes fényében felfedésre kerüljön, és meghívja a születő Egyházat az ebbe való belépésre**, hanem csak arra volt alkalmas, hogy feltárja Ennek kezdeteit. És még ha ezek csak kezdetek is, mégis azt láttuk, hogy *amire rámutatnak,* az semmiképpen sem homályos. Ezt felismerve az Egyház történetében a legnagyobb elmék és a legnagyobb szentek ezekre a kezdetekre építettek, hogy segítsenek egyre világosabbá tenni - a rögtön bemutatásra kerülő négy nagy Paradigmában - az Ajándékra tett burkolt utalásokat a Szentírásban. A Gondviselés úgy szervezte meg ezt a folyamatot, hogy amint ezek a Paradigmák kellőképpen elterjedtek, valamint az emberek megértették ezeket, akkor majd ezek koronája - az Ajándék - Luisa kinyilatkoztatásain keresztül átadásra kerülhessen az Egyháznak. Most rátérünk ezekre a Paradigmákra.

## A négy nagy Paradigma: meghívások az Ajándékhoz

Mint egy klasszikus mestermű fokozatos erősödése, az évszázadok során úgy tárulnak fel egyre mélyrehatóbban az értelem számára az életszentség Szentírásban lefektetett alapjai egészen napjainkig, amikor végre készen állunk minden munkálkodás gyümölcsére (az Ajándékra). Ismerkedjünk meg tehát ezen mestermű felépülésének természetével, amely a négy paradigmában látható, amelyek Isten négy Nagy Meghívását alkotják az Isteni Akarat Egyetemes Uralmának előkészítésére. **Ezek nem pusztán különálló világi missziók vagy mozgalmak, hanem inkább az Isteni Beavatkozás négy ága, hogy kiűzzék e világ fejedelmét (az ördögöt), visszanyerjék a világot Isten számára, és helyreállítsanak mindent Krisztusban.** Ez a négy ág, meghívás vagy paradigma a következő: a **Megistenülés**, ahogyan azt gyakorlatilag az összes egyházatyánál megtaláljuk; a

**Misztikus házasság,** ahogyan azt számos egyházdoktornál megtaláljuk; az **Akaratok egyesítésének lelkisége,** ahogyan azt a 17-19. századi francia lelkiségben találjuk, amely Lisieux-i Szent Teréz tanításaiban érte el csúcspontját; és a **Máriának való önfelajánlás,** ahogyan azt különösen Montforti Szent Lajos népszerűsítette.

Gondviselésszerűen mind a négy paradigma természetében találunk egy "rámutatást", vagyis annak jelzését, hogy ezek valamilyen önmagukon túli célra irányulnak. A "Megistenülés" (más néven "istenivé válás") szó ugyanis egy olyan *folyamatot* jelez, amelynek valamilyen csúcspontja van. A misztikus vagy lelki házasság, mint ahogyan az igazi házasság a gyermeknemzésre rendeltetett, tehát önmagán túlmutató gyümölcsökre utal. Az Akaratok Egyesítése, mint minden egyesülés, nem csupán összhangot, hanem a két egyesített dolog teljes összeolvadását és fúzióját követeli meg mindenkor, ahogyan a misén a kehelybe cseppentett víz elválaszthatatlanná válik a benne lévő bortól. A Máriának való önfelajánlás pedig, ha a teljes megvalósulásra törekszünk, hasonlóságot - valódi hasonlóságot a kifejezés legigazibb értelmében, és az élet valódi megosztását - követel meg azok között, aki felajánlja önmagát és akinek a felajánlás szól. **Ez a négy nagy paradigma - noha mindegyik a maga nemében óriási felmagasztalást érdemel - alapvetően csupán meghívások. Meghívások az Isteni Akaratban való Élet Ajándékára.**

## Megistenülés: az alap

Az egyháztörténelem korai szakaszában ismert és használt fogalom volt az ember **istenivé válása, megistenülése** vagy **teózisa** (theoszisz), amelyről különösen a keleti katolikus misztikában régóta beszélnek, és amely gyönyörűen előrevetíti Luisa kinyilatkoztatásait. Bár egy ideig elhanyagolták, ez a tanítás most végre visszatér. A Katekizmus ezt tanítja: "A szentség állapotában teremtett **ember arra rendeltetett, hogy Isten a dicsőségben teljesen "megistenítse" őt.**" (§398) Dr. Scott Hahn a *Called to be the Children of God (Meghívás az istengyermeki életre)* című könyv előszavában azt írja:

Az Úr Jézus megment bennünket a bűntől és a haláltól. A bűntől és a haláltól való megmenekülés valóban csodálatos dolog, de a Jézus Krisztus által számunkra elnyert üdvösség összehasonlíthatatlanul értékesebb. (...) Még a Katolikus Egyházban is elveszett a megistenülés gondolata a hit, a cselekedetek és a megigazulás kapcsolatáról szóló reformációt követő viták közepette. Négy évszázadon át a katolikus és a protestáns teológusok egyaránt olyannyira kizárólag ezekre a vitákra összpontosítottak, hogy elhomályosították a keresztény üdvösség központi tényét (…)

Ez semmit sem von le a Megváltás hatalmas jelentőségéből, amelyet nem lehet túlhangsúlyozni, valamint a Megváltás kegyelmeinek az egyének üdvösségére gyakorolt hatásaiból sem. Ez marad az alap, és ezt az egyházatyák is tudták. Azonban azt is tudták, hogy ez a lelki élet kezdete, nem pedig vége. Hogy nézeteiket jobban megértsük, nézzük meg az egyházatyák néhány tanítását erről. Mielőtt azonban bemutatnánk néhány idézetet, szólnunk kell néhány szót Szent Atanázról. A Katekizmus 460. cikkelyében idézett *nagy csere* -"Ő azért lett emberré, hogy mi istenekké váljunk." - elsősorban és a leghatározottabban tőle, az Egyház e nagy atyjától és doktorától származik, akire úgy emlékezünk, mint Krisztus istenségének hősies védelmezőjére az ariánus eretnekség támadásaival szemben. Miszticizmusa azonban sajnos gyakran feledésbe merül, ezért a Katekizmusban a Szent Atanáztól származó idézet felelevenítése kétségtelenül a Gondviselés műve volt. Miközben sokan továbbra is az ő közbenjárásáért és példájához fordulnak, hogy szembe tudjanak nézni az Egyház mai válságával, ügyeljünk arra, hogy ne tévesszük szem elől **a krisztológiai hagyomány valódi lényegét, amelyért Szent Atanáz küzdött; nevezetesen, hogy mi is "másik Krisztussá" váljunk.**

**Szent Ágoston:** [A Breviáriumban található, a megistenülésről szóló híres tanítása:] Szeretteim, a mi Urunk Jézus Krisztus, minden dolgok örök teremtője, ma Megváltónkká lett azáltal, hogy egy anyától született. Saját akaratából született meg ma értünk, az időben, hogy elvezessen minket Atyja örökkévalóságába. **Isten emberré lett, hogy az ember Istenné válhasson**. Az angyalok Ura ma emberré lett, hogy az ember az angyalok kenyerét ehesse. (Olvasmányos imaóra, Urunk bemutatása előtti szombat)

**Nazianzi Szent Gergely:** Legyünk Istené az Ő kedvéért, mivel Ő a mi kedvünkért lett Emberré. (1. *Oráció*, V. bekezdés) Ugyanis Ő még most is Emberként könyörög az én üdvösségemért, mert továbbra is viseli azt a Testet, amelyet felvett, amíg Megtestesülésének ereje által Istenné nem tesz engem. (30. *Oráció*, XIV. bekezdés) Miközben az Ő alacsonyabb rendű Természete, az Embersége Istenné lett, mert egyesült Istennel, és egy Személy lett, mert a Magasabb rendű

Természet győzedelmeskedett, hogy én is annyira Istenné válhassak, amennyire Ő Emberré lett. (29. Oráció, XIX. fejezet)

**Iréneusz**: Isten Igéje, a mi Urunk Jézus Krisztus túláradó szeretete által olyanná lett, amilyenek mi vagyunk, hogy minket is olyanná tegyen, amilyen Ő Maga. (...) Mert először is szükséges volt, hogy a természetet megjelenítse, majd azután a halandót legyőzze és elnyelje a halhatatlanság, a romlandót pedig a romolhatatlanság, és hogy az ember Isten képére és hasonlatosságára legyen átformálva. (*Az eretnekségek ellen*. V. könyv)

**Alexandriai Kelemen**: Azért lett az Isten Igéje emberré, hogy megtanuljátok Tőle, hogyan válhat az ember Istenné. (…) Mert az Ige Maga a megnyilvánult titok: Isten az emberben, és ember az Istenben. (...) Aki hallgat az Úrra, és követi az általa adott próféciát, az tökéletesen a tanító hasonlatosságára - egy testben járó istenné - lesz formálva. (*Buzdítás a pogányoknak*. 1. fejezet)

**Római Hippolütosz:** Az Istenség társa és Krisztus társörököse leszel, és nem leszel többé a vágyaknak és a szenvedélyeknek a rabszolgája. (…) Mert Istenné lettél: bármilyen szenvedéseken mentél keresztül, amíg ember voltál, azokat Ő adta neked, mert halandó voltál, de ami Istennek tetsző, hogy megadjon, azt Isten megígérte, hogy neked adja, mert megistenültél és halhatatlanságra születtél. (*Minden eretnekség cáfolata*. X. könyv. 30. fejezet)

**Nüsszai Szent Gergely**: Az Istenséggel való közösség által az emberiség egyúttal istenivé válhat, így ebből a célból kegyelmének adományozása által elterjeszti Önmagát minden hívőben annak a testnek vétele által, amely a kenyér és a bor színe alatt található, összeolvadva a hívők testével annak biztosítására, hogy a halhatatlannal való egység által az ember is részesülhet a romolhatatlanságban. Mert bár az Úr Jézus a saját emberi természetét az istenség hatalmába beolvasztotta, vagyis a közös természet részévé vált, mégsem nem volt alávetve a bűnre való hajlamnak, amely az emberi természethez tartozik. (...) Ugyanígy minden egyes embert az Istenséggel való egységre vezet. (*A Nagy Katekizmus*. III. rész. 37. fejezet)

Most már világos, hogy az egyházatyák által helyesen értelmezett megistenülés a kereszténység számára alapvető fontosságú, mégis láthatjuk, hogy ez egy meghívás valami másra, ami túlmutat mindazon, amit az atyák leírtak. Ahogy Schönborn bíboros tanítja, "**a megistenülés lényege az, hogy a bukott embert visszahelyezzük a vele született méltóságába**", [xix] amely egy olyan helyreállítás, amelyet Luisa kinyilatkoztatásáig nem fedeztek fel teljesen. Az egyházatyák helyesen értelmezték, hogy a kereszténység a maga megkerülhetetlen lényegében a keresztény ember megistenülésére rendeltetett. Azonban ez a folyamat, a megistenülés fogalma a Szenthagyomány évszázadai során még sokkal több kifejtést igényelt, hogy ennek természete világosabb, és így célja könnyebben elérhető legyen. Ezt a fejlődést az egyházatyák korát követő nagy misztikus egyházdoktorok szolgáltatták, akikre a következőkben térünk rá.

## A misztikus házasság: a fejlődés

Clairvaux-i Szent Bernát - egyházdoktor, "utolsó az egyházatyák közt" (noha szigorúan véve nem tartozik közéjük) - személye az Egyház spirituális teológiájának fejlődésében egy hidat képez a következő korszakba. XII. Piusz pápa, aki a fent említett titulust adományozta neki, azt tanította, hogy talán senki sem beszélt Bernátnál kiválóbban az isteni szeretetről (vö. *Doctor Mellifluus* 17. §). Ugyanis Szent Bernát is beszélt az ember megistenüléséről, de ez az átalakulás az Isten szeretetén alapszik (vö. *Isten szeretetéről*). Tanítása lehetővé tette az őt követő szentek számára, hogy ezt a megistenülést pontosabban, valóságos *misztikus házasságként írják le*. Jordan Aumann atya a '*Spirituális teológia*' című remekművében a következőképpen írja le a misztikus házasságot:

A lélek felragyog Istenben és átalakul, és Isten olyan mértékben közvetíti a léleknek az Ő természetfeletti lényét, hogy a lélek már úgy tűnik, mintha Isten lenne, és mindazzal rendelkezik, amivel Isten rendelkezik. (...) A lélek úgy tűnik, hogy már inkább Isten, mint lélek, és a részesülés által valóban Isten. (§ 12)

Mivel nyilvánvalóan hatalmas életszentségről van szó, nem meglepő, hogy a misztikus házasságot egészen a 20. századig általában úgy tekintették, mint a lelki élet végső győzelmét a földön, amely a legmagasabb fokú életszentséget jelenti, ami egy zarándoklélek számára lehetséges, azonban ez csak rendkívül kevés szentnek adatott meg az egyháztörténelem során. Ezt a fensőbbséget nem nehéz felfedezni. Hogy csak egy példát említsek, tekintsük a következő idézetet a régi Katolikus Enciklopédiából: "A misztikus házasság kifejezést Szent Teréz és Keresztes Szent János használja annak az Istennel való misztikus egyesülésnek a megnevezésére, amely a lélek által a földi életben *elérhető legmagasztosabb állapot"*. Azonban ne feledjük - és ezt a misztikus házasságról értekező két legnagyobb szent, Keresztes Szent János és Avilai Szent Teréz is elismerik írásaikban, -, hogy bár a misztikus házasságot *a földön* lehetséges legnagyobb életszentségnek gondolták, **ezt még akkoriban sem tekintették az életszentség** *lehetséges* **legmagasabb állapotának**. A misztikus és spirituális teológiáról szóló leghitelesebb írásokban soha nem tagadják, hogy a Mennyben élő lelkek szentségi állapota azonban ennél is magasabb rendű. (És az Úr Jézus világossá teszi Luisa és a 20. század más misztikusai számára is - amint azt a következő részben látni fogjuk -, hogy éppen ezt a mennyei szentséget adja most ingyen azoknak, akik vágynak erre.)

Egy egyszerű vizsgálat alapján láthatjuk ugyanis, hogy a misztikus házasságnak a valósága egyértelműen mutat valamire. Mindenki tudja, hogy a természetes házasságnak lényegében önmagán túlmutató rendeltetése van: a gyermeknemzés. A misztikus házasságnak is - amennyiben a misztikus élet a földi valóságok hiteles tükröződése, és valóban az is - valami önmagán túlmutató rendeltetése van. Noha minden hasonlatot túlzásba lehet vinni, furcsa lenne, ha egy olyan lényeges jelenség, mint a lelki házasság (egy hasonlat, amelyet maga Isten választott annak a leírására, amit a szentek életében cselekedett), ne lenne hasonló egy ilyen fontos tulajdonság tekintetében. Valóban, még mielőtt az Úr Jézus világosan kinyilatkoztatta volna az Ajándékot a 20. század misztikusainak, létezett egy olyan megérzés, hogy talán van valami még magasabb, a földön elméletileg elérhető életszentség, ami meghaladja a lelki életnek ezt a "harmadik fokát" (az egyesítő szakaszt), amely a misztikus házasságban találja meg a maga csúcspontját. Több teológusra támaszkodva Hugh Owen ezt írja:

> A lelki élet három szakaszra való hagyományos felosztása - a megtisztító, a megvilágosító és az egyesítő - elfedte a negyedik szakasz létezését, amelyben a lélek és Isten átformáló egyesülése természetfeletti gyümölcsöt terem. "Valójában képtelenség lenne az, ha a lélek lelki élete megrekedne, és állandóan tétlen maradna, amikor a földön eléri a legmagasabb egységet Istennel. Éppen az ellenkezője történik; ez az az idő, amikor a lélek tevékenysége a Szentlélek működésének hatására eléri a maximumát. Ez a negyedik szakasz. (…) Az átalakító egyesülésben a lélek egyesül az Igével. Ez az egyesülés lelkileg termékeny; gyümölcse az Úr Jézus, Aki a lélekben reprodukálódik."[xx]

Egy mélyértelmű kép rajzolódik ki: a misztikus házasság - a lelki élet legmagasabb fokának csúcsa - bár a maga módján valóban istenivé tesz, és eddig a földön lehetséges életszentség legmagasabb fokának tartották, közelebbről szemlélve azonban úgy tűnik, hogy valami másra rendeltetett. Keresztes Szent János utalást tesz arra, hogy hol található ez a felsőbbrendű "valami":

> Az Istennel való egyesülés elérésének egész lényege az akarat vágyaktól és indulatoktól való megtisztításában áll, hogy az **emberi és alantas akarat isteni akarattá változhasson**, és azonos legyen Isten akaratával. (*A Kármel hegyére vezető út*. III. könyv, 16. fejezet, 3. §)

Gondoljuk most át Szent Jánosnak ezt a központi felismerését, mert ez az a felismerés, amely lehetővé tette a következő évszázadok lelkiségének virágzását a harmadik Paradigmában, amely pedig az ezt gondosan megtartókat tökéletesen felkészíti az Ajándék elfogadására.

## Az akaratok egységesítése: a betekintés

A 17. században a spirituális teológiában - a korábbi évszázadokra jellemző értelemközpontú skolasztika dicséretes térhódítása ellenére - egyre inkább elterjedt az a felismerés, hogy a lelki élet igazi lényege, kezdete és vége az akarat körül forog: ez konkrétan az emberi akarat teljes, fenntartás nélküli átadása az Isteni Akaratnak. Ugyanis az akarat ilyen átadásában mutatkozik meg leginkább a szeretet, és ebben találja meg a szeretet a beteljesülését. Minél inkább megértették ezt a tényt, annál erőteljesebben hirdették a nagy szellemi írók e tanítást, és annál gondosabban helyezték ezt a tényt írásaik központjába:

> **Szalézi Szent Ferenc**, *egyházdoktor*: Az Istent szerető lélek tehát annyira átalakul az isteni akarattá, hogy méltó arra, hogy inkább nevezzék Isten akaratának, mint Isten akaratának alávetett és engedelmes akaratnak. (...) **Üdvözítőnk igaz gyermekei között mindenkinek le kell mondania a saját akaratáról, és csak egy - uralkodó és egyetemes - vezér(lő) akaratnak kellene magát alávetnie, amelynek minden lelket, minden szívet és minden akaratot megelevenítenie, kormányoznia és irányítania kellene (...) [átalakítva] mindet önmagává;** hogy a keresztények akarata és Urunk akarata ne legyen más, mint egyetlen akarat. (...) Ó! Ki adja meg lelkemnek azt a kegyelmet, hogy ne legyen más akarata, mint az ő Istenének akarata! (*Értekezés az istenszeretetről*. VIII. fejezet)

**Liguori Szent Alfonz**, egyházdoktor: Egész tökéletességünk abban áll, hogy szeressük a mi legszeretetreméltóbb Istenünket. (...) Az Isten iránt való szeretetnek egész tökéletessége pedig abban áll, hogy akaratunkat egyesítsük az ő legszentebb akaratával. Isten ugyan kedvét találja az önmegtagadásban, elmélkedésben, szentáldozásban, a felebaráti szeretet cselekedeteiben; de mikor? Ha ezek az ő akarata szerint történnek. Ha azonban figyelmen kívül hagyjuk Isten akaratát, akkor nemcsak, hogy nem fogadja kegyesen, hanem még utálja és bünteti őket. (...) Ezen a földön a menny boldog lakóitól kell megtanulnunk, miképp szeressük Istent. A tiszta és tökéletes szeretet, mellyel a boldog lelkek az égben Isten iránt viseltetnek, az ő akaratával való tökéletes egyesülésben nyilvánul meg. (...) Jézus Krisztus is arra tanított bennünket, hogy ezért imádkozzunk, tudniillik, hogy Isten akaratát teljesítsük a földön, amint a szentek teljesítik a mennyben: „Legyen meg a te akaratod, amint mennyben, úgy a földön is". Az isteni akarattal való tökéletes egyesülésnek egyetlen indulata elég arra, hogy szentté tegyen bennünket. (...) Igen, semmi kedvesebb dolgot sem nyújthatunk Istennek, mint ha így szólunk hozzá: Uram, a tied akarunk lenni, neked ajándékozzuk egész akaratunkat. (...) Ha tehát teljesen kedvében akarunk járni Isten szívének, törekedjünk mindenben az ő isteni akaratához alkalmazkodni, s nemcsak alkalmazkodni, **hanem egyesülni is vele mindabban, amit Isten rendel. Az alkalmazkodás azt hozza magával, hogy akaratunkat Isten akaratához fűzzük, de az egyesülés többet jelent: azt, hogy az isteni akaratból, s a magunk akaratából egyet alkotunk úgy, hogy nem akarunk mást, mint amit Isten akar, s egyedül Isten akarata a mi akaratunk.** Ez a tökéletesség teljessége, amely után folyton vágyakoznunk kell; ez legyen célja minden tettünknek, minden vágyunknak, elmélkedésünknek és imádságunknak. Erre nézve kell segítségül hívnunk minden szent pártfogónkat, őrzőangyalunkat, mindenekfölött Isten anyját, Máriát, aki azért volt a legtökéletesebb az összes szentek között, mert a legtökéletesebben karolta át mindig Isten akaratát. (*Megegyezés Isten akaratával*, 1-2. fejezet)

**Caussade atya**: Ha [azok a lelkek, akik törekszenek az életszentségre] megértenék, hogy a legnagyobb tökéletesség eléréséhez a legbiztosabb és leggyorsabb út az Isten akaratának való engedelmesség, amely isteni arannyá változtatja minden munkájukat, bajukat és szenvedésüket, akkor micsoda vigasztalásban lenne részük! (...) Ó, Istenem, mennyire vágyom arra, hogy szent akaratod misszionáriusa legyek, és megtanítsam minden embernek, hogy semmi sem könnyebb, elérhetőbb, megvalósíthatóbb és mindenki hatalmában álló dolog, mint az életszentség. (...) Ó! Mindnyájan, akik ezt olvassátok, nem kell többet tennetek, minthogy megtegyétek azt, amit tesztek, elszenvedjétek, amit szenvedtek, csupán csak szent módon cselekedjetek és szenvedjetek. A szívet kell megváltoztatni. Amikor azt mondom szív, úgy értem, hogy akarat. **Az életszentség tehát abban áll, hogy akarjuk mindazt, amit Isten akar számunkra. Igen! A szív szentsége egy egyszerű "fiat", vagyis a mi akaratunk összhangja Isten akaratával."** (*Az isteni Gondviselésre való ráhagyatkozás* IX. §)

Mint ahogy a fent említett idézetekből világosan kiderül, az Akaratok Egyesülésének lelkiségében látjuk a *tökéletes* előkészületet az Isteni Akarat*ban való Élet* Ajándékára. Ha bármilyen okból úgy érzed, hogy nem vagy még felkészülve Luisa kinyilatkoztatásainak befogadására, akkor olvasd el az imént idézett három könyv bármelyikét (amelyek mindegyike megkérdőjelezhetetlenül ortodox és a katolikus lelkiséghez nélkülözhetetlennek tekintett), olvasd el ezeket az elejüktől a végükig, és akkor szomjazni fogsz arra, hogy minél többet megtudj az Isteni Akaratról. Tanúsíthatom, hogy a saját esetemben Isten vezetett Szent Alfonz előbb idézett művéhez - jóval azelőtt, hogy bármit is hallottam volna Luisáról -, és meggyőzött arról, hogy ez tartalmazza a lelki élet végső kulcsát. Mert valóban így van. A skolasztikusok (különösen Aquinói) által hirdetett akaratok alkalmazkodása a kulcs a 17-19. századi egyházdoktorok által hirdetett akaratok egyesüléséhez, ami pedig a kulcs az Isteni Akaratban való Élethez, melyet a 20. századi misztikusok (legfőképp Luisa) fedtek fel.

Nem véletlen, **hogy ennek a lelkiségnek a csúcspontját, amelyet Lisieux-i Szent Teréz "kis út" lelkiségében találunk meg (*Egy lélek története* címmel, 1898. szeptember 30-án), első alkalommal alig hat hónappal azelőtt adták ki, hogy Luisa utasítást kapott az Egyháztól arra, hogy írja le az Úr Jézustól kapott kinyilatkoztatásait** (1899. február 28-án). Teréz engedelmességével azonos módon (aki szintén utasítást kapott arra, hogy írja meg a naplóját), Luisa is hozzákezdett. Isten nem vesztegeti az időt, és nála nincsenek véletlenek.

Ezek a nagy lelki tanítómesterek azonban nem tudták leírni, hogyan történik ez a tökéletes és teljes egyesülés, amire annyira vágytak. Hogyan olvadhat valóban össze az emberi akarat az Isteni Akarattal?

Milyen hatásokkal jár ez az egyesülés, ez a *benne lakozás*? Mire tanít meg még bennünket? Mit "teszünk" ezzel? Tudták, hogy erre az egyesülésre szükség van, de nem tudták megmondani, hogy pontosan hogyan érhetjük el, ámbár joggal buzdítottak bennünket arra, hogy mindenben fogadjuk el Isten akaratát, és ne akarjunk mást, csak azt, amit Ő akar. Ez nem róható fel nekik: műveiket valóban a Gondviselés irányította a saját érdekükben, de egyben előkészületként is Luisa kinyilatkoztatásaira, amelyek valóban elárulják nekünk, hogy miben áll az akaratoknak az egyesülése. Azonban van még egy Paradigma, amelyet meg kell vizsgálnunk. Ez az utolsó Paradigma több, mint előkészület: talán inkább nevezhető *katalizátornak*, amely hatására az Ajándék az egész világon elterjedhet. Caussade atya fent idézett remekművének bevezetőjében Dom Arnold, OSB elvezet minket ehhez az utolsó Paradigmához, a Szűz Mária Szeplőtlen Szívének való önfelajánláshoz:

*"Az isteni Gondviselésre való ráhagyatkozás"* (...) egy bizakodó, gyermeki, csendes ráhagyatkozás a kegyelem és a Szentlélek útmutatására: egy kérdések és kétségek nélküli engedelmesség Isten szent akaratának mindenben, ami velünk megtörténhet, akár emberi cselekvés, akár Isten közvetlen engedélye által. **Caussade atya számára az Istenre való ráhagyatkozás - isteni Urunk "Ita Pater"-je ("Igen, Atyám"), és Boldogságos Szűzanyánk "Fiat"-ja ("Legyen") - a legrövidebb, legbiztosabb és legkönnyebb út az életszentséghez és a nyugalomhoz.**

## Szűz Mária Szeplőtlen Szívének való önfelajánlás: a katalizátor

**A négy Nagy Meghívás vagy Paradigma közül a Szűzanyának való önfelajánlás az utolsó és végső csapás az emberi akaratnak, így egyenesítve ki az utat az Isteni Akarat Uralmának mind az egyénekben, mind pedig hamarosan az egész világon.** Az első három nagy Meghívás már jó ideje népszerű az Egyház spirituális teológiájában, **de a Szűzanyának való önfelajánlás csak a közelmúltban vált kirobbanóan népszerűvé. Ezt a fellendülést Isten azért idézte elő, hogy közvetlen előzménye legyen az Isteni Akaratban való Élet Ajándékának, amely hamarosan szintén az egész világon kibontakozik.** Aki felajánlja magát a Szűzanyának, és ennek következtében az ő saját erényeibe öltözik - ahogyan a Szűzanyának való önfelajánlás atyja, Grignon Szent Lajos megígérte azt, hogy az ilyen lélek a Szűzanya erényeibe lesz felöltöztetve -, az csakis az Isteni Akaratban élhet. Ugyanis éppen ez az életforma az, ami a Szűzanya szentségének a lényege, és ez az az Ajándék is, amelyet Ő komolyan közvetíteni szeretne minden gyermekének. Ez a nagy szent azzal is tisztában volt, hogy amikor ez a lelkiség elterjed, akkor ennek a kornak a végén a legnagyobb szenteket fogja megformálni és a Béke Uralmát fogja bevezetni; olyannyira, hogy ezt meg is jövendölte, amikor ezt írta:

A Magasságbelinek szentséges Anyjával együtt nagy szenteket kell teremtenie, akik szentségükben felülmúlják a szentek többségét, miként a libanoni cédrusok is túlnőnek az alacsony cserjéken. (...) Ezek a lelkek különös ájtatossággal viseltetnek majd a Szent Szűz iránt, aki fényével világítja, tejével táplálja, szellemével vezeti, karjával támogatja, oltalmával vigyázza őket. (...) **Mária a Szentlélekkel együtt megteremtette a legnagyobbat, ami valaha volt és valaha lesz: az Istenembert. Következésképpen, az utolsó időkben is Ő fogja létrehozni a legnagyobb dolgokat. A világ vége felé megjelenő nagy szentek megteremtése és felnevelése az Ő számára van fenntartva.** (...) Viszont gazdagok lesznek isteni kegyelemben, amiből Mária bőségesen ad nekik, nagyok és magasztosak Isten előtt szentségben, és minden teremtményt felülmúlnak lelkes buzgóságukkal. Az isteni segítség akkora támaszuk lesz, hogy Máriával egyesülve a sarkukkal – alázatosságukkal – tiporják szét a sátán fejét, Jézus Krisztusnak pedig fényes győzelmet szereznek. (*Értekezés a Szent Szűz igazi tiszteletéről*, 35., 47-48., 54. §)

Grignon Szent Lajos 1716-ban halt meg, de öröksége tovább él, és hatása csak növekedett. Különösen az elmúlt néhány évben a Szűzanyának való önfelajánlás méltán kezdte uralni a katolikus lelkiség színterét. A múlt század elején láttuk, hogy Szent Maximilian Kolbe erőfeszítéseit a gondviselés bőségesen megáldotta a 'Szeplőtelen Szűz Katonái' társulaton keresztül, míg az utóbbi időben katolikusok milliói ajánlották fel magukat Szűz Máriának szerte a világon. Sokan az "Én önfelajánlásom" ("My Consecration") világi apostolátusra válaszolva tették ezt meg, amelynek vezetője a Szűzanya ügyének hőse, a megboldogult Anthony Mullen, míg mások Michael Gaitley atya 33 *Days to Morning Glory* lelkigyakorlatát végezték el. De nézzük csak meg, miben is áll ez a mai Egyházban uralkodó önfelajánlás! A Szeplőtelen Szűz Ferences Testvérei így írnak erről:

E felajánlással az ember teljesen felajánlja magát a Szűzanyának, (...) önmagát teljesen átadja a Szűzanya kezébe. A felajánlás pillanatától kezdve a Szűzanya belép a hívő életébe, hogy teljesen máriás életté alakítsa azt - hogy a maga módján átalakítsa azt. Az önmagát felajánlott ember biztosan sikeres lesz "Máriával, Máriáért, Máriában". (...) A felajánlás egy másik módját a Kis Virág (Lisieux-i Szent Teréz) ihlette, aki, mint az Úr Jézus irgalmas szeretetének áldozata ajánlotta fel önmagát, mely elsősorban önmagunk teljes feláldozását jelenti Istennek, hogy olyanok legyünk, mint Szűz Mária, aki teljesen feláldozta magát a nagylelkű, irgalmas szeretet gyakorlásában. Ezek lényegükben azonosak: a felajánlás mindegyik módja arra irányul, hogy a Szűzanya iránti gyermeki odaadást a legmélyebb és legradikálisabb módon valósítsuk meg. A felajánlások arra ösztönöznek, hogy mélyen verjünk gyökeret Szűz Mária Szentséges Szívében azzal a boldog bizonyossággal, hogy "aki Máriában gyökeret ereszt, az szentté lesz" (Szent Bonaventura). A szentek tapasztalata biztosít bennünket arról, hogy ez teljesen igaz. (Marymediatrix.com)

Bizonyos, hogy ez a sok lélek által megtett, a Szűzanyának való önfelajánlás, nem marad a Mennyország számára észrevétlen, és egy ilyen nagyszerű mozgalom, mint ez, nem marad a világban jutalom nélkül. Azonban a Szűzanyának való önfelajánlás - habár valóban dicsőséges - sem volt teljesen képes arra, hogy ennek legfőbb célját ráruházza azokra, akik ezt a 20. század előtt elvégezték; és az ezt magyarázó lelki írók sem voltak képesek teljesen megragadni ennek nagyszerűségét ezen század előtt, mert ennek nagyszerűsége és elsődleges célja maga az Ajándék. Ezt láthatjuk, ha megvizsgáljuk a Szent Maximilian Kolbe tanításaiban megmutatkozó fejlődést, aki a 20. században élt, így képes volt (és nyilvánvalóan sikerült is neki) az Ajándék befogadására és közvetítésére. Szent Maximilian Kolbét leggyakrabban az irgalmas szeretet hősies mártírjaként emlegetik, akit a hírhedt auschwitzi koncentrációs táborban öltek meg, mivel önként vállalta, hogy átveszi egy másik ember helyét. A Szűzanya lourdes-i szavaitól meghatva: "Én vagyok *a* Szeplőtelen Fogantatás", Kolbe eljutott arra a felismerésre, hogy ez nem egy nyelvtani hiba. Rájött, hogy ezek a szavak valami lényeges dolgot mondanak el Szűz Máriáról: hogy ő '*a*' Szeplőtelen Fogantatás, és valójában a *Teremtetlen* Szeplőtelen Fogantatás tükörképe, Aki nem más, mint a Szentlélek. Rájött továbbá, hogy Szűz Mária egyszerűen a *Teremtett* Szeplőtelen Fogantatás, a tökéletes teremtmény, aki Isten gondolataiban már az idők kezdete előtt létezett, és minden idők előtt arra rendeltetett, hogy az Ige Anyja legyen. (Hiszen, amint a következő fejezetben látni fogjuk, a Megtestesülés Isten örökkévaló elhatározása volt; nem egy "B terv", amely pusztán a bűnbeesés miatt lépett életbe.) De Kolbe nem állt meg itt; ragaszkodott ahhoz, hogy Szűz Mária révén ez a valóság határozza meg a mi életszentségünket is. Szent Maximilian ezt írja:

> Határtalanul Szűz Máriáé vagyunk, a legtökéletesebben az övé; mintha mi ő maga lennénk. (...) Engedjük, hogy ő gondolkodjon, beszéljen és cselekedjen rajtunk keresztül. Olyan mértékben akarunk a Szeplőtelenhez tartozni, hogy ne maradjon semmi más bennünk, ami nem az övé, hanem mintegy semmisüljünk meg benne, változzunk át benne, lényegüljünk át benne, hogy csak ő maradjon, és mi is annyira legyünk az övéi, mint amennyire ő az Istené. (...) Micsoda csodálatos küldetés! (...) Az ember átistenülése Istenemberré az Istenember Anyja által.[xxi]

Itt Szent Maximilian annak a fának a gyümölcsét takarítja be, amelyet Grignon Szent Lajos ültetett: **a Szűz Máriának való önfelajánlás végső célja nem csupán az, hogy teljesen *neki* adjuk magunkat, hanem sokkal inkább az, hogy "Máriává *váljunk"*; néhány némiképp felszínes különbségtől eltekintve vagy másképp fogalmazva (hogy az "átlényegülés" tanítását folytassuk), a különbségek pusztán akcidensek** (járulékok). Bár itt természetesen nem használhatjuk az "átlényegülés" kifejezést pontosan úgy, ahogyan azt az Oltáriszentséggel kapcsolatban használjuk, amikor a kérdéses dolog lényege, szubsztanciája Krisztus testévé és vérévé lényegül át. Mindazonáltal Szent Maximilian tanítását nem tarthatjuk puszta túlzásnak. Fehlner atya Szent Maximilian e tanításáról így ír:

> Ezt a kapcsolatot Kolbe pontos, dogmatikus részletekkel úgy írja le, mint két személy és két természet bensőséges egyesülését vagy közösségét, melyben a személyek és a természetük valóban különbözőek maradnak, de mégis olyan bensőséges, hogy a Szeplőtelen egész lényét és személyét teljesen átjárja a Lélek jellemvonása, (...) Aki az Atya és a Fiú Lelke, így mintha a Szent Szűz is "átlényegülne" a Szentlélekké, és osztozna a Szentlélek nevében. (...) Ez messze nem az a veszélyes formula, amit egyesek látnak benne, hanem ez Szent Maximilian eredeti, de mélyen tradicionális meglátása. (...) Szűz Mária tulajdonává lenni [Kolbe szerint] azt

jelenti, hogy benne megsemmisülünk, Máriává változunk, átlényegülünk Őbelé. (...) **Egy másik szó, amellyel a Szeplőtelen ügyének ezt az előmozdítását jellemezhetjük, a marianizáció, vagyis a Fiat (Legyen), amely a Teremtő Fiatjával együtt az újjáteremtést vagy új teremtést eredményezi.**[xxii]

Hugh Owen a Szent Maximiliannál tapasztalható egyértelmű fejlődésről így ír:

Szent Maximiliannak a Szűzanya szentségével kapcsolatos meglátásai határozott fejlődést jelentettek a Grignon Szent Lajos írásaiban rögzített felismerésekhez képest. (...) Szent Lajos a Szűzanya és a Szentlélek közötti egységet erkölcsi egységként fogta fel. Szent Maximilián azonban felismerte, hogy ez a felfogás nem felel meg a kapcsolatuknak. Manteau-Bonamy teológus szerint: "Kolbe atya (...) tudta, hogy Grignon Szent Lajosnak a meglátásai, aki soha nem hallott a Rue du Bac-i vagy a lourdes-i jelenésekről, a Mária és a Szentlélek közti erkölcsi kötelékről korlátozottak maradtak. Azonban a Lourdes-ban kapott értelmezés alapján tökéletesen lehetséges a Montfort által leírt egység megértése, így Kolbe atya nem is habozik, hogy az alapján értelmezze. (*Új és isteni*. 101)

Nyugodtan mondhatjuk, hogy a Szűz Máriának való önfelajánlás kezdettől fogva mindig is erre a máriás életre volt rendelve, amely csak egy másik neve az Isteni Akaratban való Élet Ajándékának (ugyanis Mária életét birtokolni annyi, mint Jézus életét birtokolni). De most, hogy Luisa írásai világosan kinyilatkoztatták az Ajándékot, annak teljes potenciálja elnyerhetővé vált. Ez a legnyilvánvalóbban nem azt jelenti, hogy a Szűz Máriának való önfelajánlást "el kellene hagyni"; épp ellenkezőleg: most még nagyobb szeretettel és még nagyobb buzgalommal kell megközelítenünk ezt, tudva, hogy minden ígéretét *teljes* mértékben be fogja teljesíteni!

\*\*\*

**E négy Nagy Meghívás ismerete szükséges ahhoz, hogy a lélek készen álljon az Ajándék befogadására: a lélek nagyon is készen áll arra, hogy elfogadja az Isteni Akaratban való Élet Ajándékát, ha mind a négy Meghívást komolyan veszi és engedelmesen éli azokat. Ez azért is szükséges, hogy lássuk, mennyire tökéletesen illeszkedik az Ajándék az Egyház Szenthagyományába, mert rámutat, hogy most van**

itt az alkalmas idő arra, hogy Isten sietve megadja az Ajándékot. Most nézzük meg, hogy Luisa kinyilatkoztatásain kívül hol fedezhető még fel az Ajándék.

## Az Ajándék a 20. századi misztikában

Még ha egy pillanatra félre is tesszük Luisa kinyilatkoztatásait, lehetetlen nem észrevenni, hogy mire hív minket ma a Menny azoknak a misztikusoknak az egybehangzó üzenetein keresztül, akikhez a legtisztábban szól. Ha ugyanis, ahogyan az Úr Jézus mondja Luisának, az Ajándék átadása Isten legnagyobb vágya (és valóban az), akkor természetes, hogy erre a vágyra tett utalásokat találunk azon misztikusok írásaiban, akik az Ajándék korában éltek (vagyis 1889-től - amikor Luisa először megkapta Azt - napjainkig). Ezek az utalások nem csorbítják Luisa szerepét, hiszen ő az Ajándék elsődleges hírnöke és földi élharcosa. (Hasonlóképpen, Szent Fausztina kétségtelenül az Isteni Irgalmasság elsődleges hírnöke, de mégis ugyanazokat az Isteni Irgalmassággal kapcsolatos lényeges meglátásokat találjuk a korábbi magánkinyilatkoztatásokban is, különösen a Szent Margit Mária Alacoque-nak szóló kinyilatkoztatások idejétől kezdve, amely a 'Szent Szív' tiszteletét ismerteti.) Mindezek egyszerűen igazolják e nagyszerű isteni közbeavatkozás jelentőségét, valamint megerősítik annak hitelességét.

És valóban, azok, akik a hitelesség igazolására vágynak, örömmel fogják hallani, hogy **Luisa kinyilatkoztatásainak fő tartalmát, sőt számos részletét már a 20. század jónéhány más misztikusa is állította. (Ugyanilyen sokatmondó az is, hogy az Ajándék igazi újszerűségével összhangban ilyen állításokkal az egyháztörténelem során sehol nem találkozunk 1889 előtt.)** E misztikusok közül sokan már annyi elismerést és egyházi jóváhagyást kaptak, hogy senkinek nincs oka kételkedni bennük, így most az ő tanításaik egy kis részét vizsgáljuk meg. (Bár itt csak négy ilyen misztikusról írok, valójában nagyon sokan vannak; például Isten szolgája Luis Martinez érsek, Vera Grita, Isten szolgája a Szentháromságról elnevezett Mária nővér, George Kosicki atya, Isten szolgája Walter Ciszek atya és még sokan mások. Szent Maximilian Kolbe különösen tudatában volt az Ajándéknak, mivel az kapcsolódik a Szűz Máriának való önfelajánláshoz, valamint természeténél fogva meg is követeli azt, de mivel az ő tanításait az előző részben már érintettük, itt már nem térünk ki újra ezekre.)

## Szent Fausztina: Az 'Én' Élő Ostyává való átlényegülése (transconsecration)

Tekintettel arra, hogy Szent Fausztina nővér kinyilatkoztatásai nemcsak egyházi jóváhagyásban, hanem valódi egyházi felmagasztalásban is részesültek, teljes mértékben biztosak lehetünk abban, hogy amit a Naplójában olvasunk, az valóban igaz. Természetesen továbbra is magánkinyilatkoztatás, de teljesen megbízható. A Naplójában a következőt olvashatjuk:

Az a lélek, **aki az Istennel való egyesülés felfoghatatlan kegyelmében részesül,** nem mondhatja, hogy színről színre látja Istent. Itt még a hit vékony leple fedi Őt, de ez a lepel már egészen vékony; úgyhogy a lélek elmondhatja: Látja Istent, s beszél Vele. Isten egészen átjárja, tudtára adja, mennyire szereti. A lélek látja, hogy **nála jobb és szentebb lelkek nem kapták meg ezt a kegyelmet,** ettől elfogja valamilyen szent ámulat, s megmarad mély alázatban. Elmerül saját semmiségében, s a szent ámulatban. (§771)

**Szent Fausztina nővér a „felfoghatatlan kegyelem" kifejezéssel itt nagyon pontosan leírja, hogy mit jelent az Isteni Akaratban való Élet, mert ez pontosan az [Ajándék] (az _új_ és _átistenítő_ szentség, amely megújítja a világot, ahogyan Szent II. János Pál pápa leírta).** Annak ellenére, hogy Fausztina nővér semmit sem tudott Luisáról, és Isten nem vele közölte az Ajándékról szóló ismereteket, mégis Fausztina itt választ ad az egyik aggodalomra, amit egyesek az Isteni Akaratban való Élet Ajándékával kapcsolatban megfogalmaznak, nevezetesen: _"Hogyan kaphatnék én, aki olyan méltatlan vagyok, egy olyan Ajándékot, amely sokkal nagyobb, mint amit a múlt szentjei kaptak, akik mellett én az erények terén eltörpülök?"_ Nos azért kaphatjuk meg, _mert ez egy ajándék!_ Nem azért kapod mert _te_ jobb vagy; egyszerűen csak egy nagyobb ajándékot kapsz anélkül, hogy ez változtatna azon a tényen, hogy te kevésbé érdemled meg, mint azok lelkek, akik jobbak voltak, de mégsem kapták meg. Később Szent Fausztina kinyilatkoztatásaiban Jézus ezen szavait olvassuk:

Kedves gyermekem, szívem öröme! Beszélgetésed drágább nekem, mint az angyalok éneke. (…) Mérhetetlen értékkel bír szememben az erény legkisebb tette az által a szeretet által, amellyel hozzám ragaszkodsz. Az ilyen lélekben, amely kizárólag szeretetemből él, úgy uralkodom, mint az égben. (…) Pihenj meg egy percre szívemen!

Ízleld meg szeretetemet, melyet az egész örökkévalóságban élvezni fogsz. (§ 1489.)

[Fausztina nővér ezt írja:] **Nem zavar, hogy titkaid leple rejt még, én úgy szeretlek itt, mint választottjaid az égben. (§ 1324.)**

**Akár választottjaid az égben, isteni életeddel élek... (§1393)**

Itt azt látjuk, hogy az Úr Jézus kinyilatkoztatja Fausztina nővérnek, hogy lényegében megkapta az Ajándékot, ami **az a mennyei élet, amely már most a földön is megélhető.** Ezt Keresztes Szent János "a dicsőség tökéletes állapotának" nevezte, és azt gondolta erről, hogy a Mennyben élő lelkeknek van fenntartva, azonban most már láthatjuk, hogy mi, földi zarándokok is megkaphatjuk. Az Úr Jézus továbbá azt is mondja Fausztina nővérnek, hogy az ő cselekedetei érdemszerzőbbek - jobban tetszenek Neki -, mint az összes angyalé együttvéve. Ezt teszi az Isteni Akaratban való Élet Ajándéka: tetteinknek valóban határtalan értéket ad, ahogy ezt Fausztina nővér itt mondja, ami azt jelenti, hogy még az angyalok sem remélhetik, hogy úgy tetszenek Istennek, mint mi az Ajándék birtokában. Később Szent Fausztina így ír: "Ha a Te akaratoddal egyesülök, ó, Uram, akkor a **Te erőd hat rajtam keresztül, és *elfoglalja* saját gyenge akaratom helyét.**" (§650) **Ebben az isteni Cserében részesülünk az Isteni Akaratban való Élet Ajándékának elfogadásával.** Korábban a Naplóban Szent Fausztina leírja életének egy mélységes fordulópontját. Míg a zárdában volt, az Úr Jézus a beleegyezését kérte, hogy áldozatlélek legyen. Egy mélységes beszélgetés következik:

Lelkem elmerült az Úrban, s azt mondtam: "Tégy velem, ahogy Neked tetszik, átadom magam a Te szent akaratodnak. A mai naptól a Te Szent akaratod az én eledelem." (...) Éreztem, hogy átölel az Ő fensége, **és sajátságosan egyesültem Istennel.** (...) Nagy titok járta át ezt az imádást; nagy titok Isten és közöttem; (...) Az Úr ezt mondta: "Szívem gyönyörűsége vagy, mától minden tettedben, még a legapróbban is tetszésemet lelem." Ebben a percben úgy éreztem, **átlényegültem. Testem burkolata nem változott, de más lett a lelkem, benne lakik Isten teljes szeretetével.** Nem puszta érzés volt ez, hanem tudatos valóság, amit semmi sem képes beárnyékolni. (§136-137)

Az "átlényegülés" nem egy olyan szó, amit gyakran hallasz, de ez egy csodálatos elnevezése az Isteni Akaratban való Élet Ajándékának. Azzal, hogy ezt a szót használja (és úgy tűnik, talán ő volt az első), Szent

Fausztina azt meri mondani, hogy ami a szentmise alatt az ostyával történik, az az ő lelkében is megtörtént. Az Úr Jézus ugyanezt mondja Luisának is. Fausztina nővér kinyilatkoztatásaiban a következőket olvashatjuk egy másik helyen:

[Az Úr Jézust mondja:] „Atyámnak tetsző **szent ostya**! Tudd meg, leányom, hogy az egész Szentháromság különös tetszését találja benned, **mert kizárólag Isten akarata szerint élsz**. Semmilyen áldozat sem hasonlítható ehhez." (…) [Fausztina nővér így válaszol:] A szeretet oltárán fog égni akaratom tiszta áldozata. (…) Legyen minden hajlamom – még ha az a legszentebb, legszebb, legnemesebb lenne is – mindig az utolsó helyen, és első legyen a Te szent akaratod. (§955-957)

[Fausztina nővér így imádkozott:] Isteni Szívedben égő szeretetedre kérlek, semmisítsd meg egészen önszeretetemet, s gyújtsd lángra a szívemet a Te legtisztább szereteted tüzével. (§371)

[Az Úr Jézus így válaszolt:] **"ezen a lelkigyakorlaton teljesen lemondasz saját akaratodról,** s az én akaratom fog teljesülni benned." [A naplójának következő oldalán egy nagy "X" jelenik meg, és ezek a szavak láthatók:] **„Mától fogva nem létezik a saját akaratom**. Mától fogva Isten akaratát teljesítem mindenhol, mindig és mindenben." (§374)

A fent leírtak pontosan azt jelentik, amit az Úr Jézus kér Luisától és tőlünk: a saját akaratunkról való teljes lemondást annak érdekében, hogy az Ő Isteni Akarata legyen lelkünk életelve, ahogyan a mi lelkünk a testünk életelve. Kétségtelenül világosan látszik, hogy az Úr Jézus kinyilatkoztatta az Ajándékot Szent Fausztinának, amelyről a teljesen jóváhagyott naplójában olvashatunk.


## Boldog Conchita: a Misztikus Megtestesülés; sokkal több, mint lelki házasság

Concepción Cabrera de Armida - akit sokáig csak "Tiszteletreméltó Conchita" néven ismertek, ma már *Boldog* Conchita néven ismert (2019. május 4-én avatták boldoggá) - számára az Ajándékot olyan világossággal nyilatkoztatták ki, hogy ez nem marad észrevétlen azok számára, akik írásait olvassák. Ő is több ezer oldalt írt, és a *fő* mondanivalója ˣˣⁱⁱⁱ ugyanaz, mint Luisáé: van egy új életszentség, amely most már kérhető, és amely messze felülmúl minden korábbi életszentséget. Ezt az elemzést megerősítik Marie-Michel Philipon atya munkái is, aki egy domonkos pap és egy nagyra becsült teológus, és akinek a műveit többször idézi *az Új Katolikus Enciklopédia.* Szent Hannibálhoz hasonlóan Philipon atya is bizonyította már tekintélyét az állítólagos magánkinyilatkoztatások és misztikusok megkülönböztetésében. Jóval azelőtt, hogy a Szentháromságról nevezett Szent Erzsébetet Isten Szolgájának nyilvánították volna, Philipon atya sokat írt az ő lelkiségéről, határozottan támogatta és védelmezte írásait. De még erőteljesebben támogatta Conchita kinyilatkoztatásait, és könyvet írt ezekről *Conchita: A Mother's Spiritual Diary (Conchita: Egy anya lelki naplója)* címmel. E műve végén Conchita lelkiségét összefoglalva ezt írja:

Egy teológusnak mindenekelőtt a következő kérdést kell feltennie önmagának: "Mit szándékozik Isten megvalósítani az Ő alázatos szolgáján keresztül, ami az egész Egyházának javára válhat?" *Az életszentség legmagasabb szintje mindenki számára elérhető.* (...) A nagy lelki tanítók által leírt legmagasztosabb misztikus kegyelmek nemcsak az Istennek szentelt lelkek, a papok és a szerzetesek kiváltságai. Ezek minden keresztény számára fel vannak kínálva életállapotuktól függetlenül. Úgy tűnik, hogy Isten Conchita személyében élő bizonyítékot akart adni nekünk arra, hogy ez igaz. (...) Maga az Úr jelentette ki neki, hogy mintafeleség és mintaanya lesz, de küldetése messze túlmutat ezen, és célja, hogy felragyogtassa az Úr Jézus Krisztus és a Szentlélek megszentelő erejét "minden életállapotban". (...) *Kétségtelenül a lelki élet új korszakában vagyunk.*

Philipon atya nem hagyott helyet a kétségeknek vagy a félreértéseknek: valóban egy új életszentség van a láthatáron. Ez az életszentség *legmagasabb* elérhető foka, és ez *mindenkinek* fel van kínálva. Conchita kinyilatkoztatásaiban igazolva látjuk Philipon atya összefoglalását:

Lelkemet mindentől kiüresítve fogadtam az Úr Jézust a szentáldozásban. (...) [Az Úr Jézus azt mondta nekem:] "Itt vagyok, szeretnék misztikusan megtestesülni a szívedben. (...) **Ez sokkal több, mint [lelki házasság; ez inkább] az Engem megtestesítő kegyelem,** amely lehetővé teszi, hogy a lelkedben éljek és növekedjek, hogy soha el ne hagyjam azt, hogy birtokoljalak és birtokolj egy és ugyanazon lényegben, (...) egy fel nem fogható kölcsönös áthatásban: **Ez a kegyelmek kegyelme. (...) Ez egy ugyanolyan természetű egyesülés, mint a mennyei egyesülés, kivéve, hogy a paradicsomban eltűnik az Istent elrejtő fátyol.** (...) Mert te most folytonosan lelkedben őrzöd valóságos és hathatós jelenlétemet."[xxiv]

Emlékezzünk arra, hogy a spirituális teológia régebbi műveiben soha nem fogadták volna el, hogy - még a földön - a lelki házasságnál "sokkal többet" kaphatnánk (ahogyan az Úr Jézus itt megteszi Conchitával); és ennek jó oka van: mielőtt Luisa 1889-ben megkapta az Isteni Akaratban való Élet Ajándékát, *nem volt* lehetőség ennek az életszentségnek elérésére. És mégis, az Úr Jézus világosan elmondja Conchitának - nem hagyva lehetőséget más értelmezésre -, hogy most valami sokkal nagyszerűbbet ad, mint a lelki házasság. Ez nem érintőleges megjegyzés Conchita írásaiban, ez a kinyilatkoztatásainak a lényege. Ennek megfelelően írta Monsignor Arthur Calkins teológus a következőt:

1906. március 25-én megkapta életének megkoronázó nagy kegyelmét, amelyet "misztikus megtestesülésnek" neveznek. A néhai Joseph J. Madera püspök így magyarázza ezt a rendkívüli kegyelmet: "A misztikus megtestesülés, ahhoz hasonlítható, ahogyan az Úr Jézus a Szűzanya méhében lakozott a fogantatás pillanatától fogva. (...) Habár Isten rendkívüli kegyelmeket ad a kiválasztott lelkeknek, mégis amivel megajándékozza őket, az végül Krisztus egész Testének épülésére szolgál." [Monsignore Calkins így folytatja:] Bár Conchita 1906-ban megkapta ezt a rendkívüli kegyelmet, tulajdonképpen egész hátralévő életét azzal töltötte, hogy megpróbálta megérteni, mi ment végbe benne, és hogyan válaszoljon erre.[xxv]

## Boldog Dina Bélanger: a mennyei kiválasztottak állapotában élni már a földön

Az 1929-ben elhunyt kanadai apáca, akit 1993-ban Szent II. János Pál pápa avatott boldoggá Duns Scotusszal együtt, kinyilatkoztatásokat kapott egy rendkívüli kegyelemről, amelyet "isteni cserének" (divine substitution) neveznek. A boldoggá avatási szentmisén mondott homíliájában Szent II. János Pál pápa azt mondta, hogy Dina *"életében olyan mennyei adományokat váltott valóra, amelyek csodálatot ébresztenek bennünk"*, külön utalt *"az Istennel való bensőséges kapcsolatának igen magas fokára,"* illetve megemlítette *"a Szentháromság életét benne,"* sőt dicséretre méltatta **"az Isteni Akaratnak való teljes megfelelésre irányuló**

**vágyát".** Az Úr Jézus biztosította kinyilatkoztatásaiban Boldog Dinát arról, hogy ez a neki adott új kegyelem olyan hatalmas, hogy "a mennyben sem tudsz teljesebben birtokolni Engem". xxvi Ezekben a kinyilatkoztatásokban az Úr Jézus a következőket is mondta:

> **Ugyanolyan formában kívánlak megisteníteni téged, ahogyan Emberi mivoltomat egyesítettem Istenségemmel a Megtestesülésben.** (...) Az életszentség foka, amelyet neked szánok, az én saját Szentségem a maga végtelen teljességében, Atyám Szentsége, amely Általam valósult meg benned.xxvii

> [Dina írja:] "Ez a kegyelem, amelyet Szentháromságos Istenem oly nagy szeretettel ad nekem, az isteni életben való részvételem előíze; előízt mondok, **mert ez a kiválasztottak állapota a mennyben, én azonban testi mivoltomban még mindig a földön vagyok.**xxviii

> Most lelkem a mennyben lakhat, ott élhet anélkül, hogy visszatekintene a föld felé, és lelkem mégis tovább élteti anyagi lényemet. (...) Jézus Szívével való egyesülésem olyan, mint az Ő valóságos jelenléte a szentáldozás után, amíg az átváltoztatott Oltáriszentség bennem van."xxix

Boldog Dina spirituális tanítása egy valóságos kincsesbánya, és az itt bemutatott pár idézet csak töredéke annak, ami egybecseng Luisa tanításaival. Azonban ezekben az idézetekben egy új életszentség kinyilatkoztatását látjuk, **amely ugyanazzal a szentségi állapottal ruház fel, mint amit maguk a mennyei szentek élveznek. Egy olyan szentséget láthatunk, amely a befogadót igazi élő Ostyává változtatja; egy olyan szentséget, amely képes egyesíteni a lelket Istennel, ahogy Krisztus Embersége és Istensége egyesült a Megtestesülésben.** Ennél nagyobb életszentségre már utalni sem lehet, mint amit ennek a boldoggá avatott misztikusnak itt világosan felfedtek.

## Szentháromságról nevezett Szent Erzsébet: a Szentháromság személyes birtoklása

Erzsébet egy francia karmelita misztikus, akit Ferenc pápa avatott szentté 2016-ban. Írásai a lélekben lakó Szentháromságról szólnak, és gyönyörűen kifejtik, milyen az Isteni Akarat Ajándékával élni. Dr. Anthony Lilles teológus ezt írja:

> Amikor [Erzsébet] így imádkozik: "Én Istenem, én Háromságom", **arra hív bennünket, hogy személyesen vegyük birtokba a**

**Szentháromságot.** (...) [Erzsébet] azt hangoztatta, hogy az Isten előtti csendben az Atya szerető tekintete felragyog a szívünkben, amíg a lélekben Fiának a hasonlatosságát nem szemléli. (...) Az ilyen imádság nemcsak elkülöníti és szentté teszi a lelket, hanem megdicsőíti az Atyát, sőt még Krisztus üdvözítő művét is kiterjeszti a világban. Ő ezt "a dicsőség dicséretének" nevezte, és Erzsébet ezt tekintette az ő nagy hivatásának. A Szentháromságról nevezett Erzsébet szentté avatásával az egyház (...) jóváhagyta az ő küldetését. (...) (ncregister.com)

Erzsébetnél is valami új és dicsőséges dologra való utalást látunk, **a Szentháromság egyfajta valódi személyes** *birtoklását*. **Korábban az életszentséget csupán úgy írták le, mint egyfajta** *részvételt* **a Szentháromságban.** Valóban, az egyik reakció, amit néha hall az ember, ha az Ajándék kimagasló szentségéről kezd beszélni, a következő: *"Nem! Az isteni természetben részt vehetünk, de nem birtokolhatjuk Azt."* Nos, ezzel a kijelentéssel nem volt semmi baj a maga idejében - de most eljött az idő, amikor valóban, valódi értelemben Ajándékként - *birtokolhatjuk* az Isteni Természetet (kizárólag kegyelem által és más fontos különbségtételekkel együtt), ahogyan ezt a szentéletű misztikus mondja jóváhagyott írásaiban. Lelkiségét és legfontosabb tanításait mélyebben kifejtve Hugh Owen ezt írja:

Erzsébetnek különféle kérdéseket tettek fel: "Milyen nevet szeretnél viselni a Mennyben?" "Isten akarata" - válaszolta. "Mi a jelmondatod?" - kérdezték tőle. "Isten bennem és én Őbenne" - válaszolta. (...) **Erzsébet hitt abban, hogy a Szentlélek átformálja őt, és Jézus emberségét alakítja ki benne.** Ezt írta: "Ó, emésztő tűz! A szeretet Lelke! Szállj belém, és mintegy reprodukáld bennem az Ige megtestesülését, hogy egy másik emberség legyek számára, amelyben Ő megújítja misztériumát! Ó, én Krisztusom, (...) birtokolj engem teljesen; helyettesíts engem Önmagaddal, hogy életem csak a Te fényességed legyen. (...) **Hogyan lehet Istent megdicsőíteni? Ez nem nehéz. Urunk elárulja nekünk a titkot, amikor azt mondja: "Az én ételem és italom az, hogy annak akaratát cselekedjem, aki engem küldött"** (Jn 4,34). (...) Ez egy abszolút valóság, mert Isten nincs megosztva; az ő akarata az ő egész lénye (...)."

Boldog Erzsébet lelki tanítását értelmezve Hans Urs von Balthasar ezt írta: **"Az emberi akaratot 'be kell zárni' Isten akaratába,** különben középpont és iránymutatás nélkül marad. [Ahogy Erzsébet írta:]

'Akaratunk csak akkor válik szabaddá, ha Isten akaratába zárjuk.' (...) **Boldog Erzsébet átadva magát a Szentléleknek, arra törekedett, hogy "élő ostyává" változzon át Általa.** Egy atyának írva ezt kéri: "Kérlek téged, mint ahogyan egy gyermek az apját, hogy a szentmisében változtass át és áldozz fel engem, mint dicsőítő ostyát az Isten dicsőségére. Változtass át engem úgy, hogy ne önmagam legyek többé, hanem Ő, hogyha az Atya rám néz, felismerje Őt.' (*New and Divine* [*Új és Isteni*] 74-77.)

\*\*\*

Mit is láttunk eddig? Láttuk, ahogyan az Ajándékot 2000 éven keresztül a Szentlélek, az *Egyház Lelke* (vö. KEK 797. §) és a Történelem Építésze gondosan előkészítette. Láttuk ezt tisztán és világosan kinyilatkoztatva a 20. század sok misztikusának. Láttuk, hogy az elsődleges személy, Luisa, akire ez a kinyilatkoztatás rá lett bízva, teljesen feddhetetlen és minden szempontból egyértelműen hiteles. Láttuk, hogy a próféciák, a pápai Tanítóhivatal és az egyházatyák teljes egyetértésben hirdetik Urunk közelgő Uralmát az egész földön. Ezen a ponton nem hiszem, hogy sok olyan olvasó maradt, aki még mindig kételkedik az Ajándék valóságában vagy Ennek Uralmában. És Isten - Aki határtalan vágyakozásában egyetlen alkalmat sem akar elszalasztani mindenki meghívására, hogy higgyenek az Ő szavainak -, nem áll meg ezen a ponton: elmondja nekünk a "Teremtés történetének titkait" is, hogy feltárja előttünk, miért éppen *most* van a tökéletes idő az Uralom eljöttére. Hiszen úgy helyes, hogy miközben Isten most a szemünk előtt írja meg a Végkifejletet, egyúttal a benne szereplő résztvevőknek - vagyis neked és nekem - feltárja a szerepeket, amelyeket nekünk szán a Legnagyobb Történetben.

✝✝✝

# 4. fejezet: Mikor jön el a Korszak?

A válasz erre a kérdésre nagyon egyszerű: a Korszak elérkezésének ideje csak rajtad múlik. Ha azt szeretnéd, hogy nagyon hamar eljöjjön, akkor fordíts gondos figyelmet a 2. fejezetben bemutatott felhívásra, és akkor ez megtörténhet. Ha azt szeretnéd, hogy a világ még évekig, évtizedekig vagy akár évszázadokig sántikáljon a jelenlegi gyötrelmes állapotában, akkor egyszerűen hagyd figyelmen kívül ezt a felhívást. Akár te is lehetsz az a "szalmaszál, amely alatt összeroskad a teve", ha ráveted magad a hátára, amely e világ fejedelmének, az ördögnek a jelenlegi királyságát jelenti. Az Úr Jézus óvatos volt, hogy a Luisához intézett szavaiban ne fedje fel, hogy pontosan mikor jön el a Korszak, nehogy bárki is tévesen azt gondolja, hogy érkezése csak tétlen várakozás kérdése. Ehelyett a következőket mondta:

> Szeretném megismertetni veletek Gondviselésem rendjét. **Kétezer évenként megújítottam a világot. Az első kétezer évben az Özönvízzel újítottam meg; a második kétezer évben a földre jövetelemmel újítottam meg. (...) Most a harmadik kétezer év fordulójánál vagyunk, és lesz egy harmadik megújítás.** Ez az oka az általános zűrzavarnak: nem más ez, mint a harmadik megújítás előkészítése. (...) Ebben a harmadik megújításban, miután a föld megtisztult és a jelenlegi nemzedék nagy része elpusztult, még nagylelkűbb leszek a teremtményekkel. (1919. január 29.)

Mivel Jézus itt lényegében azt ígérte, hogy a Korszak "körülbelül" 2000 évvel a Megváltás után jön el, valóban így is lesz. Jézus - Isten - mindent tud, beleértve a teljes jövő minden egyes részletét (az emberi szabad akarat nem változtat ezen a tényen), és Ő soha nem hazudik. Nem is túloz. Azonban *kerekít*, mert mindenki kerekít. Ez szükséges, és ebben nincs semmi tisztességtelenség. Amikor valaki útbaigazítást ad, nem azt mondja, hogy "fordulj jobbra 1002,5 méter után", hanem ehelyett azt mondja, hogy "fordulj jobbra egy kilométer után". Aki emiatt pontosan egy kilométer után fordul jobbra, és ennek következtében hajt az árokba, az csak saját magát hibáztathatja. Az egyetlen dolog tehát, amit bizonyossággal állíthatunk a Korszak eljöveteléről az az, hogy olyan időpontban fog bekövetkezni, amikor nem lenne téves kerekítés azt mondani, hogy "körülbelül" 2000 évvel a Megváltás után. Ez persze nem mond sokat, de az idők jeleinek sokasága világossá teszi, hogy a régóta megjósolt események, amelyek megelőzik a Korszakot, már a küszöbön vannak, és nem 400 év múlva következnek be. Bár tisztáztuk, hogy a Korszaknak nem kell *pontosan* kétezer évvel a Megváltás után bekövetkeznie (Kr. u. 2026 vagy Kr. u. 2033, vagy ezek között valamikor, attól függően, hogy kinek a számítását vesszük figyelembe), tagadhatatlan, hogy valamelyik időpont nagyon is ideillő lenne. Talán, ha mindazok, akik ezeket a sorokat olvassák, igazán elköteleznék magukat a Királyság eljöttének a meggyorsítására, akkor ez az illő beteljesedés valósággá válna.

Tegyünk azonban többet annál, hogy megelégszünk annak ismeretével, hogy most van itt az idő. Lássuk meg, hogy Isten 6000 éves fáradságos előkészítő munkájával összhangban, mellyel erre a pillanatra készült, most van itt a *tökéletes* idő az Ő Történetének beteljesedésére.

# A történelem története új köntösben

Ezt a könyvet azzal kezdtük, hogy a Történelem történetét elsősorban a józan ész szempontjából vizsgáltuk meg. Most pedig nézzük meg ugyanezt a Történetet egy másik szempontból, és tanuljunk abból, ami egyszerre együttműködik a józan ésszel és igényli is azt, ugyanakkor messze felül is múlja azt: ez a *Hit*. Ahogyan az Úr Jézus mondja Luisának: "**Ha figyelmes maradsz, és mindig az én Akaratom szerint élsz, akkor Az rád bízza majd a Teremtés történetének minden titkát.**" (1931. augusztus 22.) Kezdjük ismét a legelején, hogy felfedezzük azon titkokat, amelyeket Isten meg akar osztani velünk!

## Az eredeti dicsőség és a bűnbeesés

A Világegyetem időrendben megelőzte az embert, de ontológiai szempontból a második helyen áll. "A Teremtés célja az ember volt, mégsem az embert teremtettem elsőnek; ha így tettem volna, nem jártam volna el szabályosan." (1929. november 20.) Vajon milyen viszonyban lett volna az ember az ő érdekében teremtett anyagi dolgok tekintetében? "**A világ az emberért lett teremtve: benne ő lett volna minden teremtett dolog királya.**" (1926. július 29.) Isten tehát a világot az ember számára teremtette, és az embert annak királyává tette. Ádám a teremtésekor valóban az volt. Ugyanis jogos volt, hogy az ember a hihetetlen méltóságnak megfelelően a teremtés királya legyen. Az Úr Jézus azt mondja Luisának, hogy a világot azért teremtette, hogy az embernek otthont adjon, *de az ember lelkét azért teremtette, hogy az az Istennek adjon otthont.* Ez olyan mélységesen igaz volt, hogy az Isteni Akarat volt Ádám *életének* és cselekvésének *az alapelve*, és ezt az igazságot az egyházatyák is tanúsítják. Az Úr Jézus azt mondja Luisának, hogy Ádám "olyan életszentséggel rendelkezett, hogy még a legcsekélyebb cselekedete is akkora értékkel bírt, hogy egyetlen szent [életszentsége] sem hasonlítható az ő szentségéhez, sem az Én földre jövetelem előtt, sem azt követően". (1927. október 2.) De mindenkit próbára kell tenni; egyetlen szabad akarattal rendelkező teremtmény sem mentesül a próba alól, mielőtt a kegyelmi állapotban való abszolút rögzítettséget elnyerné. Noha tudjuk, hogy mi történt az Édenben - és Isten már előre tudta, hogy mi fog történni -, ennek ellenére káromlás lenne Istent azzal vádolni, hogy ily módon tette próbára Ádámot és Évát anélkül, hogy az lett volna az Ő elrendelő akarata, hogy átmenjenek a próbán. Ugyanis Ő azt is pontosan tudta, hogy mit fog tenni, ha átmennek. Az Úr Jézus azt mondja Luisának:

> Ha Ádám átment volna a próbán, akkor minden emberi nemzedék megmaradt volna az ő boldogságának és királyi rangjának állapotában. (1928. április 1.)

> **Ha Ádám nem vétkezett volna, akkor az Örök Ige, aki maga a Mennyei Atya Akarata, dicsőségesen, diadalmasan és uralkodó módon jött volna el a földre, angyali seregtől kísérve, amelyet mindenki láthatott volna;** és a dicsőségének ragyogása mindenkit elbűvölt volna, szépsége mindenkit magához vonzott volna; királyként megkoronázva, az uralkodás jogarával a kezében az emberi család királya és feje lett volna, és a teremtményeknek azt a nagy megtiszteltetést adta volna, hogy azt mondhassák: "Olyan Királyunk van, aki Ember és Isten." (1929. március 31.)

Micsoda dicsőséges terv! Ilyen nagyszerű tervvel készülve, miért engedte meg Isten a bűnbeesést? Nem elegendő csak Ádám szabad akaratára hivatkozni, az nem magyarázza meg teljesen a történteket. Isten csak szigorú feltételekkel *engedi meg*, hogy bármilyen rossz bekövetkezzen: biztosan tudja, hogy jó fog származni belőle, és ennek *nagyobb* jónak kell lennie, mint a megengedett rossz, valamint, hogy nincs más járható út. A *felix culpa* (Ádám "szerencsés vétke"), amelyről az Exultetben éneklünk a húsvéti liturgiában, és amelyben megemlékezünk arról, hogy Ádám vétke bizonyos értelemben "szerencsés" volt, erre a valóságra utal. A bűnbeesés után ugyanis Isten egy még *nagyobb* terv megvalósításába kezdett, mint amit akkor valósított volna meg, ha Ádám átment volna a próbán. De hogyan lehet ez a terv nagyobb, ha ez a terv annak a dolognak a helyreállítása, ami a bűnbeeséskor elveszett? A válasz az, hogy ez az új terv *magában foglalja* ezt a helyreállítást, *de nem pusztán* e helyreállításból áll. Isten nem késlekedett az új tervének a megvalósításával:

Valóban szörnyű volt Ádám bukásának pillanata. Ahogy ő elutasította Isteni Akaratunkat, hogy a sajátját tegye, Fiatunk éppen visszavonulóban volt az égből, a Napból és az egész Teremtésből, hogy azt a semmivé tegye. (...) **Ha az Örök Ige nem ajánlotta volna fel az eljövendő Megváltó előre látott érdemeit, ahogyan azokat felajánlotta, hogy megőrizze a Szeplőtelen Szüzet az eredendő bűntől, akkor minden romba dőlt volna**: az ég és a Nap megszűnt volna (...). (1929. október 7.)

**Az ősevangélium:** Igen, az ember bukása olyan nagy volt, hogy ha nem lettek volna a megtestesült Krisztus előre látható érdemei, akkor a Világegyetem megsemmisült volna; feloldódva abba a káoszba, ahonnan Isten kezdetben előhívta. Az ember méltósága olyannyira a teremtett világ dolgai fölé emelkedik, hogy azok sorsa elválaszthatatlanul összekapcsolódik az ő sorsával. De Isten végtelen irgalma nem késlekedett: "**Ellenkezést vetek közéd és az asszony közé, a te ivadékod és az ő ivadéka közé. Ő széttiporja fejedet, te meg a sarkát veszed célba.**" (Ter 3,15) Ezt kifejtve az Úr Jézus azt mondja Luisának:

Leányom, Szeretetem nem aludt ki az ember bukása miatt, hanem még inkább lángra lobbant; és bár Igazságosságom jogosan büntette meg és ítélte el őt, Szeretetem megcsókolva Igazságosságomat, késedelem nélkül megígérte az eljövendő Megváltót, és Hatalmam erejével a következőt mondta az álnok kígyónak: 'Egy nőt használtál fel arra, hogy elragadd az embert Isteni Akaratomtól, és Én egy másik asszony révén, akinek hatalmában lesz Fiatom Ereje, meg fogom törni a gőgödet, és ő a szeplőtelen lábával szétzúzza a fejedet.' Ezek a szavak jobban égették a pokoli kígyót, mint maga a pokol. (1931. május 19.)

**Amint a bűnbeesés megtörtént, Isten nemcsak arra törekedett, hogy helyreállítsa, ami elveszett, hanem arra is, hogy a dolgokat nagyszerűbb módon átrendezze, mint ami lehetséges lett volna, ha a bűnbeesés nem történt volna meg.** Most már értjük, hogy miért történhetett meg a bűnbeesés, és hogy a Harmadik Fiat lényege miért nem áll ellentétben a keresztény életszentséggel, amely már bizonyos szempontból magasabb rendű, mint Ádám bűnbeesés előtti életszentsége. Isten Ádámot valóban az életszentség legmagasabb szintjével teremtette. A 2. fejezet kezdetén leírtakkal összhangban világos, hogyha azt állítanánk, hogy Isten egy lényt a neki kijáró tökéletesség nélkül teremtett, az az Ő Jóságának káromlása lenne.

Isten megengedte Ádám bukását, mert előre látta azt az eljövendő korszakot, amelyben Ádám életszentsége egyesülhet a keresztény kegyelemmel Szeretett Fiának megtestesülése és szenvedésének érdemei által. Ebben az eljövendő korszakban olyan kincseket halmozhatunk fel a Mennyben, amelyek a bűnbeesés nélkül nem létezhettek volna: olyan kincseket, amelyekért a hullatott vér, verejték és könnyek semmiségeknek tűnnek. Ezek a kincsek ékesítik örök otthonunkat, a Mennyországot. Ha Ádám nem bukott volna el, bár a földi paradicsomot és a lelkünk tökéletes állapotát nem veszítettük volna el, a mennyei paradicsom nem kapta volna meg ugyanazt a dicsőséget, és örökre nélkülöznénk azokat a koronákat, amelyeket most lehetőségünk van kiérdemelni, ha úgy döntünk. E dicsőséges koronák a mi önként vállalt szenvedésünkből és a megtestesült Krisztus szenvedésében való részvételünkből származnak. Ezek viszont nem történtek volna meg a bűnbeesés nélkül, és így Krisztusnak nem lett volna oka szenvedni. Krisztus szenvedése nélkül Isten irántunk való végtelen szeretete sem nyilvánulhatott volna meg a legtökéletesebb és legszebb formában. Ezért valóban elmondhatjuk, hogy Ádám bukásának "köszönhetően" láthatjuk az isteni szeretetnek a lehetségesen elképzelhető legdicsőségesebb megnyilvánulását az egész örökkévalóságon át, hiszen a mi Urunk továbbra is hordozza a kezén, a lábán és az oldalán e szeretetnek a jegyeit még a Mennyben is. Valóban, ha figyelmesen megnézzük a *valaha elmondott Legnagyobb Történetet*, világossá válik, hogy nincs ellentmondás - egyrészt - Isten végső terve, amely a bűnbeeséskor elveszett dolgok helyreállítását vonja maga után, és - másrészt - a keresztény életszentség között, amely bizonyos értelemben nagyobb, mint az eredeti életszentség. Valójában csak most, **hogy az Úr Jézus ezt a végső tervet részletesen kinyilatkoztatta Luisának, kezdenek feltárulni azok a titkok, amelyek az Egyház történelme során a legnagyobb elméket zavarba hozták.** Ezt a dinamikát az én erőtlen szavaimhoz képest az Úr Jézus sokkal jobban elmagyarázza Luisának:

Leányom, Hozzám méltó gyönyörű, nemes, boldogsággal teli, örök és isteni eredetű teremtményt alkottam. A bűn tetőtől talpig tönkretette, elzüllesztette, eltorzította, és a legboldogtalanabb teremtménnyé tette őt. (...) Nos, a Megváltással megfizettem a teremtmény helyett a bűnért járó váltságdíjat, és Emberségem úgy bánt vele, mint egy gyöngéd anya az újszülöttjével. (...) Sebeimmel eltakartam torzulásaikat a korábbinál *szebbé téve őket*; és ha a teremtéskor olyanokká teremtettem őket, mint a legtisztább és legnemesebb égbolt, a Megváltásban sebeim legragyogóbb csillagaival díszítettem fel őket, hogy elfedjem csúfságukat és szebbé tegyem őket. Sebükhöz és torzulásaikhoz gyémántokat, gyöngyöket, fájdalmaim drágaköveit illesztettem, hogy elrejtsem betegségüket és olyan pompába öltöztessem őket, amely felülmúlja eredeti állapotukat. Ezért mondja az Egyház okkal azt, hogy 'szerencsés vétek', mert a bűnnel együtt jött a Megváltás; és Emberségem nemcsak Vérével táplálta, hanem saját Személyével öltöztette fel, és saját szépségével díszítette fel őket. (1922. február 26.)

**Visszatérve a Történelmet átívelő időrendi kalandozásunkhoz, láthatjuk, hogy a világ nem állt készen arra, hogy azonnal befogadja Isten tervének beteljesedését, noha az már biztos ígéret volt. Helyette, előbb 6000 év szenvedésnek és imádságnak - ebből 4000 év a Megváltó eljöveteléig, majd 2000 év az Ő Királyságának eljöveteléig - kellett eltelnie.**

## A Megváltásig

A bűnbeesés ellenére a világ nem süllyedt azonnal nagy rosszaságba. Az Úr Jézus azt mondja Luisának:

Ádám ugyan nem beszélt részletesen Akaratom Királyságáról, de sok fontos dolgot tanított Arra vonatkozóan; olyannyira, hogy a világtörténelem első időszakában, egészen Noéig, a nemzedékeknek nem volt szükségük törvényekre, és nem volt bálványimádás sem, (...) hanem mindannyian elismerték az egyetlen Istent, (...) mert többet törődtek az én Akaratommal. De ahogy egyre távolodtak Tőle, megjelent a bálványimádás, és ez egyre rosszabb bűnökké fajult. (1926. szeptember 17.)

Bár az édeni kegyelmek a bűnbeeséssel eltűntek, ezek hatásai még egy ideig megmaradtak, és Ádám még mindig sok kegyelmet hordozott magában. De ahogy telt az idő, és ahogy Ádám halála után teltek az évszázadok, a világ egyre távolodott a nemes eredetétől. Szerencsére legalább egy igaz ember még mindig maradt. Az Úr Jézus azt mondja Luisának:

Az Özönvíz idején (...) egyedül Noé volt az, aki a Mi Akaratunknak engedelmeskedve és a bárka hosszadalmas építésének áldozatvállalásával megérdemelte, hogy családjával együtt megmeneküljön, és az ő tettein keresztül folytatódjon azon hosszú nemzedék, amelyből a megígért Messiásnak származnia kellett. (1930. március 12.)

**Ebben a megtisztított világban, lényegében újrakezdve, Isten sokkal gyorsabban nekiállhatott tervének megvalósításához. Megkötötte szövetségét Ábrahámmal, Egyiptomban megalkotta népét, Izraelt, Mózes által kivezette őket, és átadta nekik a Törvényt, majd ahogy közeledett az idő a végső isteni beavatkozáshoz, a Megtestesüléshez, annál több prófétát küldött, hogy előkészítse az utat, és felszítsa az emberek szívében a vágyakozást, a reményt és az imát.** A próféciáknak ez a nagymértékű növekedése, amelynek intenzitása arányos a Megtestesülés idejének közelségével, nem maradt észrevétlen a modern tudósok előtt, akik kiemelik, hogy a közelmúltban felfedezett korabeli kéziratok is azt mutatják, hogy "nagy forrongás és lelkesedés volt jelen a kereszténység kezdete előtti időszakban.[xxx] Ez a prófétai fellángolás nem volt hiábavaló, egy Mária nevű alázatos szűz példátlan dicsőségében csúcsosodott ki. Az Úr Jézus azt mondja Luisának:

> Így az Ószövetségben, minél jobban megsokszoroztam a javakat, a pátriárkákat és a prófétákat, annál erőteljesebbek voltak a meghívások, valamint a Menny és föld közötti levélváltások, amelyeken keresztül Isten hírt küldött, hogy Ő új szövetséget akar. Mivel az Atya nem tudta tovább visszatartani szeretetének hevét, és mivel a romlott emberiség akkor még nem volt készen, kivételt tett, és a Szűz Királynőt és az Ige Emberségét az igazi házasság kötelékével jegyezte el, hogy általuk a romlott emberiség újra felemelkedhessen, és Én megformálhassam a házasságot az egész emberiséggel. (1928. június 16.)

*Most eljött az idő teljessége.* **Eljött az óra, hogy Isten beteljesítse a 4000 évvel korábban tett ígéretét. És hol kezdődik mindez? Az anyaméhben.**

**A fogantatásom egy Szűz méhében a világtörténelem legnagyobb műve volt.** (...) Az Ég és a Föld azóta is meg vannak döbbenve és el vannak bűvölve, és mindenkit akkora szeretet árasztott el, hogy képesek megérezni a mindenkiben megfogant Életemet. (1935. szeptember 28.)

Az angyali üdvözletben - az Ige Megtestesülésében - valóban megtörtént az, amit elképzelni is alig lehet. A Végtelen belépett a végesbe. A Teremtő belépett a saját teremtésébe. Az, Aki a Világegyetemet teremtette, gyermekké lett egy teremtmény méhében. Isten és ember többé nem voltak idegenek egymástól, mert most már létrejött egy Isten-ember, Aki minden gyermekét Önmagába hívja. Végül, 4000 hosszú év után, az Isteni Akarat helyet kapott uralmához a názáreti otthonban, de még nem adatott meg neki az Ő Királysága. Az Úr Jézus azt mondja Luisának:

Leányom, az Én Isteni Akaratom valóban uralkodott ebben a názáreti házban a földön, ahogyan a Mennyben is uralkodik. (...) De olyan voltam, mint egy nép nélküli király, (...) ezért nem mondhatom, hogy a földre jövetelemkor megvalósult Akaratom Királysága. Királyságunk csak Nekünk szólt, mert a Teremtés rendje, az ember királyi méltósága még nem lett helyreállítva. Azonban azáltal, hogy az Égi Édesanya és Én teljesen az Isteni Akaratban éltünk, elvetettük a magot, létrejött az élesztő, hogy a Mi Királyságunk felemelkedjen és növekedjen a földön. Tehát minden előkészületet megtettünk, minden kegyelmet elnyertünk, minden fájdalmat elszenvedtünk, hogy az Én Fiatom Királysága eljöhessen, és uralkodhasson a földön. **Ezért Názáret nevezhető annak a pontnak, ahol Akaratunk Királyságát visszahívtuk.** (1928. július 7.)

Názáret lett a Királyság visszahívási pontja. A munka megkezdődött, azonban még nagyon sok tennivaló volt hátra, ugyanis a názáreti Jézusnak el kellett hagynia az otthonát, hogy meghirdesse az Országot. Sajnos, a nyilvános működésének kezdetén a tanult emberek nagy része nem akart figyelni Jézusra. Éppen azok utasították el Őt, akiknek elsőként kellett volna felismerniük és imádniuk Őt. (Az Úr Jézus még azt is elmondta Luisának, hogy a neki szóló kinyilatkoztatásait ma ugyanúgy kezelik, mint ahogyan 2000 évvel ezelőtt Őt kezelték, a következőképp panaszkodva: "Egyetlen tanult ember sem követett engem, hanem csak a szegények, a tudatlanok és az egyszerűek." (1933. február 24.)) Valójában nemcsak, hogy nem követték Őt, hanem összeesküdtek ellene, és keresztre feszítették a saját Istenüket.

## A Megváltás és az Egyház

"Én meg, ha majd fölmagasztaltatom a földről, mindenkit magamhoz vonzok." (Jn 12,32) Krisztus a kereszthalál által nyerte el a világ üdvösségét. **Miközben a kereszten függött, megszületett az Egyház az Ő szent Oldalából, amelyből vér és víz folyt ki, amely "az irgalmasság forrása számunkra".** Az Egyház arra rendeltetett, hogy az egész világ számára Új Frigyládaként szolgáljon egészen az idők végezetéig. Az Úr Jézus megtestesülésével, szenvedésével, halálával és feltámadásával, valamint a szentségek megalapításával az évezredeken át szaporodó és növekvő bűn elkezdett visszaszorulni. Az evangélium elterjedésével és hirdetésével egyéni életek és egész nemzetek alakultak át az egész világon.

Eközben valami csodálatos dolog történt; valami, amit a történelemkönyvek nem jegyeztek le, de ami valóban példa nélküli, és messze túlszárnyalja az összes lejegyzett nagyszerű eseményt: Isten elkezdte előkészíteni az utat ahhoz az Ajándékhoz, amelyet idővel a világnak fog adományozni. Ezek az előkészületek abban az életszentségben öltenek formát, amely az Egyház belső életében növekedett és virágzott azon *négy Paradigmában*, amelyeket az előző fejezetben tárgyaltunk. Mivel azonban ezt a fejlődést már tárgyaltuk, ezért most áttérünk a Történelem történetének következő szakaszára: a Királyságra (és persze elismerjük, hogy az Egyháztörténelem, amilyen dicsőséges, sokkal hosszabb leírást érdemelne, mint amennyit itt erre szánunk!). Bár a Megtestesüléssel az Ország egy bizonyos értelemben már eljött, egy másik értelemben csak a Mennyben fogja elnyerni *végleges tökéletességét*. Van egy további fontos értelmezése is, amely szerint az Ország még teljesebb formában fog eljönni a földön: az az értelmezés, amelyet a *Miatyánk* elsődleges kérése közvetít, és amelyet az Egyházban naponta több milliárdszor hűségesen elmondanak. **Mert valóban, a kereszténység gyümölcsei bámulatosak, de még nem érték el a törekvésük beteljesedését, amely az Ország végleges és teljes lehívása a földre. Senki sem tagadhatja, hogy Isten Akarata még nem uralkodik a földön olyan teljességgel, ahogyan kellene.** *De kétezer évnyi erőfeszítés nem marad jutalom nélkül.* Az Úr Jézus ezt mondja Luisának:

Leányom, amikor Ádám vétkezett, Isten ígéretet tett neki az eljövendő Megváltóról. Évszázadok teltek el, és az ígéret nem maradt beteljesületlen, így ezáltal az emberi nemzedékek részesültek a Megváltás áldásaiban. A Mennyből való eljövetelemmel, hogy megformáljam a Megváltás Királyságát, egy másik, még ünnepélyesebb ígéretet tettem, mielőtt a Mennybe visszatértem: megígértem az Akaratom Királyságát a földön, amelyet a 'Miatyánk' ima tartalmaz. (...) Miután tehát ezt az imát mennyei Atyám jelenlétében megfogalmaztam, biztos voltam abban, hogy meg fogja adni nekem Isteni Akaratom Királyságát a földön. Megtanítottam ezt apostolaimnak, hogy ők megtaníthassák az egész világnak, és hogy mindenki kiáltása egy lehessen: 'Legyen meg a Te Akaratod, amint a mennyben, úgy a földön is.' Ennél biztosabb és ünnepélyesebb ígéretet nem tudtam volna tenni. (...) **A lelkeknek ugyanolyan bizonyossággal kell várniuk ezt, mint amilyen bizonyossággal az eljövendő Megváltót várták.** Isteni Akaratom ugyanis a 'Miatyánk' szavaihoz van kötve és hűséges hozzá. És amikor Isteni Akaratom elkötelezi magát, bármit is ígér, több mint biztos, hogy valóra válik. (1928. február 5.)

**Ez az a Harmadik Fiat, amit most szenvedélyesen szeretne odaadni a világnak, de a mi válaszunkra vár. Arra vár, hogy kellőképpen törekedjünk rá, imádkozzunk ezért, és vágyakozzunk utána. Arra vár, hogy már most az Ő Akaratában éljünk, és hogy annyi cselekedetet hajtsunk végre az Ő Akaratában, amennyit csak tudunk, hogy előkészítsük a talajt Ennek az egyetemes Uralmához. Arra vár, hogy kellőképpen elterjesszük az Ő Akaratának a Királyságáról szóló ismereteket, mielőtt Ő bevezethetné annak igazi győzelmét.** Nem szabad elfelejtenünk, hogy "a valaha elbeszélt legnagyobb történet" nem ért véget csak azért, mert János apostol már meghalt, és a Hitletétemény le van pecsételve! A nyilvános kinyilatkoztatás valóban befejeződött már, de ez nem jelenti azt, hogy Isten most egyszerűen csak arra vár, hogy eljöjjön az idő, hogy véget vessen a nyomorúságunknak és beteljesítse a világ sorsát, és egyébként pedig befejezte a beavatkozást a világ dolgaiba. Ez távol áll Tőle, ahogyan az Úr Jézus Luisának mondja:

A két összekapcsolt láncszem - a Megváltás és Isteni Akaratom Királysága - elválaszthatatlanok egymástól. A Megváltás az előkészítésről, a szenvedésről és a cselekvésről szólt; Akaratom Királysága a beteljesedésről és a birtoklásról szól - mindkettő a legkiemelkedőbb fontossággal bír. (1927. december 25.)

**Éppen ellenkezőleg, ez a Nagyszerű Történet távolról sem ért véget, hanem az Ország eljövetelével közeledik a beteljesüléséhez.** Amint azt e könyv első oldalain tárgyaltuk, most a Végkifejletben vagyunk, és ez a tény teljesen vitathatatlanná vált, figyelembe véve a 20. század prófétai üzeneteinek kirobbanó sokaságát, amelyet a következő oldalakon fogunk megvizsgálni. Először azonban Luisa írásainak következő szakaszait fogjuk áttekinteni, amelyekben az Úr Jézus saját szavai világossá teszik, hogy valóban pontosan ebben a pillanatban vagyunk:

Sok hasonlóság van aközött, ahogyan a Megváltás kibontakozott, és ahogyan Isteni Akaratom Királysága ki fog bontakozni. Vedd észre, hogy a Megváltás során egy Szüzet választottam, aki látszólag nem volt fontos a világ szerint. (...) Názáretből választottam Őt, [de] azt akartam, hogy a fővároshoz, Jeruzsálemhez tartozzon, ahol ott volt a főpapok és a papok testülete, akik akkor Engem képviseltek. (...) Isteni Akaratom Királyságához egy másik szüzet választottam, akinek látszólag nincs jelentősége. (...) Maga Corato [Luisa szülővárosa Olaszországban] nem egy fontos város, de Rómához tartozik, amelyben az én földi képviselőm, a római pápa lakik, akitől isteni törvényeim jönnek. És ahogyan ő kötelességének tekinti, hogy a Megváltást megismertesse a népekkel, ugyanúgy kötelességének fogja tekinteni majd azt is, hogy Isteni Akaratom Királyságát is megismertesse. Elmondható, hogy egyik is, másik is ugyanúgy fog előre haladni. (1930. január 30.)

A Megváltásban minden Megnyilvánulás, amelyet Mi tettünk az Ige földre jövetelével kapcsolatban, egy lépés volt az emberiség felé. **És ahogy vágyakoztak és imádkoztak Érte, és ahogy a Mi Megnyilvánulásaink, Próféciáink és Kinyilatkoztatásaink megnyilvánultak az emberek előtt, (...) ahogy közeledett az idő, hogy alászálljak a Mennyből a földre, úgy megsokszoroztuk a Próféták számát.** (…) (1932. május 30.)

Mi az, amit itt látunk? Hihetetlen szimmetriát; hiszen, ahogyan gyakran mondják, "ha a történelem nem is ismétli önmagát, de legalábbis rímel". Luisa ugyanolyan bűnös ember volt, mint bármelyikünk. Egy átlagos olasz világi nő volt, nem a Világegyetem Szeplőtelen Királynője, mint a Szűzanya! És mégis, ki ne látná az igazságot az Úr Jézus által fentebb bemutatott párhuzamokban? Ki ne látná, hogy ezeket az eseményeket milyen gondviseléssel rendezték meg? A Szűzanya marad e küldetés Királynője, és az egyetlen teremtmény, aki sokkal jobban vágyik az Ország eljövetelére, mint bárki más. **Ráadásul a sok titulusa mellett egy meglepő elnevezést is inspirált, amely éppen az elmúlt néhány évben került a tisztelet középpontjába: ez a *Csomóoldó Boldogasszony*. Ez minden, csak nem véletlen. Maga a *Dénouement* (végkifejlet) szó etimológiája szerint francia és latin eredetű, és a jelentése: "csomót** oldó". *A Szeplőtelen Királynő azon van, hogy kioldja az Édenkertben megkötött csomót.*

Azonban akik nem látják az Úr Jézus tökéletesen illeszkedő cselekedeteit Luisa lelkében és írásaiban, bizonyára ők is észre fogják venni a magánkinyilatkoztatások robbanásszerű növekedését, amellyel az Ég megáldotta ezt a világot az elmúlt évszázadban, és azt, hogy ez a növekedés mennyire pontosan tükrözi a próféták számának megnövekedését a Megváltás előtt.

## A próféták sokasága a modern korban

Az elmúlt évszázad minden korábbi évszázadnál jobban kiemelkedik az Egyház történelméből. A Mennyország szüntelenül kérésekkel ostromolt minket, hogy felhívja figyelmünket arra, ami közeleg (néhány ilyen kéréssel már foglalkoztunk az 1. fejezetben). Ez elérte már azt a mértéket, hogyha bárki a világban zajló eseményekre néz, akkor nem hagyhatja figyelmen kívül ezeket a kéréseket. Bár manapság sajnálatos módon egyesek úgy próbálnak viselkedni, mintha minden a megszokott lenne, és semmi különös nem lenne ebben a korban, amelyben élünk (már ami a Menny beavatkozását illeti), pedig még a hitetlen világ is felfigyelt arra, hogy valami következményeket magával hozó dolog történik. A *National Geographic* 2015-ben egy hosszú cikket közölt a jelenések e világméretű megnövekedéséről, bemutatva azok ugrásszerű növekedését az 1900-as években. Ezt alátámasztva a teológus, Edward O'Connor atya így ír a *Listen to my Prophets (Figyeljetek a prófétáimra)* című könyvében:

A Boldogságos Szűz Mária [jelenéseiről] sokkal gyakrabban számolnak be, mint bármikor a múltban. (...) Az első tíz évszázadban nagyon kevés volt. Ezt követően mérsékelten növekedett a számuk, és a tizenkilencedik században a jelenések száma elérte a 105-öt. A huszadik században (...) már összesen 1045, a Boldogságos Szűzanyához köthető jelenésről [számoltak be]. (...) (IX. bevezetés)

Ugyanebben a könyvben O'Connor atya több száz oldalon keresztül elemzi a modern kor legfontosabb kinyilatkoztatásait, üzeneteit, jelenéseit, lokúcióit, és a következőket mondja ezek prófétai összhangjáról:

Az alapüzenet megegyezik Szent Fausztina üzenetével: az irgalmasság korában élünk, amely hamarosan átadja a helyét az igazság korának. Ennek oka a mai világ erkölcstelensége, amely minden korábbi korszakot felülmúl. (...) Isten soha nem látott mértékben küldi a prófétákat, hogy megtérésre hívjon bennünket. Leggyakrabban a Szűzanya szól rajtuk keresztül. Egy soha nem látott mértékű megpróbáltatásra figyelmeztet, amely a nagyon közeli jövőben vár ránk. Az Egyház darabokra fog szakadni. Az Antikrisztus, aki már jelen van a világban, meg fog nyilvánulni. (...) Nemcsak az Egyház, hanem az egész világ meg fogja tapasztalni a megpróbáltatást. Természeti katasztrófák lesznek, mint például földrengések, áradások, heves viharok és furcsa időjárási jelenségek. A gazdasági összeomlás az egész világot a szegénységbe fogja taszítani. Háborúk lesznek, talán még egy harmadik világháború is. Kozmikus katasztrófák is történnek majd a földbe csapódó pusztító meteorok által vagy olyan más égitestek formájában, amelyek elég közel haladnak el [a Föld mellett] ahhoz, hogy pusztítást végezzenek. Végül egy titokzatos égi tűz fogja az emberiség nagy részét eltörölni, és három napra teljes sötétségbe borítani a világot. Mielőtt ezek a szörnyű események bekövetkeznének, **fel leszünk készítve először is egy "Figyelmeztetés" által, amely során a földön mindenki látni fogja a lelkét, amint azt Isten látja,** másodszor pedig egy csodálatos jel által. **Az eljövendő katasztrófák megtisztítják a világot, és olyanná teszik, amilyennek Isten akarta. A Szentlélek úgy fog kiáradni, mint még soha, és megújítja az egész emberiség szívét. A legtöbb látnok ragaszkodik ahhoz, hogy az események bekövetkezése előtti hátralévő idő nagyon rövid.** (189-190)

A kinyilatkoztatások némelyikét talán elítélik vagy akár hamisnak is bizonyulnak. Ez azonban semmin sem változtat. *Mindegyikről* be kellene bizonyítani, hogy hamis - ami soha nem fog megtörténni -, hogy az egybehangzó állításuk kétségessé váljon. **És az egybehangzó állításuk a következő: ennek a szomorú korszaknak a vége gyorsan közeledik. A Jelenések könyvében említett események hamarosan megkezdődnek (hatalmas fenyítések, amelyeket egy dicsőséges Korszak követ, amelyben Krisztus a kegyelem által uralkodik). Ezeknek az eseményeknek a bekövetkeztét nem lehet megakadályozni, de a fenyítések enyhíthetők és lerövidíthetők. A dicsőséges Korszak siettethető, és mindenekelőtt a lelkek üdvössége és megszentelése minden eddiginél erőteljesebben megvalósítható ezen események közepette a hívek imája és cselekedetei által, akiknek teljes szívvel ennek a feladatnak kell szentelniük magukat.** Még csak megkísérelni sem akarom itt az egyes magánkinyilatkoztatások felületes áttekintését;

ezen üzenetek felkutatását és elolvasását az egyes olvasókra bízom, és buzdítok is mindenkit erre. Ez a kutakodás rendkívül építő és szemfelnyitó lesz.

**A részletek megvizsgálása helyett tehát elég, ha annyit mondok, hogy példátlan időket élünk. A Mennyország olyan mozgásban van, mint még soha.** *Ez jelent valamit,* mégpedig a következőt: Isten Királysága közel van! De az ördög is tisztában van azzal, hogy mi történik, és nem fogja elszalasztani a lehetőséget, hogy lecsapjon. Ahogy a Szentírás mondja: "Erre a kígyó annyi vizet lövellt a szájából az asszony után, mint egy folyó, hogy elsodorja az ár". (Jel 12,15) Pontosan ezt látjuk ma a hamis jelenések, kinyilatkoztatások, misztikusok stb. áradatában, amelyek oly sok kárt okoznak. Nem szabad meglepődnünk azon, hogy ez történik. Az ördög mindig Isten dolgait utánozza. Krisztus követőiként bátran bíznunk kell abban, hogy Isten megadja nekünk a kegyelmet ahhoz, hogy különbséget tudjunk tenni a Jó Pásztor (Akinek a hangját ismerjük) és a "kezdettől fogva hazug és gyilkos" között. (Jn 8,44) Ha elutasítjuk ezt a bizalmat, az azt jelenti, hogy bezárjuk a fülünket a Mennyország előtt, amely túl nagy ár azért az állítólagos "biztonságért", hogy nem dőlünk be az ördög által állított csapdáknak. Imádkozz, használd a megkülönböztetést, engedelmeskedj az Egyház végleges döntéseinek, keresd a gyümölcsöket, soha ne mondj ellent a Katekizmusban lefektetett ortodox tanításnak, és maradj a kegyelem állapotában, közel a Szentségekhez! Ilyen módon magabiztosan tudod megközelíteni a magánkinyilatkoztatásokat, még akkor is, ha nincsenek is teljesen jóváhagyva (erről bővebben a függelékben). **Ha így teszel - vagyis nyitva tartod a szemedet, a füledet, a szívedet és az elmédet a mennyei felhívásokra -, akkor Luisa kinyilatkoztatásain kívül is gyorsan és könnyen fel fogod ismerni, hogy a Történelem története mostanra a Koronázás idejéhez, a Végkifejlethez közeledik a Szentség Koronájának megérkezésével.**

## A Koronázás ideje

Még mindig az Egyház korában vagyunk, és mindig is abban maradunk az idők végezetéig. Azonban most elérkeztünk ahhoz a pillanathoz, amikor az Egyház már majdnem készen áll, hogy megkapja a koronáját; ahhoz a pillanathoz, amikor az ima, amelyet minden másnál buzgóbban imádkozott az Egyház - vagyis a *Miatyánk* -, elérkezett a beteljesedéshez. De bármilyen sok győzelmet is látott az Egyház - és olyan sok dicsőséges győzelem volt, hogy szinte nehéz elhinni -, mégis felmerül azon hétköznapi kísértés, hogy eljön-e valaha a koronázás ideje? Ez a kísértés Luisában is megfogalmazódott, amikor azt mondta:

Hogyan tudna eljönni az Isteni Akaratnak ez a Királysága? Minden a bűntől hemzseg, a gonoszság egyre nagyobb (...). [Az Úr Jézus válaszol Luisa panaszára:] Leányom, számunkra minden lehetséges. A lehetetlenségek, a nehézségek és a teremtmények számára leküzdhetetlen szirtfalak elolvadnak Legfőbb Fenségünk előtt, mint a hó a tűző Napon (...). Nem így történt-e a Megváltáskor? A bűn minden addiginál nagyobb mértékben volt jelen, alig volt egy kis magja a Messiás után vágyakozó embereknek, és e mag közepette mennyi képmutatás, milyen sokféle bűn és gyakran bálványimádás volt. De elrendeltetett, hogy eljöjjek a földre. **Rendeleteinkkel szemben semmilyen gonoszság sem akadályozhatja meg azt, amit tenni akarunk.** (...) **Nos, ahogyan a földre jövetelem a mi rendeletünk volt, ugyanúgy van elrendelve a mi Akaratunk Királysága is a földön. Pontosabban, azt mondhatjuk, hogy mindkettő egyetlen rendelet, [és] miután e rendelet első cselekedetét elvégeztük, még hátravan a második, amit el kell végeznünk.** (...) Igaz, hogy szomorú idők járnak, és az emberek is fáradtak. Minden kiutat elzártnak látnak. (...) De ez nem akadálya annak, hogy Legfőbb Fiatom Királysága eljöjjön (...) (1932. január 3.)

**Az Ország eljövetele garantált! Semmi és senki sem állíthatja meg!** El fog jönni: a kérdés csak az, hogy mikor, és hogy melyik oldalon fogunk állni az eljövetel idején? **Mert aminek meg kell előznie az Ország eljövetelét, az úgy közelít, mint egy tehervonat, és ez nem olyasmi, aminek a rossz oldalára akarsz kerülni. Urunk nem volt szűkszavú, amikor Luisának feltárta, hogy a Teremtésnek e megkoronázását nagy fenyítések fogják megelőzni.** Azt mondta neki:

Azt hiszed, hogy a dolgok mindig olyanok lesznek, mint ma? Ó, dehogy! Az Én Akaratom mindent eláraszt majd; zűrzavart fog okozni mindenütt: minden a feje tetejére fog állni. Sok új jelenség fog bekövetkezni, olyanok, amelyek összezavarják az ember büszkeségét. Nem fognak elmaradni a háborúk, a forradalmak és mindenféle pusztulások sem, hogy földre sújtsák az embert, és arra késztessék, hogy az emberi akaratban az Isteni Akarat újjászületését befogadja. És minden, amit kinyilvánítok neked Akaratomról, valamint minden, amit benne teszel, nem más, mint az út, az eszközök, a tanítások, a fény, valamint a kegyelmek előkészítése, hogy Akaratom megújulhasson az emberi akaratban. (...) (1925. június 18.)

Leányom, [a Fenyítések] az emberi család megtisztítását és felkészítését fogják szolgálni. A zűrzavarok az újrarendezést szolgálják majd, a rombolások pedig a szebb dolgok építését. Ha egy összeomló épületet nem bontanak le, a romokon nem lehet egy újat és szebbet építeni. Mindent Isteni Akaratom beteljesülése érdekében fogok felkavarni. (...) A Megváltás még nem járta be az egész útját. Sok régió és nép úgy él, mintha nem jöttem volna el, ezért szükséges, hogy utat törjön magának, és eljusson mindenhová, mert a Megváltás az előkészítő út az Én Akaratom Királyságához. (...) És amikor valamit elrendelünk, abból minden megvalósul, (...) ami neked nehéznek tűnik, azt a Mi Hatalmunk könnyűvé teszi. (1928. április 30.)

Mivel az Egyház életének követnie kell a Fő életét, azaz magát Krisztust, az Egyház történetében is lesz egy olyan időszak, amely megfelel az Ő szenvedésének, és egy olyan időszak is, amely megfelel az Ő feltámadott földi jelenlétének (amely a Béke Kora; az Isteni Akarat Uralma a földön), mielőtt felment volna a Mennybe. (A Menny pedig megfelel a világ végének és az Egyház végső tökéletességének a Bárány Menyegzőjén. Ez a rend pontosan megfelel annak a leírásnak, amelyet az Úr Jézus Luisán keresztül tesz meg. Az elmúlt századok szentjei az Úr Jézus Emberségét szimbolizálják, az Új Korszak szentjei pedig az Ő Feltámadását fogják szimbolizálni (vö. 1919. április 15.).) **Meg kell azonban értenünk, hogy a Fenyítések egy jottányit sem vonnak le abból a szeretetből, amelyet Isten mindannyiunk iránt érez,** mert a Fenyítések valójában az Isteni Szeretet nagyszerű cselekedetei. Az Úr Jézus azt mondja Luisának:

Leányom, bátorság, minden az Én Akaratom győzelmét fogja szolgálni. Ha lesújtok, azért teszem, mert helyre akarok állítani. (...) **Tudnod kell, hogy mindig szeretem gyermekeimet, drága teremtményeimet,** [és inkább] **kifordítanám Magamat, csak ne lássam őket sújtva**; olyannyira, hogy az eljövendő gyászos időkre minden gyermekemet Mennyei Anyám kezébe helyeztem. Rábíztam őket, hogy Ő őrizze meg őket Számomra biztonságban a palástja alatt. Neki adom mindazokat, akiket Ő akar; még a halálnak sem lesz hatalma azokon, akik Égi Édesanyám gondjaira lesznek bízva. [Luisa ezután elmondja:] Miközben pedig ezt mondta, az én drága Jézusom tényeken keresztül megmutatta nekem, miképp szállt le a Mennyből a Fenséges Királynő kimondhatatlan méltósággal és tisztán anyai gyengédséggel; és körbejárt a teremtmények és minden nemzet körében, és megjelölte az Ő kedves gyermekeit és azokat, akiket nem érhetnek csapások. (1935. június 6.)

Milyen mélységes szavak ezek! Az Úr Jézus azt mondja nekünk, hogy *kifordítaná önmagát* (egy másik fordítás szerint *kizsigerelné* magát) azért, hogy egyikünket se lássa - az Ő drága gyermekei közül – a Fenyítések által megsebezve. Senki nem veti meg jobban a fenyítések gondolatát vagy siratja meg azok közelgő érkezését, mint az Úr Jézus. Ő csak megengedi ezeket - általánosságban nem is volna helyes azt mondani, hogy "kirója" vagy "küldi" ezeket, mert a legtöbb fenyítés az emberiség bűneinek természetes következménye -, mint a legvégső megoldást, hogy megmentsen minket a pokol tüzétől, valamint azért, mert látja a dicsőséget, ami ezek után következik: "**Ha [a Mi Akaratunk] ennyi mindent eltűr és tolerál, az azért van, mert látjuk az eljövendő időket, a Célunk megvalósulását.**" (1932. május 30.) Ugyanebben a naplóbejegyzésben Luisa azt is leírja, hogy a Mennyek Királynőjében, a Szűzanyában látta az összes Fenyítéstől való biztos menedéket kedves gyermekei számára. Különösképpen emlékezzünk tehát a Szűzanya minden olyan dolog feletti hatalmára, ami ezen a világon az elkövetkező szomorú időkben történni fog, mielőtt a dicsőséges napok eljönnének. És valahányszor megkísért minket a félelem, ehelyett inkább ajánljuk fel neki magunkat újra, és újítsuk meg az iránta érzett szeretetünket és odaadásunkat, ezzel teljesítve a Fatimában megfogalmazott kéréseit, amelyek a napi rózsafüzér imádkozására, az elsőszombati áhítatra, valamint az ötödik Mária-dogma hirdetésére vonatkoznak, illetve tegyük életünk központi részévé az imádságot, az Eucharisztiát, a gyónást, a böjtöt és a Szentírást.

Mindazonáltal a Fenyítések továbbra is szükségesek. Az Úr Jézus sokkal szívesebben hódította volna meg magának ezt a világot a szeretet erejével és a Luisának kinyilatkoztatott ismeretek terjesztésén keresztül áradó kegyelmek révén, hogy így alakíthassa meg az Ő Királyságát. De az emberek eddig elutasították Őt. Mivel ilyen módon válaszoltak Isten kezdeményezésére, egyszerűen nincs más lehetőség a jövőre nézve, mint a Fenyítések (jóllehet, képesek vagyunk mérsékelni azokat). A Fenyítések pedig garantáltan elérik majd a céljukat. Isten nem akarta, hogy így történjen, de ezek használni fognak. Luisa megjegyzi a naplójában:

[Ezen fenyítések] oka csakis a bűn, és az ember nem akarja megadni magát; úgy tűnik, hogy az ember szembe helyezte magát Istennel, és Isten a természeti elemeket állítja az ember ellen - a vizet, a tüzet, a szelet és sok más dolgot -, ami sok-sok ember halálát fogja okozni. (1906. április 17.)

Hasonlóképpen, az Úr Jézus ezt mondja Luisának:

> **Az évszázadok óta tartó agónia miatt megfáradt Akaratom ki akar törni, és ezért két utat készít elő: a győzedelmes utat, amely az Ő ismeretei, csodái és mindaz a jó, amit a Legfőbb Fiat Királysága hoz; és az Igazság útját azok számára, akik nem akarják Őt győzedelmesnek látni.** *A teremtményeken múlik, hogy melyik utat választva fog elérkezni közéjük.* (1926. november 19.)

**A Fenyítések időtartama, terjedelme és súlyossága arányos lesz az Isteni Akarat ismeretének hiányosságával az emberek körében.** (Ez egyértelmű következménye annak, amit az Úr Jézus fentebb mond.) **Akarod tehát enyhíteni a Fenyítéseket? Meg akarod kímélni ezt a világot a történelem során soha nem látott nyomorúság egy részétől, amely hamarosan majd elárasztja a világot? Légy a Harmadik Fiat új evangélistája! Hirdesd a Királyságot! Hirdesd az Isteni Irgalmasságot, amíg még élvezhetjük az Irgalmasság idejének jótékony hatását, amely oly gyorsan közeledik a végéhez.** Emlékezz arra is, hogy aki az Isteni Akaratban él - és valóban, minden lélek, aki Isten kegyelmében él -, nem fél a Fenyítésektől (noha sürgősen enyhíteni is akarja azokat testvérei érdekében), mert még a legszörnyűbb pillanatban is úgy közelít a Fenyítésekhez, mint a koszos ember a zuhanyhoz. Az Úr Jézus azt mondja Luisának:

> A jóra elszánt lelkeké a bátorság. Rendíthetetlenek maradnak a vihar idején; és amikor beleremegnek a mennydörgések és a villámok robajába, és a rájuk zúduló esőben kitartanak, **arra használják a vizet, hogy megmosakodjanak, és szebben jöjjenek ki belőle;** *nem törődve a viharral,* **elszántabbak és bátrabbak, mint valaha.** (...) A bátorság az erősek kenyere, a bátorság az a harcos, aki tudja, hogyan nyerjen meg minden csatát. (1931. április 16.)

És mivel ezen könyv lapjain említett küszöbön álló események közül a Fenyítések a legközelebbiek, ezekkel a szavakkal zárom e könyv lényegi részét. Megismétlem azonban, hogy időtartamuk, súlyosságuk és terjedelmük részletei nincsenek kőbe vésve; drámaian csökkenthetők a

Korszak meggyorsítására irányuló buzgó és teljes szívvel megtett erőfeszítéseinkkel. Miközben ezeket a szavakat írom, szó szerint a betonon térdelek, és könyörgök neked, hogy te is tégy így - könyörgök neked, hogy ne kövess el több bűnt és térj meg (a bűn csak súlyosabbá teszi a Fenyítéseket), könyörgök neked, hogy bízz az Isteni Irgalomban (amire szükséged lesz a Fenyítések elviseléséhez), könyörgök neked, hogy élj az Isteni Akaratban és hirdesd Azt (ez enyhíteni fogja a Fenyítéseket és meggyorsítja a Korszak eljövetelét) -, miközben most a madarak gyönyörű csicsergését hallgatom, és élvezem a napfény aranyló sugarait, amelyek ebben a pillanatban az otthonomat ékesítik, miután egy nagy vihar sokkal gyorsabban vonult el, mint ahogy azt az előrejelzés megjósolta, és anélkül, hogy bármi olyan kárt okozott volna, amire korábban a környéken élőket figyelmeztették. Még nem késő, hogy az egész világgal is így történjen!

†‡†

# Függelék

## Segítség az Isteni Akaratban való Élethez

- **Törekedj arra, hogy folyamatosan beszélgess az Úr Jézussal: egész nap, minden nap!** Folyamatosan imádkozd a következőket: "Jézusom, bízom benned", "Legyen meg a Te akaratod" és "Jöjjön el a Te országod". Folyamatosan adj hálát Neki mindenért!
- **Törekedj arra, hogy minden tettedet az Isteni Akaratban végezd,** kérve az Úr Jézust, hogy bármit is teszel, Ő veled együtt tegye ezt, és gondoskodj arról, hogy **minden** cselekedeted tiszta szeretetből fakadjon!
- **Kérd Istentől az Isteni Akaratban való Élet Ajándékát minden nap!**
- **Növekedj az erényekben minden nap! Élj a nyolc boldogság szerint!** *Élj szentül!*
- **Terjeszd az Isteni Akaratról szóló ismereteket!** A Királyság eljövetelének ideje nagymértékben függ attól, hogy milyen buzgón terjeszted ezt a tudást.
- **Ajánld fel magad a Szűzanyának** Montforti Szent Lajos 33 napos lelkigyakorlata alapján, és éld meg teljes egészében ezt a felajánlást!
- **Imádkozd a rózsafüzért minden nap,** és imádkozzátok a családban! Imádkozzatok szívből; váljék ez az ima az *öröm* forrásává! Tartsd mindig kéznél a rózsafüzért!
- **Viselj feszületet, Csodásérmét és barna skapulárét!**
- Evangelizálj minden beszélgetés során szelíden, méltóságteljesen és természetes módon; még akkor is, ha csak óvatosan vetsz el egy nagyon apró magot.
- **Járj szentmisére és áldozz naponta,** ha tudsz!
- **Imádkozd az Isteni Irgalmasság rózsafüzérét minden nap,** és élj a Szent Fausztinának adott Isteni Irgalmasság kinyilatkoztatásai szerint!
- **Menj el havonta legalább egyszer gyónni!**
- **Soha ne pazarold el a szenvedést! Szeress minden keresztet, amit Isten küld neked,** és viseld belenyugvással, önmegtagadással, türelemmel, békével és örömmel! Soha ne mulaszd el minden egyes fájdalom, kellemetlenség, bosszúság, csalódás, kísértés stb. esetén legalább azt mondani: "Úr Jézus, felajánlom ezt Neked"!
- **Végezd rendszeresen az irgalmasság cselekedeteit!**

- **Tarts naponta vagy hetente egy szentórát a legközelebbi szentségimádási kápolnában!**
- **Próbálj meg naponta legalább 15 percet szánni a szellemi imára!** Szenteld ezt az időt kizárólag elmélkedésre, szemlélődésre és a Körök végzésére!
- **Olvass minden nap valamilyen lelki olvasmányt: Szentírást**, **Katekizmust**, Luisa kinyilatkoztatásait, szentek életrajzait és írásait, az Imaórák liturgiáját stb.!
- **Böjtölj minden szerdán és pénteken,** ahogyan sajátos szükségleteidnek és képességeidnek megfelelően alkalmasnak érzed magad!
- **Gondoskodj arról, hogy otthonod szent hely legyen**, amely elősegíti minden családtag lelki növekedését! A Királyság újabb názáreti otthonok kialakulásával fog eljönni. Kövessétek a Szent Család példáját, ajánljátok fel családotokat nekik, és imádkozzatok naponta a közbenjárásukért!

## A katolikusok aggodalmainak megválaszolása

Ez a fejezet rövid lesz. Akik ezekre, vagy más kérdésekre bővebb választ keresnek, azok olvassanak utána *Az életszentség koronája* című könyv 488-532 oldalain (vagy ha a millenarizmus és a Kor kapcsán vannak kérdéseid, akkor a 356-396 oldalakat olvasd el). Annál a jóleső érzésnél, hogy minden kérdésünkre kielégítő magyarázatot kaptunk, sokkal fontosabb annak felismerése és emlékezetünkben tartása, amit az 1. fejezetben lefektettünk: tekintve a rendkívüli mennyiségű jóváhagyást, megerősítést, támogatást és csodát, ami Luisa életét, írásait és ügyét veszi körül, aligha lehet kételkedni abban, hogy kinyilatkoztatásait a Mennyország küldte.

Luisa írásai több ezer oldalt tesznek ki; mélyedj el bennük, és valószínűleg fogsz találni olyan dolgokat, amelyek elsőre zavarba hoznak (és talán még feszélyeznek is!). De ne aggódj! Tedd félre a zavarba ejtő dolgokat, és térj vissza hozzájuk később! *Mindig* így kell eljárni az ilyen nagyságrendű misztikával kapcsolatban, ahelyett, hogy azt feltételeznénk, hogy egy ilyen új kaland csupán csak a meglévő elképzeléseinket, preferenciáinkat, véleményünket és a folytonosan fejlődésre szoruló személyes megértésünket fogják alátámasztani. Ha egy szövegben nincsenek ilyen nehézségek, az biztos jele annak, hogy az nem a Mennyből származik (amelynek mindig magasztosabb céljai vannak, mint a status quo fenntartása), hanem talán egy PRtevékenységet folytató cégtől, amelyet csupán azért béreltek fel, mert ért ahhoz, hogy ne gyártson kellemetlen tartalmakat.

## Ez nem csak egy magánkinyilatkoztatás, amit, ha akarok, figyelmen kívül hagyhatok?

Az Úr Jézus Luisának adott kinyilatkoztatásai valóban "csak" magánkinyilatkoztatások - Fatimával, Guadalupéval, az Isteni Irgalmassággal, a Szent Szív Tiszteletével stb. együtt. Az, hogy egy kinyilatkoztatás "csupán" magánjellegű, nem csökkenti ennek dicsőségét, és nem ad általános engedélyt a katolikusoknak arra, hogy legálisan elutasítsák azt pusztán azon az alapon, hogy az "csupán magánjellegű". Soha ne felejtsük el, hogy a rózsafüzér is egy *magán*kinyilatkoztatás; egy olyan kinyilatkoztatás, amelyről Isten szolgálója, a fatimai Lucia nővér helyesen a következőt mondta: "**Minden** jóakaratú ember minden nap elmondhatja és el is **kell** mondania a Rózsafüzért."[xxxi]

Nem igaz ugyanis, hogy a magánkinyilatkoztatás soha nem támaszthat erkölcsi követeléseket a katolikusok lelkiismeretével szemben. Mint minden hazugság, ez is egy jogos előfeltevésre épül, vagyis arra, hogy egy magánkinyilatkoztatás nem követelheti meg a *természetfeletti katolikus hit beleegyezését*. De ezzel csalárdul azt állítja, hogy csak azért, mert egy dolog nem kifejezetten része a nyilvános kinyilatkoztatás *Hitletéteményének*, soha egyetlen katolikusnak sem lehet *semmilyen* kötelezettsége a kérdéses dologban. Bár ezt a gondolatot néhányan hangosan hirdetik, ez az elképzelés szöges ellentétben áll azzal a valósággal, **miszerint te és Isten egyaránt tudjátok, milyen meghívásokat intézett a szívedhez, és az Ítéletnapon az örök dicsőségedet aszerint szabják meg, miként válaszoltál ezekre az isteni meghívásokra, és nem csupán az alapján, hogy elhitted-e a Hitletétemény tartalmát.**

Az utóbbi mérce olyan lenne, mint a régi protestáns "egyedül a hit által" eretnekség katolizált változata, amelyet végre sok protestáns is elhagy manapság. Ez az eretnekség lényegében azt állítja, hogy az üdvösség egyetlen feltétele az, hogy valaki hiszi-e azt, amit természetfeletti hittel hinnie kell. A katolikus tanítás azonban elutasítja ezt az elképzelést. Nézzük meg, mit mond a Katekizmus: "Az embernek *mindenben*, amit mond és tesz, hűségesen követnie *kell* azt, amit igaznak és helyesnek *tud*." (§1778) Nem azt mondja, hogy "*az embernek csak a*

*Katolikus Egyház tanítóhivatala által igazságként tanított egyedi ügyekben kell hűségesen követnie azt, ami helyes és jó*". Világos, hogy "a katolikus hit szerint nem szükséges" szavak értelmét sosem szabad tévesen egybemosni azzal, hogy "soha, semmilyen körülmények között nem lehet kötelezettsége egyetlen katolikusnak sem".

Ezeken a megfontolásokon túl, nem szabad azonban elhamarkodottan döntenünk arról, hogy egy adott dolog esetében "csupán egy magán-kinyilatkoztatás-ügyről" van-e szó. Mintha azok a dolgok, amelyekről a magánkinyilatkoztatásban beszélnek, "csak" magánügyek lennének. Éppen ellenkezőleg, ha egy bizonyos igazság ilyen hosszú időn keresztül annyiszor ismétlődik olyan sok különböző jámbor lélek által, akkor annak az igazságnak az elutasítása pusztán azért, mert magánkinyilatkoztatásból ered, azt a kockázatot rejti magában, hogy nemcsak az adott magánkinyilatkoztatást vetjük el. Sokkal veszélyesebb területre tévedhetünk így. Ugyanis, mint katolikusok, joggal utasítjuk el a "sola scriptura" elvét, hiszen tudjuk, hogy Isten Igéje több, mint ami a Biblia lapjaira le lett írva, mivel magában foglalja az *élő* Szenthagyományt is, amely "ugyanabból az isteni forrásból fakad... és ugyanarra a célra törekszik", mint maga a Szentírás (*Dei Verbum* §8,9).

Az Ajándék - vagy Ennek a Korszak során megvalósuló egyetemes Uralmának - elutasítása nem csupán egy vagy két magánkinyilatkoztatás elutasítását jelenti. Azt jelenti, hogy a 20. századi misztika egyik alapvető tanítása (beleértve azokat az üzeneteket, amelyeket Szent Fausztina, Boldog Conchita, Boldog Dina Belanger, Szent Maximilian Kolbe, Szentháromságról nevezett Szent Erzsébet és sokan mások kaptak - lásd az 1. és 3. fejezeteket) ördögi hazugság. És azt állítani, hogy a Pokol Kapuit az egyházi hatóság úgy kezelhetné, ahogyan ezeket a misztikusokat és a kinyilatkoztatásokat kezelte, veszélyesen közel visz ahhoz az állításhoz, miszerint a Pokol Kapui talán már erőt vettek az Egyházon. Ezzel viszont a Máté 16,18-ban tett ígérete alapján hazugnak neveznénk a mi Urunkat. Konkrétan Luisára korlátozva figyelmünket, ne feledjük, hogy ha az Isteni Akaratban való Élet Ajándéka és ennek az Ajándéknak az egész földön való közelgő Uralma téves, akkor Luisa nem csupán néhány nézetében tévedett. Nem, *ebben az esetben teljes élethosszán át tartó (81 év) küldetése ördögi hazugság vagy történelmileg példátlan csalás lett volna.* Hiszen mindig ez az egyszerű ellentétpár lesz előttünk, amikor *ilyen* nagy horderejű, *ennyire* kihangsúlyozott, *ilyen sok* éven át *ennyiszer* elismételt állításokról van szó: vagy igazak, vagy a pokol kapujából származnak. Így nem mondhatjuk azt, hogy: "Luisa nyilvánvalóan szent asszony volt, de az írásaiban található 'Ajándék' és 'Korszak' egyszerűen nem igaz." Az ilyen megítélést ugyanaz a racionális kettősség teszi lehetetlenné, amely joggal ítéli el a Krisztus személyéhez való langyos hozzáállást is. Ahogyan azt számos bölcs szerző (különösen C. S. Lewis) bemutatta, képtelenség azt állítani, hogy Jézus "jó és bölcs tanító volt, de biztosan nem Isten". Mert aki azt állítja magáról, hogy Ő Isten, az vagy valóban Isten, vagy egy őrült (vagy egy démon). Hasonló módon, Luisa kinyilatkoztatásainak természete nem hagy teret a langyos hozzáállás számára. Egy szerző bizonyos esetekben elválasztható a művétől. Egy misztikus azonban nem választható el a misztikájától, ha ez a misztika *volt az egész életének célja.*

Azt állítom tehát, hogy azok, akik nem törődnek Luisa kinyilatkoztatásaival, azok a pokolra jutnak? Természetesen nem! Imádkozom, hogy ti, kedves katolikusok, mindenekelőtt maradjatok mindig békések, bármilyen buzdítást is állítok elétek. (Ugyanakkor őszintén remélem, hogy aki vette a fáradságot, hogy kinyissa itt a könyvet, az már régen eltávolodott a Hitnek attól a siralmas megközelítésétől, amely csak a Mennybe való bejutás minimális követelményeivel törődik csupán!)

## Nem voltak Luisa írásai a Tiltott könyvek jegyzékén (Index)?

Valóban, Luisa kinyilatkoztatásai egykor a Tiltott könyvek jegyzékén szerepeltek, ahogyan Szent Fausztina kinyilatkoztatásai is, de ezt a besorolást minden jelentőségétől megfosztották, amikor a jegyzéket 1966-ban Szent VI. Pál pápa eltörölte. Ez az eltörlés nyilvánvalóan nem tette önmagában varázslatos módon ortodoxszá az Index minden korábbi tartalmát, de azt jelentette, hogy innentől kezdve nem lehet következtetéseket levonni egy adott műre vonatkozólag pusztán azért, mert az egyszer már szerepelt ezen (és emlékezzünk arra, hogy Luisa írásainak elítélését Ratzinger bíboros - XVI. Benedek pápa - 1994-ben érvénytelenítette).

Azzal a logikával, hogy "kerüljük mindazt, ami a jegyzéken szerepelt, vagy amit egykor elítéltek", nem csupán Luisát és Fausztinát kell elkerülnünk, hanem Szent Johannát, Avilai Szent Terézt, Szent Pio atyát, a Minden Népek Asszonya jóváhagyott jelenéseit, Blaise Pascalt, Kopernikuszt, Victor Hugot, Szent Atanázt, Szent Mary MacKillopot és sok más szentet, érvényes kinyilatkoztatásokat, építő jellegű műveket és tényekre támaszkodó értekezéseket. (Azonban itt befejezem a felsorolást, és megkíméllek az egész egyháztörténelem áttekintésétől!) Luisa írásai már nincsenek elítélve. A klerikalizmus nyilvánvalóan nehezen hal meg. Egyes katolikusok még ma sem hajlandók felismerni, hogy az Egyház jogi intézkedései nem tévedhetetlenek, sőt gyakran változnak, és a változás során kiderül, mennyire tévesek voltak kezdetben. **Az egyedüli vélemények, amelyek kizárólag számítanak ebben a kérdésben (vagyis a Vatikán és Luisa egyházmegyéje (Trani) Olaszországban), többször is megerősítették, hogy a régebbi elítélések már nem érvényesek, sőt, éppen ellenkezőleg, őszintén kívánják, hogy Luisa írásait olvassák és lelkiségét megéljék.**

## Luisa kinyilatkoztatásai még nincsenek jóváhagyva, ugye?

Luisa kinyilatkoztatásait sok tekintetben már megerősítették, és bizonyos tekintetben még mindig a teljes jóváhagyásra várnak. Aki azért utasítja el ezeket, mert "nem jóváhagyott magánkinyilatkoztatások", az a legjobb esetben is elfogult figyelmen kívül hagyva például mindazt, amit e könyv 1. fejezetében leírtam. Igaz, valóban létezik egy ideiglenes és részleges "Moratórium", amely korlátozza a Luisa-kötetek már létező fordításainak nyílt kiadását (amíg hamarosan meg nem jelenik a hivatalos kiadás). Ennek a moratóriumnak a lényegét azonban teljesen eltorzítják bizonyos személyek (és bizonyos honlapok), akiknek helytelen állításait tragikus módon gyakran elfogadják a jószándékú katolikusok, és elkövetik azt a hibát, hogy megbíznak abban, amit a "Google-kereső" először kiad anélkül, hogy mélyebbre ásnának. Ezzel a dologgal részletesen és őszintén foglalkoztam *Az életszentség koronája* című könyv 483-488 oldalain, de most elég annyit elmondanom, hogy *az az érsek, akitől ez a moratórium származik* (már elhunyt) Luisa kinyilatkoztatásainak lelkes támogatója és védelmezője volt, aki kifejezetten bátorított a kinyilatkoztatások olvasására! (Ő csupán azt kívánta, hogy az írásokat imacsoportokban osszák meg, ahol azokat megfelelően megmagyarázzák; és ne adják ki nyíltan ezeket a lábjegyzetekkel ellátott hivatalos kiadás megjelenése előtt). Ennyit arról, hogy a saját joghatóságát Luisa kinyilatkoztatásai ellen használta fel.

De még ha Luisa kinyilatkoztatásai nincsenek is teljesen jóváhagyva, ez nem kisebbíti dicsőségüket. **Minden ma már jóváhagyott kinyilatkoztatás egykor jóváhagyatlan volt, és csak azért**

**lett jóváhagyva, mert a hűséges lelkek hajlandóak voltak odafigyelni a bennük található mennyei felhívásokra.** A fül és a szív bezárása a Mennyország "behatolása" elől csupán azért, mert ragaszkodunk annak látszólagos "biztonságához", miszerint csak a már teljesen jóváhagyottakkal szabad foglalkoznunk, abszurd. Ezt cáfolja meg a logika, az egyháztörténelem, és most már maga az Egyház Tanítóhivatala is elítéli. 2018-ban Ferenc pápa a *Gaudete et Exsultate (Örüljetek és ujjongjatok)* apostoli buzdításának 170. §-ban azt tanítja, hogy az Egyház "szilárd normái" szükségesek, *de nem elegendőek* a megkülönböztetéshez, és a Katekizmus nem azt tanítja, hogy a híveknek meg kell várniuk az Egyház döntéseit ilyen kérdésekben, hanem éppen az ellenkezőjét, azaz, hogy a hívek hitérzéke "*tudja*, hogyan kell megkülönböztetni és befogadni ezekből a kinyilatkoztatásokból mindazt, ami Krisztus hiteles hívása...". (§67)

Természetesen mindig engedelmeskednünk kell az Egyháznak. De az engedelmességnek ez az erénye semmit sem mond arról, hogy mit kell tennünk olyan ügyekben, amelyekről az Egyház még nem hozott végleges ítéletet. Úgy tűnik, mintha a Hittani Kongregáció arra akarná buzdítani a katolikusokat, hogy ne maradjanak tétlenek, ugyanis nemrégiben kiadott egy dokumentumot *"Eljárási normák a feltételezett jelenések és kinyilatkoztatások megítéléséhez"* címmel. A Vatikán által angol nyelven hivatalosan csak néhány éve kiadott dokumentum a híveknek megadja a magánkinyilatkoztatások megfelelő megkülönböztetéséhez szükséges elveket. Ezeket a kritériumokat alkalmazva **bíznunk kell abban, hogy Isten kegyelme lehetővé teszi számunkra, hogy felismerjük az Ő akaratát, és így bátran kell eljárnunk.** Ha teljesen és kategorikusan elutasítjuk a Menny felé nyitott hozzáállást, és ehelyett inkább félénken éljük lelki életünket - mindig paranoiásan, hogy az ördög ott lapul minden szikla mögött -, valamint azt reméljük, hogy ez a téves "biztonság minden áron" stratégia majd békét ad nekünk, akkor miért is vagyunk egyáltalán keresztények? Hiszen ez pontosan az az ál-"béke", amiről az Úr Jézus kifejezetten mondta, hogy *nem* ezt hozza el nekünk (vö. Mt 10,34). Egy dolog biztos, kedves barátaim: amikor Krisztus újra eljön, az teljesen jóváhagyatlan lesz. Ezt a részt Ferenc pápa fent idézett tanítóhivatali dokumentumának további intelmeivel szeretném zárni abban a reményben, hogy ezek arra ösztönöznek téged, hogy félretedd azt a langyos keresztény hozzáállást a Mennyországgal kapcsolatban, amely mindig ahhoz ragaszkodik, hogy féljünk mindentől, amit még nem hagytak teljesen jóvá:

"Ennek arra kell ösztönöznie és bátorítania minket, hogy mindent beleadjunk, és elfogadjuk azt az egyedi tervet, amelyet Isten mindannyiunk számára az örökkévalóságtól fogva eltervezett." (13. §)

"Minden szent egy küldetés, amelyet az Atya úgy tervezett, hogy a történelem egy adott pillanatában az evangélium egy bizonyos aspektusát tükrözze és megtestesítse." (19. §)

"Próbáld meg [egész életedet küldetésként élni] úgy, hogy az imádságban hallgatsz Istenre, és felismered a jeleket, amelyeket ad neked." (23. §)

"Isten végtelenül felülmúl minket. (...) Nem mi határozzuk meg, hogy mikor és hogyan fogunk vele találkozni." (41. §)

"Nem elég, ha minden nyugodt és békés. Lehet, hogy Isten valami többet kínál nekünk, de kényelmes figyelmetlenségünkben nem ismerjük fel." (§172)

## Nem lehet, hogy ez is egy mesterséges fejlemény, amelynek állításai egyszerűen túlságosan rendkívüliek?

Bár Luisa írásai valóban a legmagasztosabb magánkinyilatkoztatásokat tartalmazzák, amelyekkel a Menny valaha megajándékozta az Egyházat, azonban a több ezer oldalon belül sehol sincs utalás diszpenzacionalizmusra, egy új nyilvános kinyilatkoztatás igényére vagy a nyilvános kinyilatkoztatás felülmúlására. **Luisa írásainak minden egyes oldala, mint *magán*kinyilatkoztatás mutatkozik meg, amely teljes mértékben alárendeli magát Krisztus nyilvános kinyilatkoztatásának (Hitletétemény) és megmarad annak keretein belül, valamint annak alapjára támaszkodik.**

Szólnunk kell azonban egy elemi nyelvi zavarról, amelynek némelyek tévesen behódoltak azzal kapcsolatban, hogy mit tanít az Egyház ebben a kérdésben: az Egyház sehol nem szabott határt annak, hogy *egy magánkinyilatkoztatás milyen* nagyszerű vagy dicsőséges *állításokkal állhat elő*. **Az Egyház csak azt tanítja, hogy a magánkinyilatkoztatás nem állíthatja *magáról*, hogy felülmúlná vagy kijavítaná a nyilvános kinyilatkoztatást** (vö. Katekizmus 67. §). Sok mozgalom és ideológia van, mint például a mormonizmus, a Jehova Tanúi, a Keresztény Tudomány, a "palmariai Katolikus Egyház", a "Mária Serege" és még sok más mozgalom és ideológia, amelyek azt állítják, hogy olyan kinyilatkoztatások címzettjei, amelyek *felülmúlják* (vagy legalábbis kiegészítik és/vagy kijavítják) Krisztus nyilvános kinyilatkoztatását. A magát katolikusnak valló "Mária serege" "túllép" a Szentháromság dogmáján egy újonnan "kinyilatkoztatott" ördögi antidogma, a "Quinternity" ("Ötösség") kedvéért. Hasonlóképpen, a palmariai "katolikus" Egyház úgy tesz, mintha a saját "magánkinyilatkoztatása" felruházná azzal a joggal, hogy túllépjen a Krisztus által alapított Egyház tekintélyén, és saját pápáját ültesse trónra. Az elmúlt jónéhány évben néhány nyilvánvalóan hamis magánkinyilatkoztatás szintén tévesen követelte magának a hatalmat a pápa elítéléséhez, illetve azt állították, hogy ő az Antikrisztus. Nem hiszem, hogy szükség van a többi fent említett mozgalom áttekintésére, melyek szintén azt állítják, hogy olyan kinyilatkoztatásokat kaptak, amelyek felülmúlják Krisztus nyilvános kinyilatkoztatását. (A modernisták is hajlamosak azt hinni, hogy az ő meglátásaik felsőbbrendűek a nyilvános kinyilatkoztatáshoz képest, és még nagyobb arroganciával, általában saját intellektusukat és tudományukat tartják felsőbbrendűnek az állítólagos mennyei üzenettel szemben. Így a világ dörgő tapsa közepette könnyelműen ellent mondanak az Egyház azon dogmáinak, amelyekről azt állítják, hogy ők már "meghaladták".) Luisa magánkinyilatkoztatásai azonban sehol nem állítanak olyat, ami akár csak távolról is a fenti állításokhoz lenne hasonló. Erről könnyen meggyőződhetsz, ha kinyitod ezeket és elolvasod, de most elég lesz néhány összehasonlítás. **A következő megállapítások mindegyikében szembe állítjuk Krisztus nyilvános kinyilatkoztatását a Luisa által kapott magánkinyilatkoztatással:**

- A nyilvános kinyilatkoztatásban Isten Három Személyként nyilatkozik meg, nem pedig Egyként. Luisa magánkinyilatkoztatásában ez a Három Személy most egyszerűen csak teljesebben szeretné megosztani az életét velünk.
- A nyilvános kinyilatkoztatásban Jézus isteni személyként tárja fel magát. Luisa azt állítja magáról, hogy ő a legkisebb minden teremtmény között, és Jézus megerősíti, hogy Luisa valóban az.
- A nyilvános kinyilatkoztatásban egy új, tartós Egyház alapíttatik a földön, amely szükséges az üdvösséghez. Luisa magánkinyilatkoztatásában egy új *lelkiség* kerül bevezetésre, amely az Egyház iránti engedelmességre hív, és ugyanebbe akar békésen beilleszkedni.

- A nyilvános kinyilatkoztatásban hét szentséget alapítanak, míg Luisa magánkinyilatkoztatásában nem alapítanak új szentségeket; ugyanaz a hét szentség marad az életszentséghez vezető út.

- A nyilvános kinyilatkoztatásban új papság jön létre. Luisa magánkinyilatkoztatásában nincs szó új papságról: ugyanazok a (katolikus) papok vannak elhívva, hogy az Isteni Akarat elsődleges hírnökei legyenek.

- A nyilvános kinyilatkoztatásban a törvényeket megváltoztatják (pl. a válást nem engedélyezik, felmentenek a mózesi törvény alól, minden ételt tisztának nyilvánítanak, a körülmetélést eltörlik). Luisa magánkinyilatkoztatásában a törvényeken nem változtatnak.

- A nyilvános kinyilatkoztatásban egy gyökeresen új liturgiát vezetnek be. Luisa magánkinyilatkoztatásában ez a liturgia megmarad.

- A nyilvános kinyilatkoztatásban a vezetésben alapvető változás történik a levita papságtól a péteri szolgálat felé. Luisa magánkinyilatkoztatásában minden hatalom Péter utódjánál és az ő Tanítóhivatalánál marad.

**A Krisztusban nekünk adott végleges nyilvános kinyilatkoztatás és a Luisa által nekünk adott, az Isteni Akaratról szóló magánkinyilatkoztatás néhány lényeges elemének e rövid áttekintéséből egy világos kép rajzolódik ki: ezek teljesen és egyértelműen eltérő sajátosságokkal rendelkeznek**. A Luisának adott kinyilatkoztatások pontosan illeszkednek abba a keretbe, amit az Egyház tanít a magánkinyilatkoztatásokkal kapcsolatban, amely keretek azonban semmiképpen sem fosztják meg az ilyen kinyilatkoztatásokat attól a joguktól, hogy olyan dolgokról *szóljanak*, amelyek még a Megváltásnál is nagyobbak. A Megváltás a nyilvános kinyilatkoztatás és a Hitletétemény elsődleges *témája* és *tárgya*, de nem szinonimája annak. *Bármely* magánkinyilatkoztatás, amely például betekintést enged a mennyei szféra dicsőségébe, szintén valami olyasmiről *szól*, ami nagyobb, mint a nyilvános kinyilatkoztatás Hitletéteménye. A célok ugyanis mindig magasabb rendűek, mint a hozzájuk tartozó eszközök, és a Megváltás a mennyei *célhoz* rendelt *eszköz*. Ez *nem* jelenti azt, hogy Sziénai Szent Katalin jóváhagyott kinyilatkoztatásai (vagy a többi ehhez hasonló, a Mennyországról szóló igazságokat feltáró üzenetek) ezáltal csorbítanák a nyilvános kinyilatkoztatásnak a magánkinyilatkoztatással szembeni felsőbbrendűségét. Az erre vonatkozó egyházi tanítások helyes megértésével rájövünk, hogy Luisa kinyilatkoztatásai is - bár a

Megszentelés közelgő Harmadik Fiatjáról (és a Korszakról) *szólnak,* amely *bizonyos értelemben* felülmúlja a Megváltást - olyan kinyilatkoztatások, amelyek semmilyen módon, jellegben vagy formában nem követelnek *maguknak* olyan státuszt, amely felülmúlná, kijavítaná vagy kiegészítené a nyilvános kinyilatkoztatást.

Az Úr Jézus által Luisának adott kinyilatkoztatások valóban *rendkívüli állításokat* tartalmaznak. **Ha valaha volt bármi jogosultsága annak a nézetnek (sosem volt), hogy a magánkinyilatkoztatásnak csak arra van joga, hogy csendben a sarokban üljön és időnként udvarias javaslatokat tegyen a jámbor áhítatgyakorlatra, akkor ezt a nézetet lerombolta az a történelem során példátlan mértékű egyházi jóváhagyás és felmagasztalás, amelyet Szent Fausztina kinyilatkoztatásai kaptak** (melyeket ma már egyetlen józan katolikus sem von kétségbe, és amelyek elképesztő nagyságrendű állításokat tartalmaznak). Szent Fausztina kinyilatkoztatásai ugyanis azt állítják, hogy a *világot* Krisztus eljövetelére *készítik fel* (429. §), *megkövetelik* egy új kötelező liturgikus ünnep bevezetését (Isteni Irgalmasság Vasárnapja; 570. §), egy bizonyos kép tiszteletét kérik az egyetemes Egyháztól (az Isteni Irgalmasság Képe; 49. §), világosan felfednek egy új életszentséget (lásd a 3. fejezetet), sőt egy abszolút ígéretet tesznek, amely az egész egyháztörténelemben példa nélküli, és amelynek értelmében bizonyos feltételek hűséges teljesítése minden bűn *és* büntetés teljes elengedését fogja eredményezni - egy valóságos második keresztséget, mivel nem jár ugyanazokkal a követelményekkel, mint a teljes búcsú (300. §, 699. §) - egy sor további rendkívüli állítás mellett.

A Katekizmus nem állítja azt, hogy a nyilvános kinyilatkoztatás "lezárt, befejezett és teljes mértékben megértett". A Katekizmus egyszerűen csak azt fogalmazza meg, hogy "Mindazonáltal, jóllehet a kinyilatkoztatás lezárult, tartalmát tökéletesen nem merítettük ki;" és hogy: "új nyilvános kinyilatkoztatást nem kell várnunk" (66. §). Ha hiszünk a Katekizmus szavának, akkor azt láthatjuk, hogy a kinyilatkoztatás még mindig kibontakozóban van. *Nem* abban az értelemben, hogy lesznek új nyilvános kinyilatkoztatások, hanem abban az értelemben, hogy *a* már meglévő nyilvános kinyilatkoztatást még teljesen ki kell fejteni, alkalmazni kell és meg kell élni. A *magán*kinyilatkoztatás viszont elengedhetetlen része ennek a kifejtésnek, amelyet csak a saját kárunkra korlátozunk mesterségesen.

*"Krisztus művei nem visszafelé, hanem előre haladnak"* - tanította XVI. Benedek pápa (általános audiencia, 2010. március 10.), helyreigazítva

azokat, akik tévesen azt állítják, hogy az Újszövetség óta az egyháztörténelem egyszerűen hanyatlik. Ez a szemrehányás a legvilágosabban azoknak szól, akik úgy tesznek, mintha a magánkinyilatkoztatás sohase lehetne túlságosan nagyszerű. Ennek megfelelően egy éles elméjű lélek azt *várná*, hogy a magánkinyilatkoztatás az idő múlásával növekedni fog dicsőségben, ahogy egyre közelebb kerülünk Krisztus második eljöveteléhez. Az egyetlen igazán furcsa dolog az lenne, ha ez nem így történne.

Az Egyház Tanítóhivatalának nem az a feladata, hogy az idők végéig minden részletet közöljön arról, ami a világra és az Egyházra vár. Milyen könnyű beleesni a farizeusok örökös csapdájába, akik minden meglepetésre „eretnekség!"-et kiáltanak. Ferenc pápa ezzel szemben többször is tanította - mind informálisan, mind hivatalosan -, hogy Isten sok meglepetést tartogat számunkra, és hogy nincs jogunk elzárkózni Isten tervei elől régi szokásaink látszólagos biztonsága érdekében. **Azonban a hagyománytisztelő és a zsinat előtt regnáló tiszteletreméltó XII. Piusz pápa volt az, és nem Ferenc pápa, aki a leghatározottabban elutasította az újdonság-fóbiás magatartást. Ugyanis *magas szintű tanítóhivatalában* azt tanította, hogy "... mindenkinek ezenfelül *irtóznia* kell attól a mértéktelen buzgalomtól, amely azt képzeli, hogy ami új, azt ennek okán ellenezni kellene vagy gyanakodni rá..."** (*Divino Afflante Spiritu* 47. §)

Luisa kinyilatkoztatásai szépen illeszkednek a Szenthagyomány alapjára, amint azt a 3. fejezetben láttuk. Nem nélkülözik azonban a meglepetéseket az Egyház számára. De ezen nincs mit panaszkodni; a Tanítóhivatal egy szilárd alap, amelyen meg lehet állni, és egy biztos kerítés, amely egy veszélyes sziklaszirt szélét védi, nem pedig egy ketrec, amelybe be kell zárkózni és elbújni. **Luisa kinyilatkoztatásai nem törik meg a Szenthagyomány fejlődését, hanem éppen a szerves fejlődés definícióját testesítik meg, mert arról a pillanatról beszélnek, amikor a virág kivirágzik.** A virágzás természetesen meglepi azt, aki azt hitte, hogy csak egy fűszál hosszirányú növekedését figyeli, de milyen siralmas lenne, ha ez a megfigyelő a meglepetését a virág elítélésére változtatná! Minden *tökéletesen* és *gyönyörűen* vezetett ehhez a fejlődési ponthoz. (És ennek a bimbózásnak a fő irányvonala mindenütt megfigyelhető a 20. századi misztikában.) Ezt azonban csak az ismerheti fel, akinek nyitott a szíve.

## Nem túl nagyszerű és túl könnyű ez az életszentség? Mi a helyzet Szent Józseffel?

Talán valaki majd e szavakkal tiltakozik az Ajándék ellen: *"Abszurdum azt állítani, hogy most az életszentség új Ajándékát kaphatjuk, amellyel a 20. század előtt csak az Úr Jézus, Szűz Mária, Ádám és Éva rendelkezett. Mi a helyzet Szent Józseffel? Vagy Szent Ferenccel? És Szent Ágostonnal? Szent Pállal? Miért most ez a nagy ajándék, amikor az egyháztörténelem során már oly sok nagy szentünk volt?"*

Nos, vagy *hiszünk*, vagy *nem* hiszünk az Ajándék létezésében. Ha valaki nem hisz abban, hogy ez az Ajándék létezik, akkor miért botránkozna meg azon a gondolaton, hogy az Egyház korábbi szentjei nem rendelkeztek vele? Ha viszont *hisz* abban, hogy az Ajándék létezik, akkor nem hagyhatja, hogy ezek a pietista aggodalmak megakadályozzák abban, hogy egy ilyen nagyszerű jót kívánjon és kérjen! Ennek ellenére fontolóra vesszük az aggodalmat. **Egy nagyobb ajándék birtoklása nem teszi az elnyerőjét "nagyobbá" annál az embernél, aki csak azért nem kapta meg, mert nem élt az Ajándék idejében.** Ennek megfelelően, bár az Oltáriszentség végtelenül nagyobb ajándék, mint amit Mózes valaha is kapott, attól, hogy te megkaptad Ezt, még nem leszel nagyobb Mózesnél. A bűnbocsánat szentsége nagyobb ajándék, mint amit Dávid király valaha kapott, de az eddig kapott feloldozások nem tesznek téged nagyobbá nála. A fenti ellenvetésben felsorolt szentek közül egyértelmű, hogy **Szent József mindig is a legnagyobb szent volt és mindig is az lesz a Boldogságos Szűz után (vö. XIII. Leó pápa, *Quamquam Pluries* 3. §); Luisa kinyilatkoztatásai nem tesznek kísérletet arra, hogy ezt megváltoztassák.** Az Úr Jézus még azt is elmondja Luisának, hogy az Ő Királysága teljes mértékben érvényesült a názáreti otthonban, és hogy Szent József teljesen az Isteni Akarat visszatükröződésében élt itt, és ő volt ennek a Királyságnak a miniszterelnöke (vö. 1928. július 7.), amely legfőbb méltóság még Luisának sem adatott meg. Hogy Józsefnek teljesen megadatott-e az Ajándék, az nem releváns az ő nagyságának megállapítása szempontjából. Ami viszont biztos, hogy Szent József nem élt olyan időben, amely lehetővé tette volna számára az Oltáriszentség vételét. Ennek a nagyszerű ajándéknak a hiánya az ő életszentségének nagyságából semmit nem von le, és csak egy buta ember bírálna valaki mást, aki az Oltáriszentséget magasztalja, amiért ez a dicsőítés esetleg levon a Szent Józsefnek járó dicsőségből. Tágítsuk azonban a látókörünket, és vizsgáljuk meg a még általánosabb "de miért éppen most?" tiltakozást.

Ahogy az Úr Jézus mondta az evangéliumban: "Rossz szemmel nézed, hogy jó vagyok?" (Mt 20,15) Ha valaki azt kérdi, hogy *"de miért nem inkább így vagy úgy csinálta Isten?"*, és panaszkodó hozzáállással megkérdőjelezi azt, amit Isten - az Ő tökéletes tervében és végtelen bölcsességében - jónak látott, akkor ezzel csak azt éri el, hogy a kegyelem lepereg a lelkéről, mint a szikláról a víz. Miért nem fedte fel Isten a Szent Szív vagy az Isteni Irgalmasság áhítatát korábban, esetleg Szent Mária Magdolnának? Miért nem áldották meg a sivatagi atyákat a Szent Rózsafüzérrel és az ahhoz tartozó ígéretekkel? Miért nem ösztönözték széles körben a mindennapi szentáldozást Szent X. Pius pápa 20. századi uralkodása előtt? Miért nem engedélyezték a hétévesek számára a szentáldozást az ő uralkodása előtt? *Isten előre meghatározta az Ő idővonalát, és nem a mi dolgunk ezt megkérdőjelezni!* **Csak azt kérdezhetjük, amikor egy kinyilatkoztatással vagy lelkiséggel találkozunk, hogy "Istentől van-e?". Ha Istentől van, akkor térdet kell hajtanunk és ki kell nyitnunk az öklünket.**

Aki továbbra is aggódik amiatt, hogy az Ajándék "túl egyszerű", az ne feledje, hogy Luisa köteteinek *egész első harmada* a lelki élet hagyományos három szakaszának gyönyörű kifejtéséből (és az erre való buzdításból) áll. Ez a három szakasz a tisztító, a megvilágosító és az egyesítő szakasz. Írásai a Szenthagyománynak erre az alapjára *épülnek,* nem tagadják meg azt. Ennek a kritikának annyi értelme van, mintha találomra kinyitnánk a Bibliát, és a Megtestesülésről olvasva elutasítanánk Istent, amiért nem készítette elő alaposan az utat prófétákkal és erkölcsi törvénnyel.

Az Ajándék ontológiai lehetőségének mérlegelése során pedig mindenkinek el kell ismernie, hogy Isten bizonyosan bárkiben *képes* ugyanazt az életszentséget kimunkálni, amit már a Boldogságos Szűzben is kimunkált. Valóban, a Boldogságos Szűz Mária a legnagyszerűbb teremtmény, aki valaha létezni fog (*sokkal* nagyobb, mint *bárki* más, aki rendelkezik az Ajándékkal), de mindazonáltal el kell ismernünk, hogy a Szűzanya is egy teremtmény, tehát bármilyen *típusú életszentséget* is birtokol, azt teljes egészében Isten adta neki, és bármilyen típusú életszentséget adott neki Isten, azt képes másoknak is megadni. Egyszerűen nincs semmilyen tanítóhivatali, teológiai, szentírási, filozófiai vagy bármilyen más ok, ami alapján ezt az ontológiai lehetőséget elutasíthatnánk. **A Szűzanyában Isten megmutatta nekünk,**

**hogy mit képes létrehozni egy emberben. Ha Ő valamit meg tud adni Szűz Máriának, akkor nekünk is meg tudja adni;** nekünk, akik a Szűzanya gyermekei vagyunk, és akik ugyanolyan teremtmények vagyunk, mint ő. A Szűzanya mindennél jobban vágyik arra, hogy mi is az ő Ajándékának befogadói lehessünk. Ezt nem tagadhatja senki, legfeljebb ellenállhat az Ajándéknak azzal, hogy Istent bírálja a meggondolatlanságáért, amiért ilyen nagylelkűen bánik kegyelmével ezekben a napokban, amikor "elhatalmasodott a bűn". (vö. Róm 5,20) Nem érdemes azonban itt időt töltenünk annak megcáfolásával, hogy milyen esztelenség önmagunkat ilyen helyzetbe hozni!

Ha félretesszük mindazt, ami fentebb elhangzott, és megnézzük azokat a kritikákat, amelyek szerint a Luisa írásaiban feltáruló Isteni Akaratban való Élet életszentsége "túl nagyszerű", mert még a lelki házasságnál is magasabb rendű, vagy "túl könnyű", mert elsősorban az Ajándék iránti őszinte vágyon alapul, akkor láthatjuk, hogy már csak azért is jogtalan mindkét állítás, mert ugyanezek felhozhatók Lisieux-i Szent Teréz, Szent Fausztina, Boldog Conchita, a Szentháromságról nevezett Szent Erzsébet és sok más 20. századi misztikus kinyilatkoztatásai ellen is, akik közül sokan ma már boldoggá vagy szentté vannak avatva (lásd a 3. fejezetet).

Nem szabad elfelejtenünk, hogy Luisa kinyilatkoztatásaiban semmi sem szól a Szűzanya által birtokolt egyedülálló kiváltságok ellen. Az Úr Jézus többször is világossá teszi Luisa számára, hogy ő nem Szűz Mária: azaz, hogy nem Luisa, hanem a Boldogságos Szűz az Isteni Akarat Királynője, és hogy Luisa soha nem fogja ennek a Királynőnek a méltóságát megközelíteni sem (ahogyan egyikünk sem). Az Úr Jézus emiatt azt is elpanaszolja Luisának, hogy a korabeli emberek az üzeneteket olvasva, tévesen megvádolva összekeverik Luisát és Szűz Máriát:

> Úgy beszélnek, mintha azt mondtam volna neked, hogy egy másik királynő lennél. Mennyi ostobaság! Nem azt mondtam, hogy olyan vagy, mint az Égi Királynő, hanem hogy azt akarom, hogy Hozzá hasonló legyél. Úgy, ahogyan sok más, számomra kedves léleknek is azt mondtam, hogy azt akarom, hogy Hozzám hasonlóak legyenek; azonban ezzel ők nem válnának Istenné, mint Én vagyok. (1931. május 19.)

Másrészt az viszont igaz, hogy Luisa a "földi feje" ennek a küldetésnek, vagyis a Megszentelés Harmadik Fiatjának. De miért olyan nehéz ezt elhinni? Ebben a küldetésben az Úr Jézusnak szüksége van egy emberi eszközre, aki még úton lévő vándor, mint ahogy Ő mindig így cselekszik legnagyobb művei kapcsán. Meglepő-e tehát, hogy egy alázatos, hétköznapi szüzet választott?

Egyesek azonban a fentivel éppen ellentétes kifogással állnak elő. Szerintük ez a Luisának kinyilatkoztatott életszentség túlságosan *kicsi*. Ugyanis azt mondják, hogy a keresztény életszentség *már* minden tekintetben nagyobb, mint Ádám bukás előtti szentsége. De tévednek, ugyanis az egyházatyák élesen ellentmondanak ennek a nézetnek (például azt tanítják, hogy a bukás előtti Ádám *valódi életelve* nem volt más, mint a Szentlélek), és még Aquinói Szent Tamás is rámutat arra, hogy Ádám szentsége *két* szempontból is nagyobb, mint a keresztény életszentség, a keresztény életszentség pedig csak *egy* szempontból nagyobb Ádáménál (vö. Summa Theologica első rész, 95. kérdés, 4. cikkely).  A Katekizmus (vö. 375. §) valóban utal arra, hogy bizonyos értelemben a keresztény életszentség felülmúlja az eredeti szentség állapotát, és az Úr Jézus ugyanezt megerősíti Luisának (lásd a 4. fejezetet). Az Egyház másutt azt is tanítja, hogy az eredeti életszentség más módon múlta felül a keresztény életszentséget (pl. a liturgikus ima ezt mondja: "a gyarló embert az ősi ártatlanság állapotára *hívod*", ami azt jelenti, mint minden "hívás", hogy még a keresztény életszentséggel élőknek is törekedniük kell - ami mindig azt sugallja, hogy valami még nagyobb felé - az eredeti szentség állapotára). Ezt a dolgot azonban csak Isten történelmet átívelő tervének kontextusában lehet kielégítően elemezni, amit meg is tettünk a "A történelem története új köntösben" résznél, ahol utánaolvashat az, akit érdekel.

## Ez nem a millenarizmus eretneksége?

XIII. Leó pápa óta tökéletes összhangban a pápákkal és a megbízható kinyilatkoztatások sokaságával, amelyek a Korszakot jövendölik (egyesekről az 1. fejezetben szóltunk), Luisa kinyilatkoztatásai nemcsak, hogy *nem* tanítanak a millenarizmusról, módosított millenarizmusról vagy bármi ilyesmiről, hanem *kimondottan elutasítják ezeket a tévedéseket* (és a következő bekezdésben felsorolt összes tévedést, amelyek ezekhez kapcsolódnak). A következő tévedéseket utasítja el:

- Például, ami azt a tévedést illeti, hogy Jézus testi/fizikai módon fog uralkodni a földön: az Úr Jézus azt mondja Luisának, hogy a

Korszak egy *szentségi* (szakramentális) uralom lesz *kegyelemben* (vö. 1926. november 2.).

- Ami azt a tévedést illeti, hogy lesz egy "elragadtatás": az Úr Jézus azt mondja Luisának, hogy még ha sok, a kegyelem állapotában élő lélek meg is menekül, akkor is át kell élniük a Fenyítéseket a földön (állandó téma ezekben a kinyilatkoztatásokban).

- Ami azt a tévedést illeti, hogy az "Egyház kora" annak hierarchiájával és tanításaival együtt el fog múlni a "Lélek kora" kedvéért: Luisának az ellenkezőjét mondja az Úr Jézus; nevezetesen, hogy a Korszak abban áll, hogy az Egyház elnyeri *teljes* életerejét, és nem múlik el (vö. 1901. szeptember 2.), és hogy a katolikus papok lesznek ennek elsődleges hírnökei (vö. 1929. január 13.).

- Ami azt a tévedést illeti, hogy a halottak Örök Feltámadása a Korszak előtt fog bekövetkezni: az Úr Jézus azt mondja Luisának, hogy a Korszak alatt is *lesz* halál, és akik a Korszak alatt halnak meg, azok teste sírjaikban *várja* majd a Feltámadás Napját (vö. 1926. október 22.).

- Ami azt a tévedést illeti, hogy a színelátás megvalósul a földön, és a hitre már nem lesz szükség: az Úr Jézus azt mondja Luisának, hogy a hitre még mindig szükség lesz, bár sokkal tisztább lesz, mint általában manapság (vö. 1928. június 29.).

- Ami azt a tévedést illeti, hogy a Korszakban élők ontológiailag rögzítve lesznek a kegyelem állapotában, és képtelenek lesznek bármiféle bűnre vagy szenvedésre: azt mondja az Úr Jézus, hogy csak a Mennyben létezik ez az ontológiai rögzítettség (vö. 1931. szeptember 29.), és hogy még a Korszakban is lesz szenvedés, bár diadalmas és dicsőséges természetű (vö. 1926. augusztus 22.).

Kilenc téves ideológia létezik - némelyik elítélt eretnekség, mások egyszerűen téves elképzelések -, amelyekkel a Korszakot időnként tragikus módon összekeverik, és amelyek mindegyikét el kell kerülni:

1) A hagyományos millenarizmus (Montanus/kiliazmus)

2) A módosított millenarizmus

3) A hedonista millenarizmus (Cerinthus - mellékesen az egyetlen fajta millenarizmus, amelyet Szent Ágoston híresen elítélt)

4) A Fiore-i Joachim szellemi öröksége

5) A diszpenzacionalizmus

6) A progresszív evolucionizmus

7) A világi messianizmus

8) A felszabadítási teológia

9) Az utópizmus

**Ezek a tévedések mindegyike fényévekre van a Korszakban várt dolgoktól, amelyek tekintetében a megbízható magánkinyilatkoztatások mind egyetértenek (mindenekelőtt a Luisának adott kinyilatkoztatások).** Sajnos azonban ma is van néhány szerző, akik kiadták saját Korszak-mentes spekulációikat, és akik szisztematikusan elferdítik a Szentírást, a Tanítóhivatalt és a magánkinyilatkoztatásokat, hogy megpróbáljanak népszerűsíteni egy olyan hamis látomást, amelyben a Korszak a módosított millenarizmus eretnekségének tűnik. **Az *Egyház saját tekintélye azonban* már akképpen definiálta a *módosított* millenarizmus fogalmát, amely azt várja, hogy Krisztus *testi alakban* fog uralkodni a földön** (a hagyományos módosítatlan millenarizmus viszont ezen túlmenően további tévedéseket is tartalmaz; pl. az elragadtatást, a korszak előtti örök feltámadást, a színelátást, és az ember végleges földi tökéletességét).

Például a Hittani Kongregáció 1944. július 21-i nyilatkozata kifejezetten úgy határozza meg a módosított millenarizmust, mint a tanítások azon rendszerét, amelyben Krisztus "láthatóan eljön, hogy uralkodjon ezen a világon" (*Acta Apostolica Sedis*. Annus XXXVI., II. sorozat, XI. kötet. 212. oldal). A puszta tény, hogy a Korszak kritikusai megpróbálják felülírni az Egyház tekintélyét azzal, hogy a "módosított" definícióját az Egyház meghatározásával ellentétben a saját elgondolásuk szerint értelmezik, minden hithű katolikus számára egyértelműen jelzi, hogy ezeknek az embereknek nem szabad hitelt adni. Az érveik mennyisége miatt (nem minősége, mert az hihetetlenül silány), és mert érveléseik elég népszerűek (egyes körökben), egy egész fejezetet szenteltem torzításaik megcáfolására *Az életszentség koronája* című könyvemben, és bátorítok mindenkit, aki már kapcsolatba került az érveikkel, hogy olvassa el ezt (356-396. oldalak).

Emlékezzünk vissza, hogy Ferenc pápa *A Mi Atyánk: Gondolatok az Úr imádságáról* című könyvében azt tanítja: "Isten országa itt van, *és* [kiemelés az eredetiben] Isten országa el fog jönni. (...) Isten országa folyamatosan érkezik, de ugyanakkor még nem jött el teljesen (...)". A katolikus tanítással tökéletes összhangban Jézus üzenete Luisának a következő: most jött el az idő, hogy a 2000 évvel ezelőtt, Urunk Jézus által meghirdetett Királyság teljesebb mértékben érkezzen meg a földre, mint valaha. **Ez teljesen ortodox, és minden katolikus számára rendkívül izgalmasnak kellene lennie! Ne hagyják, kedves olvasók,**

**hogy egyes 'reménytolvajok', akik a kétségbeesés eszkatológiáját hirdetik, meggyőzzék önöket az ellenkezőjéről!**

## Lehetséges, hogy ez a monotheletizmus vagy a kvietizmus eretneksége?

Luisa kinyilatkoztatásai többször is a monotheletizmus ellenkezőjét tanítják: az Úr Jézus azt mondja Luisának, hogy valóban *volt* emberi akarata, és azt akarja, hogy a mi akaratunk *kicsiny* legyen (ahogy Lisieux-i Szent Teréz tanította), de nem megsemmisített; *aktív* (az Ő saját aktivitásával) legyen, és ne passzív. Emellett Luisa írásai sehol sem tanítják vagy sugallják annak a 43 tételnek bármelyikét, amelyet az Egyház a kvietizmus eretnekségeként ítélt el (vö. *Coelestis Pastor*, XI. Ince pápa, 1687). Luisa köteteiben mindvégig a kvietizmussal ellenkező tanítást látunk:

- az erkölcsi erőfeszítés mindenekfelett való
- az üdvösség és a tisztítótűz (elkerülése) rendkívül fontos
- a másokért való imára és közbenjárásra való ösztönzés
- a lelkek elvesztése (és más bűnök) miatti sajnálkozás
- az erények hagyományos formában való megtartása melletti kiállás
- a fenyítések enyhítéséért való imádkozás stb.

**A kvietizmus bélyegét sokkal könnyebben rá lehetne sütni a megannyi szentre, egyházdoktorra és misztikusra, akiket a könyv 3. fejezetében tárgyaltunk, ugyanis Luisa írásainak bármely úgynevezett "kvietista" elemét sokkal kifejezettebben megtaláljuk ezekben a megdönthetetlen ortodoxiával rendelkező művekben.** A Luisa írásaiból vett következő részletekben, és még sok más hasonló részletben világosan megcáfolva látjuk a kvietizmusra, a monotheletizmusra (vagy ennek bármilyen következményére) stb. tett legkisebb utalásokat is:

[Az Úr Jézus azt mondja:] Volt emberi akaratom, amelyben egyetlen leheletnyi élet sem volt, mindenben átadva a helyet Isteni Akaratomnak (...) (1928. július 19.)

Anélkül, hogy bármit is megsemmisítene abból, amit a teremtmény tesz (...) [Isteni Akaratom] megeleveníti őket fényével, megszépíti őket, és közli velük Isteni Erejét. (1931. szeptember 16.)

Leányom, az emberi akarat *önmagában* undorító, *de az Enyémmel egyesülve a legszebb dolog, amit teremtettem.* (1928. január 31.)

[az Úr Jézustól kapott kinyilatkoztatást magyarázva Luisa ezt írta:] (...) az Úr Jézus nem akarja, hogy az akaratom teljesen megsemmisüljön. Azt akarja, hogy kicsi legyen, de élő, hogy egy élő akaratban tudjon működni, ami nem halott, hogy meglegyen számára az Ő kis működési területe az én kicsinységemen belül, amely mivel kicsiny, alkalmatlan és gyenge, értelemszerűen át kell adnia magát, hogy befogadja az isteni Fiat nagyszerű működését. (1933. március 26.)

Ha tovább vizsgáljuk ezt a kérdést, azt is láthatjuk, hogy a panteizmus, a hinduizmus és a buddhizmus olyan spiritualitást tanít, amely alapjaiban különbözik Luisa kinyilatkoztatásaitól. Ezek a vallások és filozófiák ugyanis azt tanítják, hogy az embernek csak fel kell *ismernie* az "Atman, azaz a legbensőbb én azonosságát a Brahmannal, az Istenséggel" (hinduizmus), vagy a "mindenben lévő Istenséget" (panteizmus), vagy az "én megszűnését vagy nirvánáját" (buddhizmus). Luisa kinyilatkoztatásai nem az én kioltását tanítják, hanem a saját akarat feláldozását Istennek. Nem az én istenségének "felismerését" tanítják, hanem az én megistenülésének *elérését* a hétköznapi katolikus lelki életen keresztül, *összekötve* ezt az Isteni Akaratban való Élet Ajándéka utáni vággyal. Nem minden dolog isteni természetét tanítják, hanem azt, hogy az isteni Alkotó minden teremtett dolgon isteni *lenyomatát hagyta,* és azt, hogy ezek a dolgok az Isteni Akarat *fátylaként* szolgálnak (és nem szó szerinti inkarnációjaként).

## Miért beszélünk 6000 évről? Mi van az evolúcióval és a geológiával?

Luisa kinyilatkoztatásaiban sehol nem esik szó sem az evolúcióról, sem a fiatal Föld elméletéről. Ezekben a kérdésekben csak annyit *kell* elhinnünk ahhoz, hogy összhangban maradjunk Luisa kinyilatkoztatásaival, hogy Ádám és Éva valóban az első szüleink, és hogy valóban kiestek a kegyelemből kb. 6000 évvel ezelőtt (noha azt javaslom, hogy ennél sokkal mélyebbre ássunk, amikor ezekben a kérdésekben a modernista nézeteket elutasítjuk, lásd *Az életszentség koronája,* 526-532. oldal). Ha ez túl nagy falatnak tűnik, tartsuk szem előtt, hogy a katolikus Hit lényegében ennyit követel. A *Humani Generis* 37. §-ában XII. Piusz pápa hiteles tanításban elítélte azt a felfogást, hogy az emberiség több mint egy szülőpártól (Ádám és Éva) származik. Továbbá, még ha a Teremtés könyvének nagy része pusztán szimbolikus is (bár ugyanez az enciklika azt is tanítja, hogy a Teremtés könyve valóban a valódi értelemben vett történelemre vonatkozik, vő. 38. §), a Lukács evangéliumában található genealógia lehetetlenné teszi azt az állítást, hogy több tízezer (még kevésbé több százezer) év áll a jelen, valamint Ádám és Éva első fiának, Káinnak a nemzése között.

\*\*\*

**Egy utolsó bejegyzés az aggódó katolikusoknak:** Tanárként, mint bárki más, magam is ugyanúgy ki vagyok téve a kísértésnek, hogy tévesen közelítsek a misztikához. Éppen ezért úgy érzem, hogy meg kell ismételnem azt, amire gyakran emlékeztetnem kell magamat is: a misztikát soha nem szabad úgy megközelíteni, mint egy teológiaprofesszor a diák féléves dolgozatának az osztályozását. A misztika elsősorban nem intellektuális gyakorlat. Mindenekelőtt a gyümölcsei alapján kell megítélni, és a különböző irodalmi formáit (és *a befogadó módját*) kell megérteni és figyelembe venni, hogy a szöveg *valódi jelentését* Isten szándékával összhangban tudjuk befogadni. Mi lenne a 2000 éves katolikus lelki hagyományból, ha a misztikához egy kiforgató, mindent szó szerint értelmező, racionalista, szőrszálhasogató, rögeszmés-kényszeres megközelítéssel állnánk hozzá? Egy romhalmaz lenne, és dicsőséges Hitünk puszta filozófiává süllyedt volna (ahogy Ferenc pápa helyesen nevezi a misztika nélküli vallást). Ha tisztességtelen ember lennék, titokban elküldeném Luisa kritikusainak Szalézi Szent Ferenc, Szent Fausztina, Szent Maximilian Kolbe, Szent Hildegárd, a Szentháromságról nevezett Szent Erzsébet, Lisieux-i Szent Teréz és a görög egyházatyák műveiből készült válogatások másolatait, azt állítva, hogy azokat Luisa írta, és válaszokat kérnék tőlük. És tudjátok, mi történne? Biztos vagyok benne, hogy hosszú értekezéseket kapnék ezektől a kritikusoktól, amelyekben a mindenféle "tanbéli hibát" részleteznék, amelyeket ezekben az Egyház által annyira felmagasztalt művekben találtak, és amelyekről azt gondolták, hogy Luisától származnak. A kritikusok szerencséjére azonban én nem vagyok becstelen ember.

†‡†

# Végjegyzetek

i *Jézus Krisztus, az élő víz hordozója*, 1.5.

ii Figyelembe véve a határozatlan névelőt és a könyvének a következő fejezetében lévő ellentétes utalásokat, ez határozottan nem a *Végső* Feltámadásra utal, amiről a Hitvallás beszél.

iii Jusztinusz ezt szimbolikus értelemben érti, és nem ragaszkodik a szó szerinti 1000 éves időtartamhoz.

iv Peter Seewald. *Salt of the Earth: The Church at the End of the Millennium.* 237-238. o.

v *Preparation for Total Consecration to Jesus through Mary for Families. (Felkészülés a Mária által Jézusnak való teljes önfelajánlásra családoknak.)* 192. o.

vi "5 Saturdays, 1 Salvation." ("5 szombat, 1 üdvösség.") Joseph Pronechan. National Catholic Register. 2005. okt. 9.

vii Marie-Michel Philipon, O.P. *CONCHITA: A Mother's Spiritual Diary.* (*CONCHITA: Egy anya lelkinaplója.*) Vegyes idézetek.

viii vö.: http://www.ncregister.com/blog/joseph-pronechen/major-apparitions-of-st.-joseph-are-approved

ix Benedict Calvi atya, Luisa utolsó kijelölt gyóntatója ezt írta: "Mi volt az ő étele? Minden, amit megevett, néhány óra múltán teljesen érintetlenül jött vissza. Mindezeket [a misztikus jelenségeket] én magam figyeltem meg, valamint aprólékosan szabályozott és alapos vizsgálatnak vetette alá több orvos, valamint a dogmatika, az erkölcstan, az aszketika és a misztikus teológia több professzora..." (Idézi Joseph Iannuzzi atya doktori dolgozata, 1.8)

x Szent Hannibál levele Luisának, 1927. február 14.

xi Bernardino Giuseppe Bucci, OFM: *Luisa Piccarreta, A Collection of* Memories (Luisa Piccarreta, Emlékek gyűjteménye) (Roma 52, San Ferdinando Di Puglia: Tipolitographia Miulli, 2000), 4. fejezet

xii II. János Pál pápának a rogacionista atyákhoz intézett beszéde. 6. paragrafus. 1997. május 16.

xiii Joseph L. Iannuzzi atya, Missionaries of the Most Holy Trinity Newsletter (A Legszentebb Szentháromság Misszionáriusai hírlevél) (2014. nov. - 2015. máj.): 2. oldal.

xiv En.luisapiccarretaofficial.org/news/the-miracle-attributed-to-luisa/44

xv Amely - néhány dühöngve reklámozott szóbeszéddel ellentétben, melyek szerint Fausztina elítélése csupán egy fordítási félreértés miatt történt - nyilvánvalóan szintén annak volt köszönhető, hogy milyen óriásiak voltak Fausztina állításai, amelyek ma már teljes jóváhagyással rendelkeznek. (vö. John Allen Jr. "A Vatikán fenntartásai ellenére is szent" 2002. augusztus 30.)

xvi H.G. Wells. "The War That Will End War," ("A háborúskodást lezáró háború"), The Daily News., 1914. augusztus 14.

[xvii] vö. Grignon Szent Lajos. *Az igazi Mária-tiszteletről.* 63. bekezdés

[xviii] Megjegyzendő: Amikor a Lk 12-ben Jézus arra figyelmeztet minket, hogy "féljetek attól, akinek (...) hatalma van a kárhozatra vetni", akkor nem az ördögre utal. Az ördögnek nincs hatalma arra, hogy a pokolba vessen minket. Ezt csak a saját akaratunk képes megtenni: ez az egyetlen dolog, amitől "félnünk" kell. De mivel senki nem fél abban az értelemben magától, mint ahogy itt a "félelemről" beszélek, ezért jogosan mondhatjuk azt, hogy semmitől sem kell félnünk.

[xix] Christoph Schonborn. *From Death to Life: The Christian Journey.* 1995. 50. oldal

[xx] Hugh Owen. *New and Divine: The holiness of the third Christian millennium.* II. János Pál Keresztény Lelkiségi Intézet. 2001. 44-45. oldal.

[xxi] Szent Maximilian olasz nyelvű leveleiből fordították a Saintmaximiliankolbe.com szerkesztői

[xxii] Peter Fehlner atya. *St. Maximilian Kolbe: Martyr of Charity—Pneumatologist.* 37-39. oldal

[xxiii] Habár Fausztina fent említett írásaiban is felfedezhető az Ajándék, Naplójának fő témája az Isteni Irgalmasság, és nem az Isteni Akarat.

[xxiv] Marie-Michel Philipon atya, O.P. *CONCHITA: A Mother's Spiritual Diary.* (*CONCHITA: Egy anya lelkinaplója.*) 57-58. oldal

[xxv] Arthur Calkins. Missio Magazine. "The Venerable Conchita (Concepción Cabrera de Armida)—Part 1"

[xxvi] Joseph Iannuzzi atya. *The Splendor of Creation.* 3. fejezet

[xxvii] (ST, vol. & no.1, p. 36). Idézi *Listen to My Prophets.* Fr. Edward O'Connor. 134. o.

[xxviii] Boldog Dina Bélanger, *The Autobiography of Dina Belanger (Dina Bélanger önéletrajza)*, fordította Mary Szt. Stephen, R.J.M. (Sillery: Religious of Jesus and Mary, 3. kiadás, 1997.), 219. o. (1925. február 22.). Idézet az *Új és isteni-ből* (*New and Divine*).

[xxix] Boldog Dina Bélanger, idézi Hugh Owen az *Új és isteni-ben* (*New and Divine*). 85-91. oldal. Vegyes idézetek.

[xxx] S. Ákerman (szerző), John Christian Laursen, Richard H. Popkin (szerk.) - Millenarianism and Messianism.

[xxxi] National Catholic Register. *Fatima's Sister Lucia Explains Why the Daily Rosary is a 'Must'* (*A fatimai Lucia nővér elmagyarázza, hogy miért 'kell' minden nap elmondani a Rózsafüzért*). 2017. november 19., Joseph Pronechen.

# Utószó a kételkedők számára

**Szóval, szerinted tévedek...** (Természetesen ez nem rólam szól. De tudom, hogy egyes olvasók egyszerűen nem fognak megengedni maguknak egy olyan elemzést, amely elválasztja az adott ügyet az azt bemutató embertől. Ezért, hogy az ő kedvükben járjak, belemegyek itt egy kis páli szamárságba (vö. 2 Kor 11), noha valójában én vagyok a legkevésbé méltó ember, akit Isten felkérhetett volna arra, hogy részt vegyen az Isteni Akarat hirdetésének e küldetésében.)

*De mi van, ha igazam van?* Mi van, ha a világ valóban egy gyökeres átalakulás küszöbén áll, amely során az összes aggodalom, amely most szüntelenül elárasztja elmédet, hamarosan elhal, mint a majmok fecsegése az ordító oroszlán belépésekor? Mi van, ha mindaz, ami most aggaszt és nyomaszt, úgy fog szétfoszlani, mint az álom egy olyan új valóság áldott bekövetkezésekor, amelyet eddig aligha tudtál volna elképzelni? Mi van, ha meghívást kaptál, hogy ne csak tudj erről a közelgő átalakulásról, hanem hogy a jó oldalon állj, és azon kevesek közé tartozz, akikre örökké úgy fognak emlékezni, mint annak hírnökeire?

Ellentétben az ügynökökkel, akik a jól megszokott stratégiát alkalmazzák, amikor hasonló módon fejezik be a beszédeiket, én ezzel semmit nem nyerek, és nem kérek tőled semmit a magam számára. Soha nem fogok egy "Isteni Akarat Titkai Klubot" indítani, amelyhez csupán három részletben fizetett 99.99 dollárért cserébe csatlakozhatsz. Nem kínálok "visszautasíthatatlan ajánlatot" azzal sem, hogy hamis gyógyszert mutatok be, és nem fogok néhány száz dollárt kérni arra hivatkozva, hogy ilyen relatíve minimális összegért látszólag milyen nagyszerű jutalomban részesülhetsz. Én egy filozófus vagyok: egy tudós és egy professzor, akinek az a *dolga*, hogy felfedezze az igazságot, hogy *tudja*, hogy ez az igazság, és tudja, *hogy* tudja, hogy ez az igazság; hogy tudja, hogy *miért* ez az igazság; mindehhez a folyamathoz felhasználva a leginkább megbízható logikai módszereket és érvelési technikákat, hogy felkínálja azt a dolgot, aminek létéről az évekig tartó tanulmányozás és kutatás során mindennél jobban meggyőződött. És történetesen ez a neked felkínált valami, neked és a világnak is mindent meg fog adni, amit valaha jogosan reméltél, és amiről álmodtál... *és neked csak annyit kell tenned, hogy akarod és kéred.*

Az egész könyvet elolvastad, és valahogy mégsem vagy meggyőződve arról, hogy van-e annál nagyobb őrültség, mint ennek az ajánlatnak a visszautasítása? Egész életedben olyan hiedelmekből kellett tovább lépned, amelyekről azt kívántad, hogy igazak legyenek; olyan hiedelmekből, amelyeket annyira akartad, hogy igazak legyenek, de egyszerűen nem voltak igazak. Itt van végre valami, amit egyetlen épeszű ember *sem* kívánna, hogy ne legyen igaz - *és ez igaz*! **Nemcsak, hogy igaz, hanem egészen egyszerű, és megerősíti azt, ami mindig is a Hit lényege volt.** Ez nem más, mint a *legnagyszerűbb ima legnagyobb kérésének* imádkozása teljes hittel és bizalommal, hogy az valóban a lehető legnagyszerűbb módon teljesülhet. Miért ne tennénk így? *Miért ne bízhatnánk abban, hogy Isten Fia be fogja váltani legnagyobb ígéretét? Miért ne?*

És akkor... Mi van, ha tévedek? Akkor a világ és a te életed is nagy hasznát veszi majd annak, ha meghallgatod és gondosan megtartod az ezen oldalakon bemutatott intéseket és felhívásokat.

*De ... mi van, ha igazam van?*

**Akkor ez a minden!**

†‡†

**Lehet azonban, hogy nem is vagy szkeptikus. Talán csak olyasvalaki vagy, aki egyenesen a könyv végére lapoztál abban a reményben, hogy egyenesen a következtetéshez juthatsz!** Ezt a könyvet úgy írtam, hogy megpróbáltam a korábbi könyvem, *Az életszentség koronája* lényegét egy jóval kisebb könyvbe sűríteni. De ha ragaszkodsz hozzá, engedek neked, és igyekszem még jobban összetömöríteni a történet erkölcsi tanulságát. Figyelj tehát gondosan legalább erre a rövid figyelmeztetésre!

Feltételezem, szeretnéd, ha hamarosan a Béke dicsőséges Korszaka köszöntene rá a világra. Nos, ez megkövetel valamit tőled. Elkötelezettséget kíván tőled. Kötelezd tehát el magad most - teljes szívből és szilárdsággal -, hogy életed hátralévő részében minden egyes nap elimádkozol egy Miatyánkot!

Habozol. Megértem. Egy ilyen elkötelezettség komoly dolog. De az "abszurd" szónak magában kellene foglalnia az ilyen konkrét kötelezettségvállalás megtagadását. Mindössze 19 másodpercet igényel a napi 86.400-ból. Csupán abból áll, hogy naponta elimádkozzuk *azt az egy imát*, amelyet maga Isten Fia tanított, amikor a földön járt. Ezt azonban nemcsak a keresztényektől kérem, hanem a bolygó minden egyes emberi lényéhez *könyörgök*, legyen az keresztény, pogány, hindu, buddhista, zsidó, muszlim, ateista, agnosztikus vagy bármi más. Mert bárki is vagy, legalább azt elismerheted, hogy Jézus senki máshoz nem hasonlítható, aki valaha élt ezen a bolygón, és a legkevesebb, amit megtehetsz, hogy legalább naponta elimádkozod azt az egyetlen imát, amely úgy emelkedik ki minden más ima közül, mint a Nap. **Valóban, legalább naponta el kell imádkoznod azt az egy imát, amelyet a történelem Legkivételesebb Férfija parancsolt nekünk, hogy imádkozzuk.**

Képzeljük el, hogy egy megbízható cég vagy kormány úgy dönt, hogy teljes körű biztosítást - egészség-, autó-, ház-, életbiztosítást stb. - kínál bárkinek, aki akarja, mindössze néhány fillérért, és mindenféle kötelezettségek nélkül. Tegyük fel, hogy még az sem lenne kötelező, hogy valaki lemondjon a már meglévő biztosításairól. Tegyük fel továbbá, hogy ezt a teljes biztosítást titokban, mindenféle egyéb kötelezettség nélkül meg lehetne kötni. Talán valamiért kételkedsz abban, hogy ez az intézmény a megbízhatósága ellenére, beváltja-e az ígéreteit. De akkor is őrültség lenne nem rászánni azt a néhány fillért, hogy megkösd ezt a szerződést. Sőt, biztos vagyok benne, hogy ha valaha ilyen ajánlatot tennének neked, azonnal elfogadnád. Az Úr Jézus Krisztussal mi végtelenül többet birtoklunk, mint amit az ilyen hasonlatokkal vagy illusztrációkkal el tudunk gondolni. Egy testet öltött Istenünk van. És ha csak ezt az egyszerű *Fiat*ot kimondod, ha csak egy Miatyánkot elimádkozol minden nap őszintén és teljes Hittel, hogy ígéretei valóban a lehető legnagyszerűbb módon teljesülhetnek, akkor azt hiszem, hogy ezzel a Korszak jó oldalára fogsz kerülni.

Megéri! Ne késlekedj! Kötelezd el magad!

†‡†

**Mi Atyánk, aki a mennyekben vagy, szenteltessék meg a te neved;
jöjjön el a te országod; legyen meg a te akaratod,
amint a mennyben, úgy a földön is.
Mindennapi kenyerünket add meg nekünk ma;
és bocsásd meg vétkeinket,
miképpen mi is megbocsátunk
az ellenünk vétkezőknek;
és ne vígy minket kísértésbe,
de szabadíts meg
a gonosztól!
Ámen.**

†‡†

A szerzőről

Daniel O'Connor egy főiskolai filozófia- és teológiaprofesszor, továbbá mérnök is. Teológiából mesterfokozatot szerzett, és a doktori cím megszerzésére törekszik filozófiából. New York él feleségével és öt gyermekével. Daniel munkásságáról többet tudhat meg a www.DSDOConnor.com címen.

www.ingramcontent.com/pod-product-compliance
Lightning Source LLC
Chambersburg PA
CBHW021633120626
46545CB00002B/528

* 9 7 8 1 9 5 7 1 6 8 0 4 3 *